Apreciatividad
El arte de percibir lo valioso

Diseño de gráficos y foto de tapa:
GUSTAVO DE FEO

Diseño de tapa:
EL OJO DEL HURACÁN

LAURA ISANTA

Apreciatividad
El arte de percibir lo valioso

Una habilidad que se ejercita
en la vida y el trabajo

GRANICA

ARGENTINA - ESPAÑA - MÉXICO - CHILE - URUGUAY

© 2018 *by* Ediciones Granica S.A.

ARGENTINA
Ediciones Granica S.A.
Lavalle 1634 3° G / C1048AAN Buenos Aires, Argentina
granica.ar@granicaeditor.com
atencionaempresas@granicaeditor.com
Tel.: +54 (11) 4374-1456 Fax: +54 (11) 4373-0669

MÉXICO
Ediciones Granica México S.A. de C.V.
Calle Industria N° 82
Colonia Nextengo - Delegación Azcapotzalco
Ciudad de México - C.P. 02070 México
granica.mx@granicaeditor.com
Tel.: +52 (55) 5360-1010. Fax: +52 (55) 5360-1100

URUGUAY
granica.uy@granicaeditor.com
Tel: +59 (82) 413-6195 FAX: +59 (82) 413-3042

CHILE
granica.cl@granicaeditor.com
Tel.: +56 2 8107455

ESPAÑA
granica.es@granicaeditor.com
Tel.: +34 (93) 635 4120

www.granicaeditor.com

ISBN 978-950-641-949-3

Hecho el depósito que marca la ley 11.723

Impreso en Argentina. *Printed in Argentina*

Isanta, Laura
   Apreciatividad : el arte de percibir lo valioso / Laura Isanta -
1a ed. - Ciudad Autónoma de Buenos Aires : Granica, 2018.
   336 p. ; 22 x 15 cm.

   ISBN 978-950-641-949-3

   1. Desarrollo. 2. Autoayuda. I. Título.
   CDD 158.1

En memoria de Diana Levinton, mi maestra y amiga. Por creer incondicionalmente en mí y alentarme siempre a sacar mi lado más brillante.

Dedicado a mis hijos, Ezequiel y Guido, por su enorme corazón y sensibilidad. Por su amor y la inspiración que me dan cada día.

A Paco por enseñarme a su modo a sacarle el jugo a la vida.

A mis amigas, Susana Ghisani, Doris Florisi, Valeria Pantuso, Patricia Ayoroa, Susana Siebenrock, Cristina Zumpano y Mariana Raymund, que siempre están y por quererme así, tal cual soy.

A mis clientes y alumnos que confían en mí y me permiten crecer en la experiencia.

A la vida por darme mucho más de lo que algún día soñé.

ÍNDICE

PRÓLOGO DE TOJO THATCHENKERY*

Estoy encantado de escribir el prólogo de este libro. Laura Isanta ha compartido excelentes ejemplos propios de diferentes culturas para demostrar la vitalidad del concepto de Inteligencia Apreciativa. Las narraciones de Laura provienen de su larga y distinguida carrera como consultora empresarial y formadora. Ella tiene una habilidad excepcional para apreciar y reconstruir realidades, como lo demostró en su experiencia en La Habana y en la resolución del interesante incidente dentro de un estacionamiento. Laura posee una gran humildad y una mente abierta para mostrar al mundo cómo las nuevas experiencias pueden ampliar nuestra comprensión sobre las organizaciones. Me conmovió el modo en que Laura se inscribió en el programa de IBE Chile, mostrando su capacidad de reencuadre y resiliencia.

La Inteligencia Apreciativa es la capacidad de reencuadrar una realidad al ver lo positivo en una situación que no parecía muy prometedora. Con ello, la persona con Inteligencia Apreciativa actuará sobre este reencuadre imaginando las nuevas posibilidades como si ya hubiesen ocurrido. Al articular activamente cómo la nueva realidad se despliega de la situación actual, los líderes con Inteligencia Apreciativa pueden energizar a quienes trabajan para ellos.

---

* Profesor y director del programa de Desarrollo Organizacional y Gestión del Conocimiento en la Schar School of Policy & Government, George Mason University, Arlington, Virginia. Su libro *Appreciative Intelligence: Seeing the Mighty Oak in the Acorn* fue recomendado por *Harvard Business Review*.

Un buen ejemplo lo constituye el desaparecido Steve Jobs, cofundador de Apple. Cuando Steve Jobs concibió la idea de un iPhone, sus ingenieros lo desanimaron intensamente. En ese momento, el iPod se encontraba en su máxima popularidad. Había creado una revolución en el modo de escuchar música y destruyó toda una categoría de dispositivos conocidos como Walkman y Discman (originalmente producidos por Sony Electronics). Al mismo tiempo, era popular otra categoría de dispositivos llamados Smartphones. Estos ejemplos incluían el Treo y el BlackBerry. Tenían cámaras y teclado con capacidad para Internet. Steve Jobs quería combinar un iPod con un teléfono inteligente. El nuevo dispositivo iba a reproducir música como el iPod, pero también tendría una cámara y capacidad para conectarse a Internet. Además, tendría pantalla táctil en vez de un teclado, como los Smartphones. Para los ingenieros de Apple, combinar los éxitos del iPod con un Smartphone parecía tratarse de un gran desafío técnico. En vez de ahondar en estos desafíos (viendo lo negativo), Steve creó un prototipo de un Smartphone con una apariencia elegante. Mostró sus cualidades a los ingenieros y habló con fervor acerca de lo grandioso que iba a ser este nuevo iPhone. No profundizó en las dificultades técnicas, estaba entusiasmado con el lanzamiento de esta novedad. Llevaría a una nueva era en la forma en que la gente usaba sus teléfonos. Finalmente, Steve Jobs fue capaz de transferir su entusiasmo a los ingenieros y diseñadores que participaban en el diseño del iPhone. El resto es historia. La habilidad de Steve Jobs de describir el futuro a través de términos concretos del presente fue lo que le permitió la creación de uno de los productos más exitosos de la historia reciente.

Antes de morir, a sus 50 años, Steve Jobs repite, una vez más, su principio de traer el futuro al tiempo presente. Lo hizo al lanzar el iPad. En ese momento, las tabletas como Dell, H-P, Toshiba y Acer ya habían fracasado rotundamente. La promesa de dichos dispositivos no se había concretado. La gente quería utilizar sus iPhones o Smartphones, o bien sus teléfonos móviles. A pesar de todos estos datos abrumadores, Steve Jobs concibió otra tableta. Fue capaz de describirles a sus ingenieros todas las características maravillosas de esta nueva tableta como si realmente ya existiera. Tanto los ingenieros como el personal de marketing permanecían escépticos. Finalmente, el iPad se convirtió en otro gran lanzamiento.

No solo gente tan famosa como Steve Jobs es capaz de reenmarcar realidades, las personas comunes también pueden hacerlo; ver lo positivo y actuar sobre esa nueva realidad como si realmente ya hubiera sucedido. Laura menciona a Jobs a lo largo de su libro, así como su conexión con la tipografía, y nos brinda varios ejemplos de cómo sus clientes logran reenmarcar y percibir lo positivo.

Vivimos en un mundo de crisis y discursos negativos. Cuando encendemos la televisión vemos imágenes de conflictos y rivalidades, ya sea situaciones del país o temas políticos. Las elecciones se ganan asustando al electorado con catástrofes inminentes si el opositor es elegido. Los candidatos políticos gastan millones de dólares en publicidad para mostrar todo lo negativo del oponente. A pesar de este trasfondo de extrema negatividad y desesperación, desarrollar la capacidad de reestructurar y mostrar a los demás lo que es bueno se convierte en lo más importante. Para poder sobrevivir y prosperar como sociedad es preciso construir puentes, y no muros. A nivel organizacional, los líderes necesitan descubrirles a los marginados y a los invisibles que poseen ideas creativas pero no pueden expresarlas. En el libro *Making the Invisible Visible: Understanding Leadership Contributions of Asian Minorities in the Workplace*[1] (*Convirtiendo lo invisible en visible: contribuciones de liderazgo de las minorías asiáticas en el lugar de trabajo*), con Keimei

---

1. Thatchenkery, T., y Sugiyama, K.: *Making the Invisible Visible: Understanding Leadership Contributions of Asian Minorities in the Workplace*. Palgrave Macmillan, Nueva York, 2001.

Sugiyama compartimos la investigación sobre la innovación. Descubrimos que un gran número de empleados, que son extremadamente innovadores en el Silicon Valley en California, son líderes silenciosos. No les gusta llamar la atención y no siempre buscan la gloria del reconocimiento. Como consecuencia, quedan relegados dentro de un sistema organizacional caracterizado por la brutal competencia. Encontramos que estos líderes con Inteligencia Apreciativa son capaces de replantearse el modo de ver el liderazgo y de valorar los diversos estilos. No cayeron en la trampa perceptiva de pensar que el liderazgo significa tomar iniciativas y ser visibles. Percibieron otras cualidades, como la capacidad de trabajar en equipo, la habilidad de construir sobre las ideas de otros y la voluntad de dar crédito a los demás como cualidades admirables de liderazgo. Como resultado, muchos de estos líderes fueron capaces de reducir la rotación de personal altamente creativo de sus organizaciones.

Las oportunidades de aplicar la Inteligencia Apreciativa y la Apreciatividad en nuestras vidas son inmensas. Solo necesitamos ser conscientes y aceptar la situación actual sin juzgar. Al ser conscientes, podemos ver nuevas posibilidades que no habíamos visto antes por estar tan preocupados por el pasado. En este libro Laura Isanta nos invita a apreciar y descubrir nuevas posibilidades para enriquecer nuestras vidas a través de su modelo ACOM utilizando los principios de la Inteligencia Apreciativa, como se describe en el libro *Appreciative Intelligence: Seeing the Mighty Oak in the Acorn (Inteligencia Apreciativa: ver el poderoso roble en la bellota)*.[2] Laura ha hecho un valioso servicio, al lograr que las ideas de este libro sean accesibles a una gran audiencia de practicantes de habla hispana.

TOJO THATCHENKERY
Washington, 10 de agosto de 2017.

---

2. Thatchenkery, T. y Metzker, C.: *Appreciative Intelligence: Seeing the Mighty Oak in the Acorn*. Berrett-Koehler Publishers, San Francisco, 2006.

PRÓLOGO DE MARGARITA BOSCH

Lo que puede el sentimiento no lo ha podido el saber,
ni el más claro proceder ni el más ancho pensamiento
todo lo cambia el momento cual mago condescendiente...
...solo el amor con su ciencia nos vuelve tan inocentes.

Violeta Parra

Qué sentí y qué me pasó al leer la obra *Apreciatividad. El arte de percibir lo valioso.* Inmediatamente me vino a la mente una frase muy provocativa que escuché de Humberto Maturana: *La historia sigue el camino de nuestros deseos. Amar es dejar aparecer.*

Parece importante, pero no suficiente, apenas comentar, transmitir o tratar de enseñar a otros nuevas cosas, teorías, métodos, técnicas. Mejor aún, es crear oportunidades de que uno mismo y los otros puedan vivir la experiencia de descubrir la posibilidad de ver de una nueva forma: a sí mismo, a los otros y a la diversidad de ámbitos en que nos movemos.

Lo viví como una invitación a reflexionar, indagar, compartir y descubrir la sabiduría que existe en cada uno. Somos fuente inagotable de conocimiento y al mismo tiempo, como seres adictos al placer, disfrutamos del bienestar que surge cuando logramos descubrir y apreciar en nuestra fisiología el potencial que tenemos; en nuestro hacer, los talentos y mejores habilidades y lanzar mano a la inconmensurable disponibilidad de recursos existentes en el contexto que habitamos.

Al aceptar la invitación compartí el trayecto y la experiencia de vida personal y profesional de alguien que de forma simple, espontánea, con alegría, mucho humor y entusiasmo comparte su jornada de co-aprendizaje, muestra cuál fue su deriva, qué le pasó, con quién se encontró, qué y cómo descubrió, disfrutó y disfruta del vivir que vive.

Me dispuse a dar lugar a la emoción: detenerme, mirar, sentir, percibir y al mismo tiempo, de forma recursiva, dar lugar a la razón: preguntarme, reflexionar y ejercitar. Para lograrlo no hay consejos, ni recetas, ni indicación de caminos que lleven a lugar alguno, tampoco atajos de cómo encontrar la felicidad y el éxito. Apreciar es ver tanto lo que nos gusta como lo que no, lo que funciona y lo que no lo hace; no se trata de negar o luchar contra lo que inevitablemente tenemos de disfuncional en nuestro hacer. Es una oportunidad de elegir deliberadamente mirar lo que cada uno tiene de más valioso y precioso, abrir un espacio para ver lo nuevo que hay en lo que ya poseemos. Apreciar es una cualidad inherente al ser humano, es crear el camino del propio sueño, conectarse con la emoción que surge y, de esta forma, contribuir –sin esfuerzo y con placer– a la construcción de una historia y una cultura de alegría y bienestar para sí y para el entorno. ¡Es crear felicidad! ¡Vemos lo que deseamos ver!

Lo sentí como una invitación a vibrar en lo que hay de mejor y sorprendente en el vivir, en el compartir y aprender conmigo, con todos y con todo lo que nos rodea. Descubrir en nuestro propio hacer lo que es sobresaliente, nuevo, precioso e innovador, y cuáles fueron la forma y la circunstancia que hicieron esto posible para poder potencializarlo y realizar siempre más. Pude percibir que todo gira alrededor de preguntas significativas, de poner el foco en lo que realmente nos es importante, y en definitiva entender que cada uno es absolutamente responsable por lo que le sucede. Es, en conclusión, una forma siempre renovada de estar presente en un mundo en permanente cambio. Nunca somos, siempre estamos.

Sentir íntimo, emoción, conocimiento y entendimiento son componentes inherentes a los seres humanos, es lo que nos distingue entre los seres vivos. Son ellos que de forma equilibrada guían la mirada sobre el significado del vivir y la elección del hacer. Luego, surgen como aspectos centrales, críticos del vivir. Aprender a distinguirlos es crucial, pues según la Ley Sistémica 8: "todo cambia y se transforma en torno de lo que se conserva", del libro *Habitar Humano en seis ensayos de biología-cultural*, 2008, de Humberto Maturana Romesín y Ximena Dávila Yañez. La acción de apreciar gatilla transformaciones genéticas, cambios cognitivos y también, gracias a la neuroplasticidad del cerebro, se desarrolla y aumenta la capacidad genética, se aprende con más facilidad, se disfruta al tiempo que se hace. Este fenómeno no se agota con el fin de la acción, antes se incorpora como nueva habilidad y saber capaz de modificar el entorno en que ocurre el vivir, de forma sustentable y generadora de bienestar y felicidad.

Esta obra ofrece también una amplia, rica y actualizada visión del estado del arte de la producción académica pertinente al tema en foco.

Por fin, y no por último, me resta agradecer a Laura Isanta su obra por la generosidad y maestría con que nos permite acompañar su experiencia, conocimiento, entendimiento y su forma de hacer lo que hace al compartir innumerables preguntas reflexivas que ella misma se hizo y nos convida a que nosotros también les demos respuesta. Comparte ejemplos e historias de personas con las cuales convivió y aprendió a lo largo de su jornada. Esto no es algo menor, pues es una forma concreta de reconocimiento, que una vez más pone en evidencia que los seres humanos somos una fuente rica e inagotable de conocimiento. Termino como ella lo hace, diciendo: "Vayan y hagan la experiencia". Y si lo desean, ¡compartan también lo vivido!

MARGARITA BOSCH
Montevideo, 10 de septiembre de 2017
bosch.marga@gmail.com

UN CAMINO PERSONAL

Este libro es el producto de mi experiencia de trabajo con individuos y organizaciones, además de la recopilación e investigación de diferentes fuentes sobre temas afines concernientes a la apreciatividad. Pero, ante todo, es el resultado de la puesta en actos de lo que propongo en él; y es mi propio proceso personal el que me ha movido a hacerlo: este libro fue vivido antes que escrito.

Mi interés es compartir contigo, lector, mis propios aprendizajes y saberes adquiridos en este camino recorrido, además de proporcionar evidencia de los beneficios que su práctica ha tenido para otras personas y el impacto positivo que eso tiene en sus círculos familiares, de amigos y las empresas en las que se desempeñan.

Mi interés se centrará en lograr que a medida que vayas leyendo este libro te sientas atraído por probar esta *pócima*. Estoy convencida de que ejercitar el músculo apreciativo y sentir en nosotros mismos los beneficios de la apreciatividad son el primer paso y la mayor motivación para iniciar y continuar su desarrollo.

No se aprende la apreciatividad leyendo; se aprende ejerciéndola. Es la práctica deliberada la que generará el cambio y manifestará en hechos y resultados esta manera eficaz de percibir el mundo, a los otros y a nosotros mismos. La apreciatividad se retroalimenta a sí misma en la práctica porque durante el proceso nutre la vida de quienes la practican. Ese proceso puede resultar costoso al principio por la falta de costumbre, así que hay que ser vigilante y consciente de ello durante los primeros pasos. Luego, poco a poco, se irán interiorizando los procesos, y las actitudes que al principio podían resultar forzadas acaban surgiendo de manera natural, casi inconsciente. Como cuando aprendemos a manejar un vehículo o una bicicleta. Al principio nos cuesta, los movimientos parecen estudiados y por ello pueden verse torpes. Pero con el tiempo, nuestra mano se posa con naturalidad en el cambio de marchas o inclinamos el cuerpo sin el más mínimo temblor al iniciar el giro.

Mi interés es que cualquier lector logre un mayor grado de apreciatividad en su vida sin ocuparse directamente de reemplazar o eliminar aquellas prácticas actuales que le son disfuncionales para alcanzar un nivel de apreciatividad saludable. La idea es que alcance este objetivo de un modo diferente. No quiero entablar una lucha contra su manera de pensar, sino abrir un espacio hacia lo nuevo, integrar para evolucionar y así, aumentar su calidad de vida, su bienestar y el de quienes lo rodean al incorporar estas nuevas habilidades de un modo diferente.

Y ese tal vez sea el punto más importante de la apreciatividad: no luchar contra, no extirpar cosas de tu pensamiento, sino desarrollar, potenciar y ampliar tus habilidades poniendo el foco en aquello más positivo dentro de ti mismo, tu capacidad para rescatar lo más preciado y valioso de uno mismo, de los otros y del mundo y sus circunstancias. Y lo lograrás enfocándote en los talentos y fortalezas con los que ya cuentas para alcanzar esta transformación.

En eso se basa el ejercicio fundamental de este libro y que encontrarás presente a lo largo de sus páginas: la apreciatividad consiste en colocar en primer plano aquello que queremos potenciar, ver crecer y dedicarle toda nuestra energía. En ningún caso serán los problemas, disfuncionalidades o defectos, ni siquiera el interés de eliminarlos, ya que focalizarse en ellos puede tener el efecto de otorgarles mayor relevancia de la que la mayoría de las veces realmente tienen. Nuestro objetivo será focalizarnos en resaltar lo bueno, lo excelente, la cualidad que destaca para potenciarla y, a través de ella, adquirir cada día más una mirada de aprecio y valoración hacia todo lo que nos rodea y nos conforma como personas.

Me gustaría contarte un relato que actualmente es bastante conocido pero que llegó a mí hace ya un largo tiempo. Su nombre es "Sabiduría indígena", y me he tomado el atrevimiento de modificarlo y usarlo para ilustrar las actitudes y el enfoque apreciativo...

Cuenta que un viejo cacique de una tribu estaba teniendo una charla con sus nietos acerca de la vida. Les dijo:

—Una gran pelea está ocurriendo dentro de mí... y es entre dos lobos. Uno de los lobos solo mira los problemas, tiende a ser pesimista, y sus imágenes acerca del futuro están plagadas de amenazas y problemas. Siempre se enfoca en lo que está mal y lo que no funciona. Vive angustiado por lo que no tiene y protesta por lo que le falta. Esto lo llena de tanta ira y rencor que lo ciega y le impide apreciar lo valioso. Además, está desesperanzado y ya no persevera en conseguir lo que desea porque cree que nada de lo que él haga cambiará las circunstancias. El otro tiene una mirada optimista y cree que, a pesar de las adversidades y los obstáculos, será capaz de alcanzar sus objetivos. Se siente inundado por una esperanza que lo motiva a seguir. Se enfoca en descubrir lo mejor y lo preciado del mundo que lo rodea. Tiene un alto grado de autoconfianza y despliega sus talentos y fortalezas. Es un experto en conectarse con sus recursos y potenciar sus habilidades. También tiene la cualidad de ver lo mejor en quienes lo rodean y de saborear las experiencias positivas de la vida. Y es esta misma pelea la que está ocurriendo dentro de vosotros, y dentro de todos los seres de la Tierra.

Lo pensaron durante un minuto, y uno de los niños le preguntó a su abuelo:

—¿Cuál de los lobos ganará?

Y el viejo cacique respondió, simplemente:

—El que tú alimentes.

Recuerdo que, cuando me casé, mi padre me regaló una caja de herramientas con lo básico: destornillador, pinza y martillo. A medida que iban surgiendo nuevos escenarios iba incorporando nuevas herramientas y llegué a tener un taladro eléctrico con diferentes mechas. Hoy mi caja de herramientas es más poderosa y cuento con mayores posibilidades para alcanzar lo que deseo. Si quiero clavar un clavo, tengo un martillo, y si deseo hacer un agujero uso mi taladro. Evalúo en cada caso cuál es el mejor instrumento que puedo utilizar; esa es la ventaja de tener una caja con muchas opciones, aumenta mi efectividad.

Tal vez en alguna ocasión hayas escuchado la frase: "Para el hombre que tiene solo un martillo cualquier cosa es un clavo". Sin darnos cuenta, las herramientas que tenemos nos limitan el abanico de acciones y soluciones posibles.

No debes tirar ni excluir nada que no quieras, mi propuesta es inclusiva. Quiero que sumes una herramienta más a la caja de herramientas con la que ya cuentas: la apreciatividad.

A lo largo de los años he ido comprobado y descubriendo los excelentes resultados y ventajas que tiene para nuestra vida y para la de quienes nos rodean el uso de herramientas que nos predisponen a la apreciatividad. Hoy elijo su uso sobre otras opciones posibles porque conocerlas y tenerlas a disposición me ha permitido alcanzar objetivos y logros que, sin ellas o solo con otras herramientas, no estaba pudiendo alcanzar.

* * *

Cada capítulo de este libro puede leerse de manera independiente y sin necesidad de seguir el orden en que están presentados. En cada uno de ellos desplegaré un tema que, a mi entender y basado en investigaciones que he hecho, incrementa las habilidades apreciativas de las personas a través de su desarrollo y de su puesta en práctica. Para ello he incluido algunos ejercicios y además, al final de cada capítulo, te propondré a modo de juego una serie de preguntas que te permitirán afianzar lo leído y abrir nuevas inquietudes y aprendizajes. Recuerda que, como dije anteriormente, la apreciatividad es un músculo que se ejercita; has de ponerlo en el cuerpo para poder percibir y sentir por ti mismo lo que estas prácticas aportan a tu vida y el impacto que ellas tienen en los contextos donde te mueves, porque son estos mismos descubrimientos los que te motivarán a continuar.

No serán necesarios grandes eventos; al contrario, mi recomendación es que para incrementar tu percepción apreciativa des pequeños pasos y ejecutes acciones estratégicas sostenidas en el tiempo. Seguramente al principio esto requerirá de voluntad y perseverancia. No renuncies, vuelve a empezar y actúa con la firme convicción de que tus acciones son importantes y establecerán una diferencia.

Llegó el momento de comenzar...

Del diseño a la apreciatividad. El ejemplo Jobs

Una vez, hace ya algunos años, recibí de un amigo el discurso que Steve Jobs, CEO de Apple Computer y de Pixar Animation Studios, dictó el 12 de junio de 2005 en la ceremonia de graduación de la Universidad de Stanford. Este discurso me pareció realmente genial y me hizo pensar mucho respecto de cómo he llegado hasta aquí.

En una parte de su discurso, Jobs relata una historia de sus años como estudiante que él denominó "conectar puntos". En ella cuenta cómo entró en la universidad a los 17 años, y para ello escogió una de prestigio y de alto costo, a la altura de Stanford. Casi todos los ahorros de sus padres de clase obrera fueron gastados en la matrícula. A los seis meses, ese hecho pasó a segundo plano en su cabeza y ya no era capaz de apreciar el valor de todo el esfuerzo. No tenía ni idea de qué hacer con su vida, ni si la universidad podría ayudarlo en su camino. Así que, en ese momento, decidió retirarse, no gastar un dinero que sus padres no tenían y confió en que aquello resultara. A pesar del terror que sintió, fue una de las mejores decisiones de su vida. Dejó de asistir a las clases obligatorias, que no le interesaban, y empezó a asistir de manera irregular a las que le parecían interesantes.

Comenzó entonces a seguir su curiosidad e intuición, y lo que encontró fue mucho más apreciable. Por ejemplo, la tipografía. En su universidad, el Reed College, había una muy buena sección de esta disciplina, tal vez la mejor del país, con ejemplos por todas partes, desde las etiquetas en los cajones hasta los rótulos de los departamentos. Se matriculó en las clases y adquirió buenos conocimientos sobre la materia, de los tipos serif y sans-serif, de la variación de los espacios entre las distintas combinaciones de letras, etc. Fue para él todo un descubrimiento de un mundo que no conocía y que le resultó apasionante, algo sutil que alcanzaba más allá de la ciencia.

A pesar de ello, lo que hacía no tenía nada que ver con su vida, ni siquiera remotamente. Pero diez años más tarde, al crear la primera computadora Macintosh, todo aquel aprendizaje encontró el cauce para mostrarse. Fue la primera computadora con una bella tipografía.

Hay una frase de Steve Jobs que recoge esta anécdota y remite al título: "Por supuesto, era imposible conectar los puntos mirando hacia el futuro cuando estaba en la universidad. Sin embargo, fue muy, muy claro al mirar hacia el pasado diez años después".

Como no es posible conectar los puntos mirando hacia el futuro, puede parecer que algunas decisiones que se toman, algunos esfuerzos que se hacen, no merecen la pena. Pero hay que confiar en que los puntos de alguna manera se conectarán a lo largo de la vida. Como dice Jobs, tenemos que confiar en algo: nuestros instintos, nuestro destino, nuestra vida, nuestro karma, lo que sea, que nos impulse a tomar decisiones. Esta perspectiva a él nunca lo ha decepcionado y ha hecho la diferencia en su vida.

Yo, diseñadora

El hecho de que Jobs hablara de tipografías hizo que esta historia fuera aún más interesante para mí, puesto que en ese entonces yo ya llevaba más de 20 años ejerciendo mi profesión de diseñadora de *packaging* en Bolsas Industriales Alamo, una empresa dedicada a la fabricación de bolsas industriales de papel de entre 5 y 40 kg. Elaborábamos el tipo de envases que se usan en los alimentos para mascotas, aunque también para muchos otros mercados. Habitualmente, estos envases se utilizan en las industrias y pocos de ellos van a parar a los estantes de los supermercados. Como responsable del departamento de diseño de la empresa, las tipografías eran parte de mi cotidianeidad. Me ocupaba de que los diseños de los envases respondieran efectivamente a lo solicitado por los clientes. Debía desarrollar diseños nuevos o acompañar al cliente-empresa a adaptar y modificar de la manera más efectiva los diseños ya existentes. Las tipografías estaban presentes en mi día a día y hasta leer este discurso de Jobs no había dimensionado todo lo que yo había creado a partir de ellas. Pero él tenía razón: era imposible conectar los puntos mirando hacia el futuro. Así que hoy, al mirar hacia el pasado, puedo conectar los puntos que hicieron posible este libro, algo que no me había sido posible mientras transitaba el camino.

Como ya dije, llevaba más de veinte años como diseñadora de envases y, aunque no lo supiera en aquel momento, ya mostraba mis habilidades apreciativas.

Había entrado como recepcionista y luego pasé al departamento de ventas, un área que me gustó y me motivó desde el principio. Observando los reclamos de los clientes pude distinguir que entre lo solicitado por ellos y lo interpretado por nuestro departamento de diseño había algunos ruidos que interferían el fluir efectivo de la información e impactaban en los resultados finales del envase, provocando la insatisfacción del cliente. Era evidente que el mensaje no había sido correctamente decodificado. Algunas veces se trataba de asuntos de color, otras de cuestiones de ubicaciones o tamaños; en eso consistían algunos de los reclamos. La mayoría de las veces creemos que no hemos dejado lugar a dudas en nuestras explicaciones pero, cuando vemos los resultados de lo que el otro hizo con los datos que escuchó, nos damos cuenta de que algo del mensaje no fue claro o suficiente. Necesitaba aumentar la satisfacción del cliente y poder mostrarle cómo quedarían sus envases antes de la puesta en máquina y a un bajo costo.

Fue así que decidí tomar mis primeros cursos de diseño para luego continuar con mi postgrado de estrategia de *packaging*. Creé el departamento de diseño que permitió que los clientes recibieran un plano a escala del arte de sus envases y lo aprobaran previamente a su producción o hiciéramos las modificaciones que necesitaran. Esto permitió alcanzar un mayor nivel de satisfacción de los clientes con el producto final. Al poco tiempo, llegó a mis manos un plano del mismo estilo del que preparábamos nosotros realizado por nuestros competidores. Era tan efectivo que ¡nos copiaron!

Ahora, desde la distancia, puedo ver que muchas de mis habilidades apreciativas me ayudaron en el logro de este objetivo, aunque no haya sido consciente de ellas en ese momento. Emociones positivas, apreciatividad conmigo, apreciatividad con el mundo, optimismo, fueron, entre otras competencias, las que me acompañaron.

Al mismo tiempo que ejercía mi rol en el departamento de diseño llegó a mis oídos información sobre las nuevas certificaciones de las Normas ISO 9000. La idea me gustó y puse en contacto al presidente de la compañía con un consultor especialista en el tema. En los meses siguientes ya estábamos encaminados hacia nuestro proceso de certificación. Seríamos la primera empresa de nuestro ramo certificada con estas normas.

A medida que profundicé en su implementación, observé que las normas no llegaban a fluir dentro de la organización y que las personas eran uno de sus mayores obstáculos. Miedo al cambio, desconfianza en el proceso y cortocircuitos en la comunicación eran algunas de las cuestiones que debían mejorar.

Decidí entonces comenzar mi carrera de coach, con el objetivo de adquirir nuevas competencias comunicacionales que me permitieran romper esas barreras. Al finalizar mi carrera me enfrenté a la posibilidad de presentar el trabajo en el Primer Congreso de Coaching Transdisciplinario que se realizaba en Argentina.

Fue la primera vez que me subí a un púlpito frente a un público desconocido a dar una conferencia. Tenía 41 años.

Comencé entonces una frenética etapa de capacitaciones para especializarme aún más en temas relacionados con lo humano, mientras continuaba con mi profesión de diseñadora. Más coaching, oratoria, neurosemántica… Esta época despertó mis habilidades para la oratoria y la comunicación, y potenció mi curiosidad y mi creatividad. Un día llegaron los Diálogos Apreciativos de la mano de un amigo, Santiago Otero, quien luego sería mi socio durante muchos años.

Por aquel entonces, yo continuaba trabajando a jornada completa en la fábrica de envases, ya que era en ese momento mi fuente de ingresos. Luego de un par de años ya habíamos logrado hacer con la consultora buenos trabajos en empresas reconocidas y nuestro nombre, Diálogos Apreciativos & Coaching, había comenzado a sonar en el medio. Me empezaba a resultar difícil poder compaginar ambos trabajos. El cambio, la evolución de la que tanto se habla, la encrucijada de caminos que te puede permitir escoger **lo nuevo,** aquello que deseas hacer **hoy** frente a aquello que llevas mucho tiempo haciendo, aunque fuese un trabajo para el que me sentía capaz y que había escogido con gusto, se mostraba ante mí. Dudaba, tenía miedo, no me resultaba sencillo tomar una decisión que sabía que acabaría por afectar a toda mi vida.

Llevaba 30 años de trabajo en una empresa que amaba, con gente a la que quiero mucho. Todos los meses cobraba regularmente mis ingresos sin un solo inconveniente durante todo ese tiempo. Un horario cómodo, cerca de mi casa y hacía algo que realmente me gustaba. Mi familia y la mayoría de mis amigos me pedían cautela, que meditara bien los pasos a seguir. A pesar de la inclinación a continuar con mi trabajo de diseñadora, dedicarme a las capacitaciones y a la transformación de las personas era algo que no podía lograr con mi trabajo habitual y no quería dejar de probarlo en mi vida. La satisfacción que me daba trabajar en el desarrollo del potencial de las personas era muy diferente de la de lograr un buen diseño. Sabía que quería vivir y trabajar como consultora y también sabía que necesitaba hacerlo en los tiempos y las formas más saludables para mi vida.

La decisión

Durante más de un año y medio acudí a sesiones de coaching, clases de creatividad y demás capacitaciones. Además, consultaba con amigos expertos y siempre surgía un tema recurrente: cuál sería la mejor manera de plantearle el dilema a mi jefe, el presidente de la compañía de envases. Pero las semanas pasaban y no pedía la reunión. Una noche, estaba cocinando una salsa boloñesa para la cena en una olla Essen, una marca de ollas argentinas de alta calidad, cosa que les puede parecer un detalle menor, pero más adelante tendrá su importancia. Mientras revolvía la olla le contaba a mi hijo Guido, que en ese momento tenía unos 14 años, mi decisión de dedicarme a la consultoría y trabajar menos en diseño. Él me escuchó y cuando terminé me dijo:

—Mami, es una locura que dejes tu trabajo seguro por algo que te gusta pero que no nos da de comer. Si sale mal ¿de qué vamos a vivir?

Por un instante se me heló la sangre y, mientras continuaba revolviendo mi olla Essen repleta de salsa boloñesa, supe que ese era el momento. Ya no era algo que solo haría por mí, era un legado que quería dejarles a mis hijos. Me angustió la idea de que abandonaran sus sueños tan solo por asegurarse un plato de macarrones a la boloñesa. Aquí recordé nuevamente a Jobs en el cierre de su discurso:

"Cuando era joven, había una asombrosa publicación llamada *The Whole Earth Catalog*, que era una de las biblias de mi generación. Fue creada por un tipo llamado Steward Brand no muy lejos de aquí, en Menlo Park, y la creó con un toque poético. Fue a finales de los 60, antes de las computadoras personales y de la edición mediante microcomputadoras, por lo tanto, en su totalidad estaba editada usando máquinas de escribir, tijeras y cámaras polaroid. Era idealista y rebosante de hermosas herramientas y grandes conceptos.

"Steward y su equipo publicaron varias ediciones de *The Whole Earth Catalog*, y luego, cuando seguía su curso normal, publicaron la última edición. Fue a mediados de los 70 y yo tenía la edad de vosotros. En la tapa trasera de la última edición había una fotografía de una carretera en el campo, temprano en la mañana, similar a una en que estarían haciendo dedo si fueran así de aventureros. Debajo de la foto decía: *'Manténganse hambrientos. Manténganse descabellados'*. Fue su mensaje de despedida al finalizar. Manténganse hambrientos. Manténganse descabellados. Siempre he deseado eso para mí. Y ahora, cuando se gradúan para empezar de nuevo, es lo que deseo para ustedes."

Eso era lo que me estaba pasando: estaba despierta y descabellada. Y, sin ninguna duda, era lo que deseaba transmitirles a mis hijos tal como Jobs se lo quiso transmitir en palabras a los jóvenes de la universidad de Stanford. Sentí que debía mostrarles que ir tras nuestros sueños vale la pena y que nos da enormes satisfacciones.

Al otro día me senté en la oficina del presidente de la empresa de envases y le planteé mis inquietudes. Logramos un acuerdo en el que podía continuar con mi trabajo a media jornada. Al mes ya trabajaba para la empresa solo tres días a la semana y podía dedicar más tiempo a planificar, preparar e impartir mis capacitaciones.

Las ollas Essen

Tres años después de aquella conversación con mi hijo en la cocina de nuestra casa, me llamó una ex alumna de la carrera de coaching donde yo daba clases. Quería hacer unas jornadas de Liderazgo Apreciativo a un grupo de 160 mujeres del equipo de ventas de la empresa donde ella trabajaba. Esa empresa era de sobras conocida por mí: Essen, la marca de ollas de mi salsa boloñesa. El día del evento estaba el creador de la empresa y su familia, y conté públicamente que yo estaba allí dando este curso porque había tomado años atrás una importante decisión en mi vida mientras preparaba una rica salsa en una de las ollas que ellos fabricaban. De nuevo, el discurso de Jobs tomaba sentido.

Recuerdo que la jornada fue un éxito. Al finalizar, uno de los responsables de la empresa, que había estado presente durante toda la jornada aunque no hubiéramos cruzado más que un saludo, se acercó y me dijo: "Además de bonita, eres capaz". Nunca se lo pregunté, pero en su tono noté una grata sorpresa. Es más, me dije que al verme subir al escenario este señor debió pensar que una mujer joven y bonita difícilmente podía motivar y empoderar a 160 mujeres líderes. Creo que al principio de la jornada no hubiera apostado por mí ni un centavo. Por suerte, los puntos ya estaban conectados; yo había confiado en mis instintos y mi destino, lo que me llevó a tomar buenas decisiones y, como a Jobs, esta perspectiva nunca me ha decepcionado y ha hecho la diferencia en mi vida.

ACOM

ACOM es el acrónimo formado por los tres dominios en los que propongo ejercitar la **Apreciatividad**: **Conmigo**, con **Otros** y con el **Mundo** a mi alrededor.

¿Por qué hacerlo allí? Porque los niveles de aprecio y valoración que las personas tengan en estas áreas están íntimamente ligados a sus niveles de bienestar y florecimiento.

Cuanto mayor es nuestra capacidad de apreciarnos y valorarnos a nosotros mismos, mayores son nuestros niveles de autoestima, autoconfianza y autoeficacia. Distinguir y potenciar nuestros talentos y fortalezas, reconocer y celebrar nuestros logros, y juzgarnos con benevolencia son algunas de las actitudes y comportamientos que denotan **apreciatividad hacia nosotros mismos**.

Cuanto mayor es nuestra capacidad para apreciar a los otros, mejores y más saludables son nuestras relaciones. Dar preponderancia al lado más brillante de las personas, captar y promover su potencial y ser activos co-constructores del florecimiento de nuestros seres significativos son algunas de las actitudes y comportamientos que denotan **apreciatividad con otros**.

Cuanto mayor es nuestra capacidad para apreciar el mundo a nuestro alrededor mayores son las posibilidades de encontrar oportunidades y belleza. Asombrarse ante las cosas simples de la vida, mirar el mundo con ojos de principiante, buscar capturar la abundancia y distinguir recursos son algunas de las actitudes y comportamientos que denotan **apreciatividad con el mundo**.

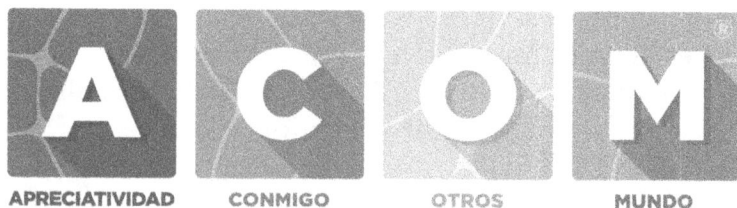

APRECIATIVIDAD   CONMIGO   OTROS   MUNDO

En los próximos capítulos puedes conocer más sobre cada uno de los puntos del modelo ACOM, pero antes de iniciar la lectura te invito a realizar un autotest para que puedas conocer tus actuales niveles de apreciatividad en estos tres dominios.

La rueda ACOM

Es una herramienta que nos permite observar gráficamente el nivel de apreciatividad del que disponemos y utilizamos en el momento presente en tres grandes ámbitos: conmigo, con otros y con el mundo. Desde este punto de partida podrás diseñar mejor un plan de acción para ejercitar sostenida y efectivamente tu apreciatividad.

Los ámbitos representados en la rueda ACOM son como un sistema en el cual el desarrollo de la apreciatividad de cualquiera de ellos impacta de forma positiva en los otros, generando de este modo un mayor nivel de satisfacción y equilibrio. Es decir, con independencia de tus niveles de aprecio en los diferentes dominios, cualquiera que "toques" tendrá impacto en los otros.

Para dibujar tu rueda ACOM te pido que leas con cuidado cada una de las siguientes frases. No dediques demasiado tiempo a pensarla, simplemente responde de la manera más sincera posible.

¿Cuán apreciativo soy conmigo mismo?

	Siempre	Casi siempre	Casi nunca	Nunca
Conozco mis fortalezas y talentos, y confío en ellos.				
Tengo una imagen optimista acerca de mis posibilidades de futuro.				
Rescato siempre lo valioso de mis historias pasadas.				

	Siempre	Casi siempre	Casi nunca	Nunca
Considero mis errores como oportunidades de aprendizaje.				
Veo la adversidad como desafíos, y los enfrento con confianza y esperanza.				
Mis contextos laborales son propicios para desarrollar mis habilidades.				
Creo que mis acciones pueden hacer una diferencia en el mundo.				
Los pensamientos negativos pueden revolotear sobre mi cabeza, pero no anidan en ella.				
Pongo el foco en aquello que deseo ver florecer y crecer en mi vida, en lugar de los problemas y lo que se está "secando".				
Me rodeo de personas que ven y hacen emerger lo mejor de mí.				
Tiendo a ver la parte positiva de todo lo que me sucede.				
No me siento inferior ante las personas bellas y de buen aspecto físico.				
Cuando conozco a alguien creo que le voy a agradar.				
Celebro mis éxitos y disfruto compartiéndolos.				
Me siento merecedor/a de ser feliz.				

Observa tus respuestas al cuestionario anterior y pregúntate cuán satisfecho estás hoy con tu nivel de apreciatividad con respecto a ti mismo.

La puntuación va de 0 (para nada satisfecho) a 100 (totalmente satisfecho). Ten en cuenta que no hay respuestas erróneas. Simplemente se trata del perfil personal y único de tu nivel de apreciatividad en este momento.

Área	Nivel de satisfacción	Actual
Conmigo	0-10-20-30-40-50-60-70-80-90-100	

¿Cuán apreciativo soy con otros?

	Siempre	Casi siempre	Casi nunca	Nunca
Pongo el foco en lo mejor y valioso de mis amigos y mi familia.				
En mi trabajo estoy atento a ayudar a otros a desplegar sus fortalezas y talentos.				
Aliento a otros a crecer y desarrollarse.				
Respeto las opiniones de los otros, aunque no esté de acuerdo con ellas.				
Cuando converso con otros estoy predispuesto y atento a escuchar y encontrar cosas valiosas en lo que dicen.				
Creo que en la mayoría de las personas que voy a conocer hallaré algo valioso o un nuevo aprendizaje.				
No participo de conversaciones sobre chismes o críticas descalificadoras.				
Las personas me reconocen por contagiar entusiasmo y optimismo a otros.				
Tengo el hábito de crear ambientes que promueven las emociones positivas y el bienestar.				
Mis grupos de pertenencia son alegres y optimistas.				
Como jefe o líder puedo ver las potencialidades de las personas con quienes trabajo.				
Me sale fácilmente halagar y reconocer a las personas por sus atributos y capacidades.				
Casi nunca me detengo en los errores que cometen las personas que me rodean.				
Me entusiasma y me inspiro cuando las personas me cuentan sus logros.				

Observa tus respuestas al cuestionario anterior y pregúntate cuán satisfecho estás hoy con tu nivel de apreciatividad con respecto a otros.

La puntuación va de 0 (para nada satisfecho) a 100 (totalmente satisfecho). Ten en cuenta que no hay respuestas erróneas.

Simplemente se trata del perfil personal y único de tu nivel de apreciatividad en este momento.

Área	Nivel de satisfacción	Actual
Con otros	0-10-20-30-40-50-60-70-80-90-100	

¿Cuán apreciativo soy con el mundo?

	Siempre	Casi siempre	Casi nunca	Nunca
Cuando llego a un lugar busco ver la belleza que contiene.				
Estoy atento/a y consciente del momento presente.				
Pienso que las cosas que hoy son negativas pueden ser positivas a largo plazo.				
Miro el mundo con ojos curiosos.				
Me detengo a observar y agradecer los regalos de la vida.				
No consumo programas y lecturas enfocados en lo mal que están las cosas en mi país y en el mundo.				
Creo que el mundo está lleno de oportunidades a la espera de ser descubiertas.				
Estoy abierto a nuevas experiencias.				
Aún conservo, como cuando era niño/a, la capacidad de asombrarme frente a las cosas simples de la vida.				
Me considero una persona de buena suerte.				
Sé ver y aprovechar las buenas oportunidades que se me presentan.				

Observa tus respuestas al cuestionario anterior y pregúntate cuán satisfecho estás hoy con tu nivel de apreciatividad con respecto al mundo.

La puntuación va de 0 (para nada satisfecho) a 100 (totalmente satisfecho). Ten en cuenta que no hay respuestas erróneas. Simplemente se trata del perfil personal y único de tu nivel de apreciatividad en este momento.

Área	Nivel de satisfacción	Actual
Con el mundo	0-10-20-30-40-50-60-70-80-90-100	

Traslada los resultados de las tres grillas al siguiente gráfico marcando en cada una de las áreas los niveles de satisfacción que declaraste tener. Puedes señalarlos con una línea punteada o diferenciando cada uno de los sectores con un color diferente, de modo que puedas observar y comparar fácilmente los resultados obtenidos en tu autotest.

Ten en cuenta que el valor menor (0) está ubicado en el centro y el valor máximo (100) se encuentra en el borde, en el límite de la rueda.

- ¿Qué observas en tu rueda ACOM actual?

  _____
  _____
  _____
  _____
  _____

- ¿Qué interpretas de la comparación entre cada una de las áreas?

  _____
  _____
  _____
  _____
  _____

- ¿Cómo te sientes frente a estos resultados?

  _____
  _____
  _____
  _____
  _____

- ¿Hay alguna de las áreas sobre la que te gustaría ejercitarte más? De ser así, ¿cuál?

  _____
  _____
  _____
  _____
  _____

- ¿Cuáles son los beneficios que esto tendría en tu vida?

  _____

  _____

  _____

  _____

  _____

- ¿Cuáles son los beneficios que esto tendría en la vida de otras personas?

  _____

  _____

  _____

  _____

  _____

- Menciona al menos tres beneficios que obtendrías si ejercitaras sostenida y efectivamente las tres áreas, con independencia de los niveles de cada una de ellas.

  1. _____
  2. _____
  3. _____

CAPÍTULO 2

APRECIATIVIDAD: EL ARTE DE PERCIBIR LO VALIOSO

Un discípulo se mostraba ansioso de recibir las más altas ense-
ñanzas, por eso no dudó en preguntar a su maestro:
—Por favor, señor, ¿qué es la belleza?
—La belleza está en las personas y en la vida de cada día —res-
pondió el maestro.
Decepcionado, el discípulo protestó:
—Pero en las personas que me rodean y en la vida de cada día
solo encuentro rutina y vulgaridad, yo no veo la belleza por nin-
gún lado.
El maestro dijo:
—Esa es la diferencia. Unos la ven y otros no la ven.

El *Diccionario de la Lengua Española* (DLE), editado por la
Real Academia Española (RAE) indica que el término apreciar viene del verbo latino *appretiāre*, y significa "reconocer y
estimar el mérito de alguien o de algo", como también "sentir afecto o estima hacia alguien". Además, en otra acepción
del término, el diccionario señala que se trata de "poner
precio o tasa a las cosas vendibles", de "aumentar el valor o
cotización de una moneda en el mercado de divisas" y también de "calcular o medir y percibir debidamente la magnitud, intensidad o grado de las cosas y sus cualidades".
   Este rápido paseo por el significado de la palabra "apreciar" nos muestra que cuando estamos apreciando algo
llevamos a cabo una serie de actividades, de movimientos
internos en nuestro ser: reconocemos, estimamos, sentimos
afecto, ponemos precio, valor; es decir, pesamos –o tasamos,
delimitamos, recortamos, focalizamos– y a su vez, aumentamos el valor de algo –como en el caso de la moneda–, pero

también podemos aumentar el valor de un retazo de tela perdido entre la niebla de trastos ocultos en el fondo de la casa. De pronto, ese pobre retazo de tela alcanza un valor que antes no tenía: era el remanente del vestido de novia de la madre y ahora es visualizado por la hija, que es artista plástica, y el retazo de tela termina en una exposición, en una galería de arte, como parte de una serie de retratos trabajados con la técnica del collage... Aquel retazo de tela, un encaje roto y algo polvoriento, acaba cubriendo el rostro retratado y siendo a su vez cubierto por ese rostro, en una mezcla extraña de pasta al óleo y encaje dándole al cuadro un vívido misterio y recogimiento asombrosos.

Sin lugar a dudas, la artista que encontró en ese pedazo de tela el elemento clave para darle vida a su retrato, debió detenerse para poder apreciarlo. El gran Pablo Picasso solía decir: "Yo no busco, encuentro", y aunque esta frase en boca de este genio nos parezca un verdadero hallazgo, de algún modo, su sentido podemos verlo en el origen de la palabra "alto", que fue esgrimida por los cabecillas militares a sus soldados en el medievo durante la batalla al atisbar alguna señal. Alto viene de *halt*, que en alemán significa "parada"; y del verbo *halten*, detener. Es decir, ¡alto!, por ejemplo, ahora mismo, para que nos detengamos en esto:

Una de las condiciones de la apreciatividad es la de poder hacer un *alto*, detenerse para reconocer, descubrir y apreciar las cosas, los sucesos y personas que nos rodean, incluidos nosotros mismos.

Podemos verlo más de cerca, tan de cerca como nuestra propia vista. Seguramente quien ahora esté leyendo difícilmente tenga conciencia del valor de su vista o piense cuán feliz ella lo hace. Y es así porque es tan normal que veamos que no solemos reconocerla; excepto si nos faltara. Entonces, pensaríamos en la gran suerte de poder ver y cómo no la apreciábamos en su justa medida cuando disponíamos de ella.

Deliberadamente apreciativo

En mis talleres y conferencias una de las primeras cosas que siempre hago es indagar acerca de las opiniones que los participantes tienen sobre la apreciatividad, para poder conocer lo que traen como prejuicios.

Y digo *pre-juicio* porque se trata de un juicio previo sobre un tema del que no tienen ninguna o poca información. Es decir, que se trata de una opinión que han construido previamente al conocimiento preciso o más amplio de la apreciatividad.

Una de las cosas que hago es pedirles que levanten la mano los que hayan oído hablar de apreciatividad antes de ese momento. En el mejor de los casos, una o dos personas levantan la mano.

Luego les pido que me digan las primeras palabras que vienen a su mente al escuchar el concepto apreciatividad. "Aprecio", "valor", "reconocimiento", "distinguir lo bueno", "ver la belleza", "ver el vaso medio lleno", "tener una mirada positiva de la realidad", son algunas de las definiciones que los asistentes suelen decir.

Si bien las personas en su mayoría no sabrían cómo dar una definición breve y precisa de apreciatividad, por su experiencia saben de qué se trata. Todos han tenido y tienen en mayor o menor medida experiencias apreciativas. Pueden evocar historias y momentos donde la apreciatividad ha estado presente. Es un concepto que puede resultar difícil de describir pero que cualquiera puede sentir.

Una vez que han expuesto sus ideas previas, les comparto mi definición de apreciatividad:

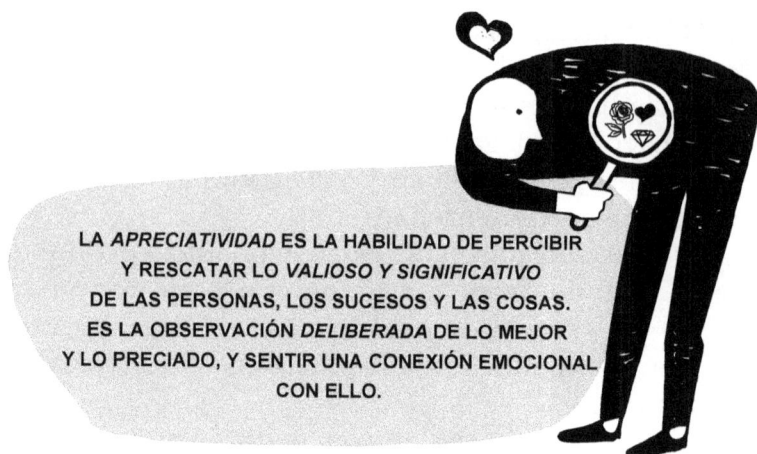

LA *APRECIATIVIDAD* ES LA HABILIDAD DE PERCIBIR
Y RESCATAR LO *VALIOSO Y SIGNIFICATIVO*
DE LAS PERSONAS, LOS SUCESOS Y LAS COSAS.
ES LA OBSERVACIÓN *DELIBERADA* DE LO MEJOR
Y LO PRECIADO, Y SENTIR UNA CONEXIÓN EMOCIONAL
CON ELLO.

Las palabras nunca llegan a representar algo en su totalidad, en el mejor de los casos siempre serán una aproximación. Y esta es, a mi entender, la definición que más se acerca a su verdadero significado. Para Tojo Thatchenkery y Carol Metzker, creadores del constructo Inteligencia Apreciativa,[1] la apreciación es un proceso de selectividad y juicio acerca del valor de algo. Es la capacidad de ver la realidad atribuyéndole mucho valor con independencia de su valor nominal –*face value*, en el original.

Mis abuelos paternos vivieron en Uruguay hasta que yo tuve unos 13 años. Durante ese tiempo, mi abuela venía periódicamente a visitarnos a Buenos Aires. Generalmente se quedaba a dormir en casa de mis tíos porque Quilmes, el barrio donde yo vivía con mi familia, estaba alejado del centro de la ciudad. Cuando ella venía a visitarnos a nuestra casa pasaba el día con nosotros y al caer el sol se preparaba para regresar a dormir a casa de mis tíos. Como yo deseaba que ella se quedara más tiempo, había encontrado una forma de retrasar su ida: esconderle sus zapatos de tacos

1. Thatchenkery, T. y Metzker, C.: *Appreciative Intelligence*, Berrett-Koehler Publishers, San Francisco, 2006.

altos. Al llegar, ella se los quitaba y se ponía unas pantuflas cómodas.

Al principio, aquello era visto como una travesura infantil, pero a medida que pasaba el tiempo ya dejaba de ser una broma y me retaban e instaban a que hiciera aparecer los zapatos. En una ocasión mi abuela se dio cuenta de por qué lo hacía y qué había detrás de esa travesura. Fue entonces cuando metió la mano en su cartera y sacó una moneda de plata de mil pesos uruguayos que estaba fuera de circulación hacía ya muchos años. Tomó la moneda y me la dio.

—Tengo mucho cariño por este objeto. Quédatelo y tenlo junto a ti. Es una manera de que yo esté contigo —me dijo.

Mi madre la miró desolada. Se trataba de una moneda de colección que incluso se vendía en joyerías que las engarzaban y ofrecían como bonitas medallas, porque tenía un diseño muy especial. Yo, por mi parte, inmensamente feliz, tomé el regalo de mi abuela a pesar del desacuerdo de mi madre.

Al día siguiente fui a casa de mi vecino y le pedí que le hiciera un agujero a la moneda. Le pasé un cordel negro que tomé del costurero de mi madre y me la colgué. Entré a casa orgullosa de mi medalla. Al verme, mi madre casi se desmaya. ¡Había agujereado la moneda de la abuela y al hacerlo había perdido su valor de colección! Mi madre me increpó agriamente y yo no podía entender por qué lo hacía. Apreciaba esa moneda más allá de su valor nominal, incluso mucho más del valor que tenía para un coleccionista. Sentía una conexión emocional fuerte con ella y lo único que quería era llevarla colgada en mi cuello. La apreciatividad requiere un vínculo emocional con el objeto, persona o situación que se aprecia. El aprecio va más allá del valor real de algo o alguien, es lo que yo siento lo que hace la diferencia.

Apreciatividad sentida

Para Mitchel Adler y Nancy Fagley,[2] la apreciatividad es notar y reconocer el valor y el significado de algo, un evento, una persona, un comportamiento, un objeto, sintiendo una conexión emocional positiva con ese algo.

Las emociones son involuntarias, no podemos decidir sentir alegría o tristeza. Nos ocurren sin más. Podemos modular su intensidad y el modo de manifestarlas, pero es algo que no tenemos el poder de hacer aparecer o desaparecer. La apreciatividad es involuntaria y tiene un correlato físico; se puede describir que existe una sensación corporal cuando nos está ocurriendo.

El aprecio ha de ser sentido. Uno puede racionalmente reconocer el valor de algo, pero si eso no nos despierta un sentimiento, si no sentimos esa conexión emocional positiva que mencionan Adler y Fagley, no hay apreciatividad. Al menos no de la que hablo en este libro.

Cuando las personas inician programas de desarrollo de habilidades apreciativas lo que procuro es aumentar sus conexiones emocionales. El objetivo de los ejercicios es abrir nuevas probabilidades de despertar en las personas una apreciatividad sentida.

Adler y Fagley postulan que la apreciatividad tiene dos componentes: uno racional y otro emocional. Maximilian Karl Weber,[3] sociólogo alemán, dice que las acciones sociales tienen sentidos racionales, sentidos afectivos y sentidos tradicionales.

En una acción apreciativa también pueden observarse estos tres sentidos:

2. Adler, M. y G. Fagley, N. S.: "Appreciation: Individual Differences in Finding Value and Meaning as a Unique Predictor of Subjective Well-Being", *Journal of Personality* 73, 79-114.
3. Weber, M.: *Economía y sociedad. Esbozo de sociología comprensiva*, trad. J. Medina Echavarría, ed. J. Winckelmann. FCE, México, 1964.

- Una donde **el objetivo está determinado por la razón**; por ejemplo, tomo un curso porque veo que es bueno para otros y creo que también lo será para mi vida.

- Otra donde **el fin es guiado por los sentimientos**; por ejemplo, el amor que siento por una persona me lleva a comprarle un presente y decirle cuánto la aprecio.

- Y por último hay también una acción tradicional donde **el fin es guiado por la tradición**; por ejemplo, cuando damos las gracias en varios momentos del día, la mayoría lo hacemos porque nuestra cultura nos ha enseñado "buena educación". En general se trata de respuestas automáticas que solemos hacer sin conciencia de ello y casi sin contenido afectivo.

En una acción apreciativa, como en otras acciones, la razón, las emociones y la tradición interactúan y se combinan, nunca están en estado puro.

Hay algo de tradición en nuestros actos de aprecio, y también hay algo de racional y algo de afectivo. En este libro hablaremos esencialmente del tipo de apreciatividad que es más que el simple acto de valorar algo de manera automática o de hacerlo solo desde la razón; aquí hablaremos de una apreciatividad sentida. Es decir, aquella que contiene en sí misma una carga emocional y afectiva.

La capacidad de apreciar es una cualidad inherente al ser humano y todos tenemos disposición a ella en mayor o menor medida.

Hay personas que de forma natural se dan cuenta de los regalos que les brinda la vida y agradecen casi a diario este privilegio. Sencillamente se dan cuenta del valor de las cosas, las personas y los acontecimientos, y se sienten bendecidos por ello. Otras, sin embargo, dan por sentado muchas de las maravillas de la vida y no piensan que se trate de nada especial.

Algunas personas cuentan con una disposición al aprecio, y otras con mayor disposición al desprecio o la indiferencia. Esto no quita que tanto unas como otras pasen por ambos estados en diferentes momentos. **La buena noticia** es que se trata de una capacidad que puede aprenderse más allá de la disposición que cada uno de nosotros posea. Mucha de nuestra buena disposición al aprecio está desaprovechada. Personalmente creo, porque así lo he comprobado en muchos de los entrenamientos en prácticas apreciativas que he llevado adelante, que la cultura y la educación impactan de manera negativa en el desarrollo de la apreciatividad en la mayoría de las personas. Muchas de las que no utilizan la apreciatividad no lo hacen por su falta de disposición, sino porque dicha cualidad ha sido anulada o desprestigiada por los contextos o medios donde la persona se ha desarrollado.

Varias de las prácticas para aumentar nuestros niveles de aprecio y valoración despiertan una suerte de libertad en las personas que les permite liberarse de ataduras culturales que las inmovilizaban. Ellas vienen a los cursos con muchas ataduras que limitan sus capacidades apreciativas. En la mayoría –como ocurrió con Gulliver al ser capturado por liliputienses–, muchos pequeños hilos, casi imperceptibles para ellos, fueron anulando sus movimientos. Las prácticas ayudan a ejercitar y también a liberar a las personas de preceptos y hábitos adquiridos que embarran y hacen patinar sus capacidades para el aprecio.

Esta es **la mala noticia**: hay mucha capacidad apreciativa desaprovechada y mucho potencial que inhabilitamos a diario, y somos ciegos a esa realidad.

Nos han enseñado –y seguimos enseñando– maneras de andar por la vida, prácticas y actitudes que minimizan el aprecio y lo relegan a un lugar de nimiedad, sin importancia. ¿Cuántos de nosotros hemos sido educados para el asombro? ¿Cuántas veces nos han enseñado a detenernos a buscar algo preciado? ¿Hemos sido capacitados para hacer buenas preguntas que nos lleven a encontrar lo bueno? ¿Les enseñamos a nuestros hijos a detenerse a apreciar las maravillas del momento presente? ¿Tenemos en nuestra cultura rituales de agradecimiento que practicamos con sentimiento y conciencia? ¿Nos han enseñado a apoyarnos en nuestras fortalezas y talentos, a focalizarnos en lo mejor? ¿Ha sido ese el eje de la educación que recibimos y el de la educación que damos?

Tal vez sí, tal vez no. Sean cuales sean las repuestas, seguro que han tenido un impacto en nuestros niveles de apreciatividad en el presente y lo tendrán en la vida de las personas que nos rodean porque nuestros actos no son inocentes y construyen realidades. Si queremos un mundo con mayor aprecio y valoración hemos de construirlo de manera intrínseca y extrínseca. Cuando entrenamos y cultivamos nuestra apreciatividad, estamos contribuyendo a que aumente también en el medio y la cultura donde nos encontramos inmersos. Lo que las personas hacemos afecta a lo que las otras hacen, y la apreciatividad no está fuera de esta regla.

Tomaré un ejemplo que utiliza Sergio Parra[4]: la secuoya; este es el árbol más alto del mundo y su crecimiento está condicionado por la genética contenida en la semilla y por el medio, es decir, por los nutrientes del suelo, la calidad del aire en donde se desarrolle o la aparición o no de un leñador. Pero hay un factor que determina la altura de la secuoya, y es la altura de las que están a su lado. Todas buscan el sol para sobrevivir y cuanto más alto llegue una, más trabaja la otra para alcanzar también el sol, ya que de ello depende su supervivencia. Esto, que para los seres humanos puede transformarse en una carrera loca, no lo es para las secuoyas, que lo viven como parte de su naturaleza. El entorno es el que permite que el potencial contenido en la semilla se desarrolle o no. Nuestras capacidades apreciativas se han visto afectadas por la altura que el aprecio ha alcanzado en nuestra familia, nuestros maestros y nuestras ciudades.

---

4. Parra, S.: *Cultiva tu memesfera*. Ediciones Arcopress, Córdoba, 2015.

¡Que se te note!

Como ya he contado, soy diseñadora de envases y sé de muchas historias interesantes del mundo del *packaging*. Se cuenta que Heinz se convirtió en 1869 en la primera empresa que comercializó productos en envases transparentes. Su rábano picante se vendía en botellas en las que los consumidores podían ver su contenido. El dueño no quería tener que contar en extensos y aburridos textos en la letra pequeña de la etiqueta las bondades de su producto. Fue muy claro con los diseñadores de su *packaging*:

—No quiero que les contemos a los clientes los atributos de nuestros productos, ¡quiero que los noten!

Fue así como nació la emblemática botella de vidrio en la que los clientes podían apreciar el producto y sentirse atraídos por su textura y color intenso.

El envase se transformó en un éxito. Los clientes no solo podían ver el contenido, sino que esa misma "transparencia" aumentó su confianza hacia la marca. No había nada escondido, todo estaba a la vista.

Aunque las personas avancen en los programas de entrenamiento, les sigue inquietando cuál es el mejor modo de explicar a los demás de qué se trata la apreciatividad. Es entonces cuando les cuento la historia del envase de Heinz y les digo que la mejor forma de explicar qué es la apreciatividad es dejar que se note a través de sus actitudes y prácticas. Mi recomendación es que expliquen poco y que anden por la vida como una botella de kétchup o de rábano picante, dejando traslucir lo que llevan dentro. ¡Que se les note la apreciatividad!

Recuerdo una vez que la gerente de recursos humanos de una empresa con la que veníamos trabajando hacía ya más de un año nos hizo llegar una invitación para la fiesta de Fin de Año de la compañía. Nos sentimos muy halagados con esta invitación porque no era una reunión a la que asistieran proveedores o personas ajenas al *staff*. Se trataba realmente de una celebración íntima y al mismo tiempo grande porque en la empresa trabajaban más de mil personas. Una fiesta en la que, como dice Joan Manuel Serrat en su canción *Fiesta*: "Por una noche se olvidó que cada uno es cada cual". Cuando llegamos, enseguida comprobamos que aquella era una hermosa fiesta, en la que se veía a los trabajadores conversar, disfrutar y compartir. Los problemas del día a día habían quedado en las oficinas bajo llave y no habían sido invitados al festín.

En determinado momento, al costado de la pista de baile, me encontré con una de las directoras de la compañía. La conocía porque había participado en alguno de mis talleres al inicio del programa, pero hacía mucho que no la veía. Era la persona que más gente de su equipo tenía participando de mis programas y en ocasiones había manifestado cierto malestar por las ausencias de sus colaboradores a las reuniones para las capacitaciones que yo realizaba. Me sentí algo incómoda ante la perspectiva de que me lanzara, ahora que me tenía delante, alguna de aquellas quejas que habían llegado a mis oídos. Sin embargo, para mi sorpresa, esa noche ocurrió algo distinto:

—La gente está muy contenta de formar parte del programa —me dijo—. Y se notan los cambios en ellos. En verdad, no sé qué has hecho con Ricardo, pero está realmente transformado. ¡Es otra persona!

Después bebió un sorbo de su copa y me soltó:

—Creo que debería tomar de su medicina.

—Genial —contesté algo abrumada—, creo que tienes mucho potencial para desarrollar. La medicina de Ricardo es la voluntad de cambio y la práctica.

Ricardo y los demás integrantes del equipo podrían haber intentado persuadirla explicándole –de hecho, lo hicieron– las bondades de la apreciatividad y difícilmente hubieran podido lograr resonar en ella como lo hizo el cambio de actitud y comportamientos de Ricardo. No hizo falta explicación alguna, él solo decidió andar por la empresa como una botella de kétchup, y la apreciatividad se le notaba.

Muchas personas renuncian a la apreciatividad antes de probarla, a causa, precisamente, de sus prejuicios. No prueban para ver qué pasa, renuncian porque creen tener la certeza de que no funcionará o que no es para ellos. No fracasan en sus prácticas, fracasan en pasar a la acción.

Los prejuicios, las ideas preconcebidas, son una de las razones que obstaculizan las prácticas apreciativas.

La apreciatividad no consiste en tomar una actitud de avestruz y ocultar la cabeza bajo tierra para no ver lo que no funciona, las debilidades o los errores; ni tampoco se trata de una actitud Pollyanna de que todo está bien.

Ser apreciativos es ser capaces de ver el todo, lo que nos gusta y lo que no, lo funcional y disfuncional, para deliberadamente elegir quedarnos con lo mejor.

Se parece a una actitud benevolente. Christophe André[5] plantea la benevolencia como la actitud de adelantarse hacia la vida con el deseo de ver sus lados buenos. No solo sus lados buenos, sino "primero" sus lados buenos.

La benevolencia no impide una mirada crítica sobre la realidad, sino que, a diferencia de lo que hacen los quejosos, que es comenzar por lo malo, la benevolencia hace que lo bueno vaya primero.

Las prácticas apreciativas ayudan a desarrollar las capacidades para distinguir y percibir lo valioso, y también para ponerlo en primer plano.

Las prácticas apreciativas aumentan nuestras capacidades para distinguir, descubrir, resaltar, elegir y posicionar en primer lugar lo que es valioso en nosotros mismos, en los otros y en el mundo que nos rodea. Y con ello, obtener

---

5. André, C.: *Y no te olvides de ser feliz*. Editorial Kairós, Barcelona, 2014.

una ventaja, primero para nosotros, por nuestro bienestar. Y, después, para afianzar nuestro lugar en el mundo. Pero mejor no adelantar acontecimientos.

El mito del 100%

¿Cuánta apreciatividad se necesita?

La apreciatividad *inteligente* –me gusta llamarla así, igual que Carmelo Vázquez lo hizo con el optimismo–[6] es aquella saludable y funcional para nuestra vida.

El mito de que podemos llegar a ser 100% apreciativos es una carrera loca e inútil que no lograremos alcanzar y que además tendría consecuencias negativas para nuestras vidas. Es inútil intentar apreciarlo todo.

Mi interés no es proponer una carrera que tenga como objetivo una meta imposible y disfuncional para la vida, sino facilitar al lector herramientas para que pueda aumentar sus grados actuales de competencias apreciativas y alcanzar uno que tenga un impacto positivo en su bienestar y felicidad.

Basada en mis años de experiencia, puedo asegurar que la mayoría de las personas se encuentran en un nivel de apreciatividad muy por debajo del funcional y saludable para su vida, para su florecimiento tanto personal como laboral o social.

Es altamente probable que, si observas tus conductas más habituales, notarás el escaso tiempo que dedicas al aprecio y la valoración. Esto evidencia nuestra tendencia humana a focalizarnos en lo que nos falta o lo que no funciona, tal vez, con la mejor de las intenciones, al buscar mejorar nuestros defectos, nuestras lagunas, aquellos aspectos de nuestro comportamiento que más nos desagradan.

---

6. Vázquez, C. y Hervás, G.: *La ciencia del bienestar.* Alianza Editorial, Barcelona, 2014.

Nos parece muy sensato ocuparnos de subsanar nuestras debilidades y de remarcar en los otros aquello que han de mejorar; sin embargo, no solemos usar las mismas energías en potenciar lo que funciona bien o en ayudar a otros a desarrollar sus mejores capacidades. El escenario es aún peor de lo que lo estoy pintando, porque la mayoría de las veces creemos que este es el único y más efectivo modo de ayudar a los demás a mejorar. Podemos verlo claro en las empresas, que luego de engorrosos diagnósticos deciden implementar programas de capacitación en las herramientas que ayudarán a las personas a adquirir las habilidades que el diagnóstico señaló como deficitarias. Se cree que este es el modo correcto de ayudarlos en su crecimiento.

Corregir nuestras debilidades no es suficiente para alcanzar la excelencia. El florecimiento humano ocurre cuando le damos espacio y prevalencia a nuestro lado más brillante. Además, siempre resultará infinitamente más provechoso, más divertido, de mayor impacto y satisfacción para la persona implicada hacer crecer el potencial que ya tiene, que ocuparse de reducir sus debilidades. No estoy diciendo que no debamos atender nuestras debilidades, quiero decir que esto no debe ser nuestro principal foco, que también hemos de dedicar tiempo y esfuerzo a sacarles más brillo a nuestras fortalezas. Uno de los cursos que más disfruto es el de Oratoria apreciativa. Pocas cosas producen más temor a las personas que hablar en público. Mi profesor de oratoria decía una frase que, pese a su crudeza, resulta tremendamente gráfica:

—Algunos desearían estar en el cajón antes que tener que dar el discurso de despedida del funeral.

Lo más habitual en este curso de oratoria es que las personas vengan a buscar recetas para corregir lo que consideran que no están haciendo bien. En general, eso consiste en pequeños errores que con la práctica sostenida consiguen diluirse. Parece sensato que si queremos mejorar nuestra oratoria estudiemos bien nuestros errores y trabajemos para corregirlos. Mover demasiado las manos, hablar rápido, tener muletillas, no mirar al auditorio o centrarse únicamente en una sola persona... La mayoría de los fantasmas que las personas traen como inquietudes más aterradoras con poca frecuencia aparecen en una presentación en público; por ejemplo, el gran cuco de olvidarnos lo que íbamos a decir.

Las personas llegan al curso con una larga lista de todo lo que necesitan mejorar para convertirse en buenos oradores, pero casi nadie llega conociendo los atributos que poseen y pueden potenciar para alcanzar el éxito. Vienen a resolver sus debilidades y no imaginan un programa en el que el foco sea hacer crecer lo mejor de lo que ya tienen. Algunos son buenos por su sentido del humor; otros, por su tono amable y contenedor; otros disfrutan contando historias, mostrándose seguros y convincentes. Cada uno ya cuenta con competencias muy útiles para hablar en público. Incluso les propongo que observen qué hacen mejor en sus profesiones u *hobbies* y que trasladen a la oratoria esas capacidades. Recuerdo un líder de una empresa de telecomunicaciones cuyo *hobby* era la magia y cuando descubrió que podía incluir algo de su habilidad en esas presentaciones, se sintió muy aliviado y mucho más seguro. Podría contar muchos ejemplos en los que las personas lograron su crecimiento como oradores capitalizando recursos que ya tenían en otros aspectos de su vida. Conocí fanáticos de la música, del fútbol y hasta financieros y arquitectos que tomaron todos sus saberes de esas áreas de sus vidas y las usaron en la construcción de una sólida identidad como oradores.

No niegan lo que necesitan mejorar. También practican frente al espejo, se filman y trabajan en sus errores y debilidades, pero en ningún caso el foco del entrenamiento está puesto en arreglar lo que no funciona en ellos. Siempre se busca una actitud benevolente que vea el todo, y elija poner en primer plano las capacidades y las fortalezas.

El resultado son personas capaces de hablar ante el público y que además pueden disfrutar al hacerlo. Existe un autodescubrimiento de nuevas destrezas que alimentan su confianza. En palabras de un participante:

—¡Es increíble adónde se puede llegar cuando se logra conectar con la gente!

En mi opinión, la oratoria debería ser una competencia que se enseñe a las personas desde muy jóvenes, porque se trata de algo más que una habilidad para dar discursos; la oratoria es una competencia para la vida. Muchas personas mueren sin nunca haber podido decir unas palabras en una reunión familiar, sin poder transmitir sus sentimientos a la persona amada. Mi profesor de oratoria era odontólogo, yo lo conocí cuando él tenía 76 años. Había incursionado en el mundo de la oratoria cuando ya era sexagenario, y me contaba que el día que murió su mejor amigo, al que él quería profundamente, no tuvo el coraje de dar el discurso de despedida y poder expresar todo su afecto. Algo de lo que aún se arrepentía. Afirmaba que, de haber conocido antes sus capacidades para la oratoria, otra habría sido su vida.

De la teoría de la resolución de problemas al enfoque salugénico

He desarrollado un gráfico a partir del modelo salugénico, que también ha sido tomado y estudiado por especialistas en Indagación Apreciativa como Frank Barrett y Ronald Fry,[7] y por expertos en el campo del desarrollo organizacional posi-

---

7. Barret, F. J. y Fry, R. E.: *Indagación apreciativa*. Draf, Montevideo, 2009.

tivo como Kim Cameron, Jane Dutton y Robert Quinn.[8] Vamos a imaginar que este es un "felizómetro" en el que le pido que indique de 0 a 10 cuál es su nivel actual de felicidad.

Si siente que se encuentra por debajo del punto medio, en este caso 5, buscará un punto entre 0 y 5, y si siente que se encuentra más que bien, buscará una posición entre 5 y 10. Si se siente bien, sin preocupaciones pero tampoco demasiado exultante, se posicionará en 5, un bien.

Ahora adelantemos un paso más y pensemos en nuestra salud. Por lo general, nos levantamos y avanzamos en nuestras rutinas cotidianas sin registrar nuestro cuerpo. Si no percibimos alarmas o dolores no solemos detenernos y atenderlo. Pero si, por el contrario, un día despertamos con fiebre, la situación cambia. Seremos conscientes de los síntomas y nos sentiremos enfermos por debajo de nuestro nivel de salud (5).

¿Cuánto? Según la gravedad, será más cerca de 0 o más cerca de 5. Cuando esto ocurre tendemos a buscar una solución al problema. Por ejemplo, ir al médico, tomar un antifebril o llamar a nuestra abuela y preguntarle cuál era el remedio casero que nos daba cuando éramos niños y que resultaba tan efectivo. Cualquiera que sea la solución que adoptemos, todas tienen el mismo objetivo, volver a 5. Regresar al *statu quo*, al equilibrio. Claramente estaremos enfocados en eliminar lo que nos inquieta, lo que no queremos ver más, en este caso la fiebre. Y en la mayoría de

---

8. Cameron, K. S.; Dutton, J. E. y Quinn, R. E.: "Foundations of a New Discipline". En *Foundations of Positive Organizational Scholarship*. K. S. Cameron, J. E. Dutton y R. E. Quinn (ed.) pp.3-13. Berrett Koehler, San Francisco, 2003.

los casos lo logramos. El remedio o el té de la abuela nos devuelven al equilibrio y a sentirnos bien (5).

En la gran mayoría de las situaciones nos contentamos solo con no tener problemas y nos pasamos los días resolviéndolos y buscando que vuelva al equilibrio toda situación desviada de él; luego nos sentimos muy bien cuando lo conseguimos. Lo que no está nada mal, pero es *chiquitito*, porque solo obtenemos resultados pequeños donde nada demasiado grave ocurre, pero tampoco nada grandioso. Nos sentimos bien, aunque difícilmente podemos decir que rebosamos de salud o felicidad. Es un punto promedio, de mínima.

El camino usado para restaurar el equilibrio es conocido como teoría de la resolución de problemas o enfoque sistemático. Se trata de un tipo de proceso lógico que comprende seis etapas:

1. Identificar el problema (fiebre).
2. Analizar alternativas de solución (ir al médico, tomar un antibiótico, tomar la receta de la abuela, etc.).
3. Seleccionar una alternativa (que depende de 2).
4. Poner en práctica la alternativa seleccionada (seguir el tratamiento).
5. Determinar su eficacia (si se retiró el síntoma, la fiebre).
6. Revisar, cuando sea necesario, cualquiera de las etapas del proceso.

Este modelo es el que solemos utilizar y lo hacemos de forma automática. Se despierta en nosotros un impulso interior normativo que nos lleva mecánicamente a la búsqueda de soluciones que nos regresen al equilibrio.

En mi opinión, la mayoría de las veces utilizamos este camino no porque sea el mejor, sino porque nos resulta conocido y hemos aprendido a utilizarlo de generación en generación. ¿Hay otros caminos posibles? ¿Hay algún camino que nos lleve más allá de 5, del *statu quo*, de 5 a 10?

Sí, lo hay; y para poder comenzar a transitarlo el primer paso que debe darse es cambiar la pregunta, para poder quitar nuestro foco del problema (en el ejemplo anterior, fiebre) y enfocarnos en lo que más queremos (bienestar). La pregunta que necesitamos hacernos es: ¿qué es lo que realmente quiero ver crecer?

Los sistemas humanos –las personas y las organizaciones– nos movemos en la dirección de las imágenes que poseemos acerca del futuro, y estas imágenes son creadas por las conversaciones que tenemos y las historias que contamos. Estos relatos y discursos surgen de las preguntas que nos hacemos.[9] Podemos ver este camino en el siguiente gráfico:

---

9. Cooperrider, D. y Whitney D.: *Appreciative Inquiry, A Positive Revolution in Change.* Berrett-Koehler Publishers, San Francisco, 2010.

Pregunto

Encuentro

Relato, converso

Imagino un futuro

Acciono

Obtengo
un resultado

Sobre lo que preguntamos, encontramos. Sobre lo que encontramos, hablamos. Basados en lo que hablamos, imaginamos futuros posibles y son estas imágenes las que nos mueven a las acciones que determinarán los resultados logrados.

Unas preguntas pueden llevarnos a reparar y restaurar: ¿Qué es lo que me inquieta? ¿Cuál es el problema? ¿Qué nos impide avanzar? ¿Qué es lo que debo mejorar?

Otras a expandir: ¿Qué es lo que quiero ver más en mi vida? ¿Qué es lo mejor que me ocurrió hoy? ¿Con qué recursos cuento para transitar el proceso de cambio? ¿Qué es lo que mejor sé hacer? ¿Cómo puedo hacerlo crecer?

Podemos vivir ocupándonos apenas de volver al equilibrio aquello que se desvíe por debajo de 5, que es lo que comúnmente hacemos por supervivencia. Tenemos sed, tomamos agua y volvemos al equilibrio. Tenemos hambre, comemos algo y volvemos al equilibrio. Usamos el proceso de resolución de problemas todo el tiempo sin tener conciencia de ello. Lo hacemos con las cosas cotidianas y también con las complejas, desde equilibrar nuestro cuerpo hasta con las políticas públicas de un país, los vaivenes de la pareja, los desvíos de producción de una fábrica y la rotura de nuestro auto. Lo hacemos con nuestra vida cuando dedicamos más tiempo en huir de las posibles desgracias que en encaminarnos hacia la felicidad.

Podemos vivir reparando y arreglando lo que no funciona, eso nos garantizará el mínimo indispensable para nuestra supervivencia o para la efectividad de una empresa, pero difícilmente nos alcance para lograr felicidad y excelencia. Es muy poco probable que salgamos de la mera supervivencia y de este modo alcancemos una SÚPER vivencia, como a mí me gusta llamarla.

Todo ello conduce a una afirmación que puede parecer muy categórica: la ausencia de malestar no es sinónimo de felicidad. Para gestionar niveles óptimos de funcionamiento es necesario gestionar de forma activa y directa las emociones positivas y las fortalezas. Como ya hemos visto, no alcanza con reducir la tristeza; si bien es necesario en muchos casos, es insuficiente para obtener bienestar y felicidad. Tampoco reducir los problemas en una empresa nos permitirá alcanzar la excelencia. Hace falta además desarrollar las potencialidades y facilitar la innovación. Las empresas necesitan disminuir su orientación a corregir el déficit y una mayor focalización en hacer crecer su potencial.

¿Qué quieres ver más?

Cuando llego a las empresas suelen recibirme con una lista interminable de lo que no quieren ver más en la compañía y de lo que esperan desterrar con capacitación y entrenamiento. Luego de que escucho atenta la lista de *problemas*, les pido que me cuenten qué quieren que pase. Más concretamente: que me cuenten lo mismo que acaban de decirme, pero esta vez en positivo y afirmando lo que desean ver crecer en la empresa y no lo que quieren arreglar.

Es decir, donde dijeron "No quiero más estrés" pueden decir, por ejemplo, "Quiero bienestar"; cuando dijeron: "Menos quejas" podrían reemplazarlo por "Más diálogos saludables". Al principio sorprende mi pedido, pero cuando comienzan con el juego de palabras rápidamente ven la diferencia. Perciben de inmediato que se están orientando a reducir los problemas y poco o nada a hacer crecer el potencial.

Cuando comparamos ambas respuestas podemos darnos cuenta de lo diferente que es una de la otra, e incluso de las distintas emociones que cada una de ellas nos despiertan. Es muy diferente decir "no quiero ocuparme todo el tiempo de los demás" que decir "quiero ocuparme más de mí". Si sigo mi deseo apegada a la primera frase, es muy probable que deje de hacer cosas para los otros, pero eso no garantiza que logre ocupar ese tiempo satisfactoriamente conmigo. Ser específicos y claros en lo que queremos lograr es el primer paso para alcanzarlo.

Hay dos estrategias muy útiles a la hora de enfocarnos en la cualidad positiva.

1. **Hacer buenas preguntas que deliberadamente lleven el foco a la cualidad positiva.**
2. **Hablar en afirmativo.**

Esto puede parecer sencillo, pero resulta un esfuerzo realmente titánico porque llevamos años haciendo todo lo contrario. Cuando decidimos incorporar estas nuevas prácticas nos encontramos con otro obstáculo: nuestra falta de autocontrol. Tendemos a comportamientos arraigados en nuestros hábitos, los que hemos aprendido a lo largo de muchos años y practicado repetidas veces por nosotros y nuestro entorno. Se nos hace difícil superarlos porque volvemos a ellos cada vez que nos distraemos, y luego somos proclives a construir complejos discursos para justificar esta tendencia.

Hacer buenas preguntas que redirijan la atención a lo que tiene valor y hablar con afirmaciones positivas es una práctica que requiere estar atentos a nuestro déficit de autocontrol porque nuestra tendencia a volver a los comportamientos aprendidos estará siempre allí al acecho. Es decir, tenderemos a volver a hablar en negativo, a ser indiferentes a lo positivo y a enfocarnos excesivamente en los problemas. El secreto está en permanecer atentos, pescarnos en estas caídas y volver a empezar. Poder aprender a reírnos de nosotros mismos cuando descubrimos que estamos hablando en negativo o haciendo preguntas que solo bucean en el problema en busca de los culpables o de lo mal que van las cosas; entonces debemos abrirnos a jugar el juego de diseñar las mejores y más poderosas preguntas que inspiren y energicen. Jugar a pasar al formato positivo y afirmativo lo que planteamos en forma de una negación. ¿Cómo sería si en vez de decir lo que no quiero digo lo que quiero? ¿Cómo digo lo que estoy expresando desde una negación de manera afirmativa?

El justo equilibrio

Algunas personas ven este enfoque como un cambio de paradigma, pero a mí me gusta verlo como lo hace Martin Seligman[10] respecto del futuro de la psicología positiva. Espera que se trate de una nueva mirada que venga a sumarse a la psicología tradicional y no de un nuevo paradigma que barra con el anterior. Lo que Seligman desea es que la mirada de la psicología positiva termine siendo un aporte a la psicología tradicional y no una nueva psicología. Confía en que los límites de ambas se difuminen para, en un tiempo no muy lejano, volver a hablar de una sola psicolo-

---

10. Seligman, M.: *La auténtica felicidad*. Ediciones B, Barcelona, 2007.

gía inclusiva que nos permita mirar a las personas a través de unas lentes que incluyan la enfermedad y la debilidad, pero también la salud y el potencial.

No me gusta pensar en una mirada reduccionista donde la resolución de problemas se vea enfrentada al enfoque apreciativo. Creo que ambas son necesarias para desenvolverse con excelencia en la vida y en las organizaciones. El arte radica en saber cuánto y cuándo usar una u otra. En definitiva, se trata de uno de los grandes desafíos a los que estamos enfrentados los seres humanos, el de encontrar el "justo equilibrio". Mi sueño se asemeja a la propuesta de Seligman. Sueño con que las personas desarrollen un modelo de afrontamiento efectivo y funcional para sus vidas. Donde el enfoque apreciativo se sume al de resolución de problemas y se retroalimenten.

Muchas personas creen que es muy difícil ser apreciativos en determinadas circunstancias o con algunas personas, lo cual es muy cierto. He pasado por cantidad de momentos en mi vida en los que fue complejo y hasta casi imposible ser auténticamente apreciativa. Pérdidas, separaciones, dolor, desilusiones y desprecios, son algunas de ellas.

Por lo general, la apreciatividad requiere de mucho ejercicio en circunstancias adversas o con personas que nos hacen daño y muchas veces la valoración nunca llega. En algunas ocasiones, se consigue luego de un tiempo, cuando ya se han podido trascender ciertos dolores. En otras, solo llega el lado racional de la valoración pero no una conexión emocional.

Afortunadamente estas circunstancias en extremo difíciles no suelen ser lo más habitual en la vida de la mayoría de nosotros. Sin embargo, hay muchas situaciones que tendemos a dramatizar más de lo saludable y a las que nos hace muy bien pasarlas por el filtro de la apreciatividad.

Un tiempo atrás transité por una incómoda adversidad. Vinieron a visitarnos unos amigos chilenos y fuimos a comer rica carne argentina a San Telmo, un barrio típico de Buenos Aires. Elegimos una antigua carnicería transformada en un pintoresco restaurant. Estacionamos a dos cuadras del lugar y al regresar al auto, luego de la estupenda cena, nos encontramos con una desagradable sorpresa. Había habido una trifulca entre unos delincuentes y la policía, y mi auto, que estaba en medio de la pelea, resultó con un par de abolladuras y el parabrisas estallado y lleno de sangre. La escena era muy impactante. El auto se veía muy mal; las manchas rojas de sangre de los contendientes contrastaban con el color blanco del coche y hacían la escena aún más chocante.

Automáticamente atiné a arrancar el auto para alejarnos del lugar. Pensé que era peligroso permanecer ahí, el auto se podía arreglar y por suerte no estábamos cuando ocurrió todo. Avanzamos unos metros pero al llegar a la esquina nos detuvo la policía. El auto estaba bajo denuncia policial y debían llevarlo a la comisaría. Uno de los policías se subió al coche y nos condujo hasta allí. Durante el trayecto conversamos sobre lo ocurrido. Me mostré molesta, pero al mismo tiempo muy afortunada de no haber estado en el lugar en el instante de la pelea. En un momento, el oficial se detuvo y volvió su rostro hacia el asiento de atrás donde yo estaba sentada y me dijo:

—¿Cómo hace para estar tan tranquila? La verdad, la admiro. Si yo llego a buscar mi auto y me encuentro con algo así no habría manera de que pudiera encontrar algo bueno en ello.

No le expliqué a qué me dedicaba. Eran las tres de la mañana, algo tarde para un curso acelerado de apreciatividad, pero me sentí muy agradecida por su observación. Sin ella no me hubiera dado cuenta de mi actitud. Me alegré de que así fuera y, a pesar de tener que regresar a casa en taxi y recoger el auto tres días después, pude vivir la adversidad de un modo mucho más saludable. Desde luego, los hechos no iban a cambiar, pero el enfoque apreciativo resultó un práctico y saludable recurso para afrontarlos.

Cuando las cosas van bien

A pesar de que muchas personas consideren difícil mirar algunos acontecimientos desde un enfoque apreciativo, es en momentos de adversidad cuando más acudimos a él, a modo de *salvavidas* que nos ayude a mantenernos a flote cuando las cosas van mal. Buscamos reencuadrar las circunstancias adversas en busca de algo positivo donde poder afirmarnos, y en muchos casos se trata de una efectiva estrategia de afrontamiento. Así como el alquimista espera transformar el plomo en oro, las personas intentamos cambiar lo negativo en positivo.

Aunque parezca extraño, somos más apreciativos cuando las cosas van mal que cuando van bien. Algo similar a lo que ocurre con la espiritualidad o la religión, que mientras las cosas van sobre ruedas muchas veces las relegamos, pero cuando alguna adversidad se nos presenta volvemos a acudir a ellas en busca de apoyo y contención, hasta retomamos prácticas que fuimos relegando de lo cotidiano, como rezar o ir al templo.

En mi experiencia, he observado que el mayor adormecimiento de la apreciatividad ocurre cuando las cosas van bien.

Como dice Christophe André:[11] "La vida nos ofrece algunas alegrías, como oportunidades inesperadas e inmerecidas; en todo caso sin esfuerzo. Pero confiar en esas gracias caídas del cielo tiene dos inconvenientes: 1) no son tan frecuentes como pudiera parecer y 2) podemos desaprovecharlas y ni siquiera llegar a percibirlas si nuestra mente se retrae ante las preocupaciones y 'las cosas que hay que hacer'".

---

11. André, C.: *Y no te olvides de ser feliz*. Editorial Kairós, Barcelona, 2014.

Las prácticas apreciativas tienen por objetivo abrir nuevos escenarios para el auge del aprecio y la valoración. Con ellas procuramos aumentar nuestra sensibilidad para distinguir lo preciado, para detenernos a explorarlo y saborearlo. Tenemos la idea errónea de creer que ocuparnos de capitalizar y reforzar lo bueno no es tan urgente ni importante como estar alertas a posibles problemas o a las cosas que deben solucionarse.

Nuestro mayor desafío en la vida cotidiana está en afinar nuestra percepción para capturar lo que es valioso y preciado de las cosas simples de la vida. Esas cosas que, por considerarlas pequeñas, obvias e invisibles en nuestro ritmo habitual, vamos dejando pasar a diario sin otorgarles un reconocimiento. El mismo reconocimiento que seguramente les dimos cuando por primera vez llegaron a nuestras vidas o que les daremos cuando nos falten. Se trata de pasar de tener una actitud pasiva ante las bondades de la vida a tener una más activa. Comprometerse en buscar esas bondades y hacerlas más frecuentes, además de celebrarlas y valorarlas con mayor asiduidad e intensidad.

El gran desafío consiste en hacer del mundo, las personas y los sucesos –que solemos ver tan poco interesantes en el devenir de la vida cotidiana– un espacio donde encontrar magia y asombro.

Nuestros dos grandes retos: adaptación hedonista y el sesgo de la negatividad

La adaptación es una cualidad que nos permite a los seres humanos ajustarnos rápidamente y de manera efectiva a nuevas situaciones. Esta capacidad le ha sido muy útil al hombre para poder llegar hasta nuestros días; de no haber sido por ella la angustia y el estrés que habría tenido frente a los acontecimientos de la evolución humana ha-

67

brían puesto en jaque a nuestra supervivencia. Esta capacidad nos protege de sucumbir ante las adversidades de la vida y es uno de los dones que componen lo que Gilbert y otros[12] denominan "sistema inmunológico psicológico". Aunque a veces nos cueste creerlo, somos muy hábiles al momento de utilizar estrategias para protegernos de las consecuencias de las experiencias negativas y de los infortunios de la vida.

Pero esa capacidad adaptativa frente a lo malo tiene su reverso, ya que también nos adaptamos a lo bueno. La **adaptación hedonista**, como se la conoce en psicología, es en parte lo que ha llevado al hombre al cambio y el crecimiento. Sin ella, probablemente mucho de nuestro desarrollo personal y social no habría ocurrido.

Su objetivo es despertar el deseo de cosas nuevas y motivarnos a avanzar hacia horizontes desconocidos, haciendo que lo ya conseguido deje de provocarnos la excitación y alegría del primer momento y que desviemos nuestra mirada hacia objetivos no explorados.

Esta beneficiosa capacidad tiene una contracara: es también la responsable de mucha de nuestra insatisfacción e infelicidad.

La adaptación hedonista hace que las cosas valiosas de nuestra vida queden desdibujadas y las percibamos como obvias por habernos acostumbrado a ellas.

Sonja Lyubomirsky,[13] una de las grandes investigadoras sobre la felicidad, plantea que los cambios positivos traen consigo emociones como la alegría y el orgullo, pero estos sentimientos asociados a ese cambio van disminuyendo con el paso del tiempo. Si se mantienen, presentan otro inconveniente, y es que comenzamos a verlos como "normales"

---

12. Gilbert, D. T.; Pinel, E. C.; Wilson, T. D.; Blumberg, S. J. y Wheatley, T. P. "Immune Neglect: A Source of Durability Bias in Affective Forecasting", *Journal of Personality and Social Psychology*, 75(3), 617-638.
13. Lyubomirsky, S.: *La ciencia de la felicidad.* Ediciones Urano, Barcelona, 2008.

y ya no nos parecen tan asombrosos. La abundancia de lo bueno y su larga permanencia genera adaptación. Es como el agua en un licuado, en cierta medida refresca y realza el sabor de la fruta, pero si tiene demasiada agua, sabe a "lavado" y diluye el gusto intenso de la fruta.

Piensa en cuántas de las cosas que hoy posees te dieron mucha alegría en el momento en que las conseguiste y ahora pocas veces te resultan asombrosas o exultantes. O tal vez incluso hayas pasado a despreciarlas, producto de la comparación social. Quizá tu casa, tu pareja, tu trabajo, tu coche, tal vez un par de zapatos o incluso tu oficina, fueron cosas conseguidas con mucho esfuerzo y que te hicieron sentir orgulloso de su logro. Sin embargo, sin darnos demasiada cuenta de cómo fue, lo que un día era maravilloso llega a convertirse en algo de poco valor. No solo nos parece *normal*, por tenerlo disponible habitualmente, sino que su valor comienza a disminuir porque además lo comparamos con lo que poseen otros que se encuentran por encima de nuestros niveles sociales. Las cosas, las personas y los sucesos son los mismos, pero ha cambiado la vara con la cual las medimos.

Comparar es algo que hacemos naturalmente y es una de las bases que utilizamos para emitir nuestros juicios. Decimos si algo es bueno o malo, bajo o alto, responsable o irresponsable y lo hacemos siempre con respecto a algo. Los juicios tienen una importante función en nuestra vida y nos ayudan en la toma de decisiones. Con ellos proyectamos escenarios futuros a partir de los cuales actuamos en el presente. Tenemos juicios porque el futuro nos inquieta. Cuando decimos "este año será el más difícil de los últimos diez años" estamos haciendo una comparación, que puede ser acertada o no, pero será la que guiará nuestro comportamiento. Esta habilidad útil y necesaria, como todas las cosas de la vida, también tiene su contrapartida: contamina nuestro bienestar y nuestra felicidad.

Imagina que tienes dos casas y que los círculos negros del centro del gráfico que está debajo representan cada una de ellas, mientras que los círculos grises que los rodean representan las casas de tus vecinos.

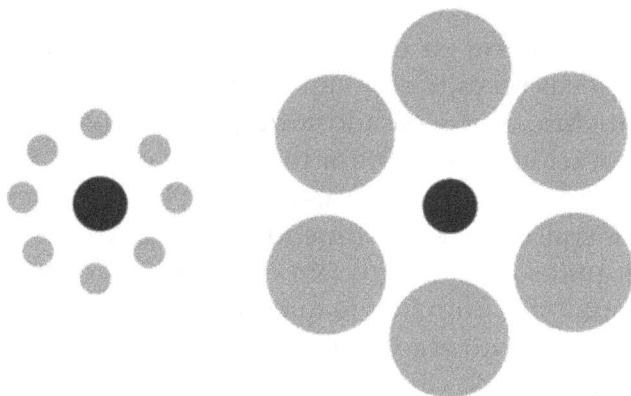

Gráfico procedente de *El factor suerte*, de Richard Wiseman.

En ambos casos seguramente te sentirás diferente. Si observas el gráfico podrás ver que los círculos negros del centro son del mismo tamaño; sin embargo, los círculos grises que los rodean determinan que los veamos más grandes o más pequeños. Pues de la misma manera funciona la comparación social. Mi casa es la misma pero el valor que le doy puede verse afectado por la casa de mi vecino. Esto ocurre no solo con mi casa, comparar mi vida con la de personas más afortunadas que yo o mi vida actual con la mejor que tuve en otro tiempo puede hacerme sentir muy infeliz.

Sin embargo, cuando hacemos lo contrario, es decir, comparamos nuestra casa con otra más chica, o nuestra vida con quienes tienen menos fortuna, creemos que eso no está bien, que hacerlo es tener una actitud negadora o conformista. Muchas investigaciones han demostrado que compararse con estándares bajos aumenta nuestro bienestar subjetivo, mientras que si lo hacemos con estándares altos tiene un impacto negativo en nuestro bienestar.

Un conocido estudio realizado con dos grupos de enfermeras ilustra este hecho a la perfección: unas trabajaban en la sala de maternidad y otras en la sala de oncología infantil. Se hicieron mediciones de los niveles de satisfacción con la vida que tenían las integrantes de ambos grupos y se presentó una sorpresa: las enfermeras de la sala de maternidad mostraron niveles de satisfacción con la vida inferiores a los de las de la sala de oncología infantil. ¿Cómo podía ser que en el lugar donde la mayoría de las veces reinaban momentos de dicha las enfermeras fueran menos felices? ¿Cómo podían sentirse más felices quienes trabajaban en el lugar donde el dolor estaba a flor de piel? La respuesta se encuentra justamente en la comparación.

La vida de flores y globos celestes y rosas de las maternidades no es algo que ocurra a diario, y cuando las enfermeras comparaban sus vidas cotidianas con tanta felicidad como las rodeaba, se sentían pequeñas y desafortunadas. Sin embargo, las enfermeras de la sala de oncología infantil, que muchas veces se sentían agobiadas por su labor, al final del día comparaban los infortunios de los demás con sus vidas y descubrían todo lo maravilloso que tenían. La valoración es un juicio, una opinión que se emite sobre el valor de algo. Los estándares que usamos afectan el resultado de dicha valoración. La apreciatividad se verá afectada por lo que coloquemos alrededor del objeto, la persona o el suceso que estemos evaluando.

El infortunio de llegar a la Luna y ganar una medalla de plata

El 20 de julio del 2010 se cumplieron 41 años de la llegada del hombre a la Luna. El mundo entero tenía los ojos puestos en aquellos tres hombres; se calcula que una quinta parte de la población de la Tierra en esa época (600 millones de personas) siguió aquel hito aeroespacial por televisión. Un millón de personas se desplazó a la costa de Florida para ver el despegue en directo.

Los dos elegidos para descender fueron el comandante Neil Armstrong, de 38 años, y Edwin "Buzz" Aldrin, de 39. Uno entró en la historia como el primer ser humano que pisó la Luna y el otro, al menos, dio nombre al personaje de *Toy Story*, Buzz Lightyear. El otro astronauta de la misión, Michael Collins, de 38 años, quedó relegado a un tercer plano porque no descendió a la superficie y se mantuvo orbitando.

Las repercusiones de este hecho en la vida de los tres astronautas resultaron bien diferentes.

Neil Armstrong recibió más de veinte condecoraciones del gobierno de los Estados Unidos y de otros países, trabajó para la NASA en áreas de investigación, hasta que pasó a la actividad privada como docente en Ingeniería Espacial en la Universidad de Cincinnati.

Sin embargo, Edwin Aldrin entró en una profunda depresión poco tiempo después de su regreso y unos meses más tarde empezó a tener problemas de alcoholismo. Se dice que no podía soportar la idea de haber pisado la Luna después de Armstrong.

Michel Collins no descendió al satélite, y la huella de su bota no quedó marcada en su superficie; tampoco apareció en las imágenes que dieron la vuelta al mundo. No tuvo ese privilegio o esa fortuna, pero se siente feliz –según sostiene él mismo– con el papel que le tocó jugar: "Sería un mentiroso o un tonto si dijera que tuve el mejor de los tres lugares en el Apollo 11, pero sí puedo asegurar que aprecio el hecho de haber permanecido durante 21 horas orbitando alrededor de la Luna en diez ocasiones. En cada órbita tenía 48 minutos de incomunicación radial con la Tierra y, lejos de sentirme solo, valoré esos momentos de absoluto silencio como los de mayor conexión conmigo mismo y con la grandeza del universo". Esta historia es un buen ejemplo de cómo la comparación social puede derrumbar muchas de las maravillas que experimentamos en la vida.

También se ha estudiado la pena del ganador de las medallas de plata. Al parecer, el segundo lugar genera más tristeza que obtener una medalla de cobre.

Neymar, estrella del fútbol brasileño, tras perder la final olímpica en 2012 ante México en Wembley, afirmó que se encontraban "felices por haber conseguido la medalla de plata", pero también "tristes por no haber podido lograr el oro".

Los científicos han estudiado este fenómeno y descubrieron que ganar una medalla de plata hace infelices a los deportistas, mientras que los premiados con la de bronce sí se sienten satisfechos. Pero ¿por qué? ¿Cómo es posible que un deportista se sienta triste por ganar una medalla de plata? ¿Cómo es posible que el ganador de la medalla de bronce se sienta más feliz?

Se trata de un pensamiento contrafactual. Las personas imaginan escenarios y resultados alternativos que podrían haber sucedido, pero que no sucedieron. La diferencia entre la plata y el bronce es con quién se comparan. Los medallistas de plata se centran en los medallistas de oro, y los medallistas de bronce se comparan hacia abajo; es decir, con quienes no han tenido la suerte de subir al podio. Los ganadores de la medalla de plata se recriminan y castigan por todo lo que no hicieron para alcanzar el oro, mientras que los ganadores de la medalla de bronce celebran llevarse un premio a casa.

¿Es una solución entonces adoptar la actitud de usar estándares bajos para juzgar nuestras cosas, nuestra vida y a las personas? No lo es si se hace para negar una realidad que no nos gusta. Solo funciona para aquellos que sinceramente creen y sienten que son afortunados.

El problema de compararnos con estándares altos es que nos hacen sentir pequeños, lo que afecta a nuestra autoestima y autoeficacia. Además, suelen despertarnos sentimientos de resignación o resentimiento. Sin embargo, hay personas que, al compararse con otros que están por arriba de sus capacidades o posesiones, no ven afectada su autoestima. Todo lo contrario, se sienten motivados a avanzar y esforzarse por conseguirlo ellos también. ¿En dónde radica la diferencia? No se castigan a sí mismos por su posición inferior, sino que utilizan esa comparación para inspirarse, para alimentar su motivación y alcanzar sus logros. Creen que si se lo proponen y trabajan con ahínco también ellos podrán lograrlo.

Lo más recomendable, cuando nos comparamos hacia arriba, es usar esta comparación como un motor que nos mueva y nos inspire a evolucionar en nuestra propia vida.

Ahora imaginemos que estamos en la sabana africana hace millones de años. Dos *homo sapiens* conversan tranquilamente y de repente escuchan un fuerte rugido; uno de ellos sale corriendo a gran velocidad mientras que el otro se queda asombrado mirando y dice:

—¡Qué lindo gatito!

¿De cuál de estos dos *homo sapiens* crees que descendemos?

Nuestro **sesgo a la negatividad**, es decir, poner más énfasis en los peligros y amenazas, ha sido uno de los grandes aliados de nuestra evolución. Aquellos organismos que tienen una respuesta más rápida y fuerte a las amenazas han sobrevivido y podido transmitir sus genes. Sin nuestro sesgo a la negatividad nuestra vida estaría en peligro. El escenario ha cambiado y la mayoría de los seres humanos no nos cruzamos a diario con leones, pero seguimos aplicando nuestro sesgo a la negatividad a otros potenciales peligros. Este es uno de los motivos por el cual nos quedamos pegados a las noticias sangrientas y dolorosas de la televisión, los diarios y los chismes. Creemos que estar alerta a ellas nos salvará la vida.

Esto en algunos casos es muy cierto, por ejemplo, cuando las noticias informan sobre temporales y muchas personas salvan sus vidas y se protegen al no circular por la zona de peligro. Pero cuando la información negativa traspasa los límites de lo saludable, se transforma en un problema para nuestra salud y nuestra vida.

Seamos apreciativos con nuestro sesgo a la negatividad. Es bueno para nuestra vida, y si la evolución lo ha conservado es porque aún cumple funciones importantes para nuestra supervivencia. No ha de ser nuestro objetivo eliminarlo, porque, en realidad, no es posible. Lo mejor es agradecer todo lo que hace por nosotros y al mismo tiempo ponerle freno cuando se pasa de la raya. A decir verdad, la felicidad no es algo que le interese a nuestro sesgo. Su objetivo es mantenernos con vida, no felices. El enfoque apreciativo aparece aquí como un poderoso aliado que nos ayuda a equilibrar los excesos de nuestro sesgo a la negatividad y desafiarlo cuando se torna disfuncional. La vida nos expone a situaciones que pueden apagar la apreciatividad y al mismo tiempo, si somos conscientes de ello, nos expone a situaciones que pueden encenderla.

El problema de nuestro sesgo a la negatividad es que se instale y empañe nuestra existencia. Las prácticas apreciativas son un poderoso recurso para frenar a tiempo una bola de nieve negativa que avance y arrase nuestro bienestar.

Si no te desprecio, ¿te aprecio?

¿Qué es lo contrario de apreciar y valorar? Si buscamos en el diccionario de antónimos nos encontraremos con palabras como desprecio, desagradecimiento o desvalorización. Actitudes que, por suerte para nuestra humanidad, no son las que más abundan en la mayoría de los seres humanos.

Entonces, si las actitudes de desprecio y desvalorización no son las que más abundan, ¿por qué preocuparme
por la apreciatividad? Porque lo que sí abunda es la indiferencia.

No tengo una actitud despectiva y de desprecio hacia mi
ducha caliente, no manifiesto desprecio hacia mis padres,
no desvalorizo a mis amigos, no soy una desagradecida de la
vida. Pero esto no significa que los aprecie y los valore. Del
mismo modo que la ausencia de malestar no es garantía de
felicidad, la ausencia de desprecio, desvalorización o desagradecimiento no indica aprecio y valoración. Nuestro sesgo a la negatividad y la adaptación hedonista provocan una
gran indiferencia y ceguera ante lo que es valioso. Necesitamos desarrollar nuestra apreciatividad no para combatir el
desprecio y la desvalorización, sino para contrarrestar nuestra actitud indiferente. No solo para apreciar lo extraordinario de las personas, sucesos o cosas, sino, principalmente,
para valorar lo corriente y lo cotidiano.

Solemos ser indiferentes a momentos, cosas y personas
por encontrarnos desconectados de la realidad, por nuestra búsqueda de la perfección, por los altos estándares con
que medimos las cosas y a las personas, por estar más en el
pasado o el futuro que en el presente. Por pensar más en
cómo las cosas deberían ser en vez de tomarlas y disfrutarlas
tal cual se nos presentan.

Lo que logramos al aumentar nuestra apreciatividad es
apasionarnos por encontrar lo mejor. Desafiando, de este
modo, a la indiferencia, la insensibilidad, el desinterés, la
apatía y la tibieza.

Las prácticas apreciativas requieren frenar nuestra
mente y también nuestro cuerpo. Es necesario tomarnos
un tiempo para incorporar las experiencias y reflexionar
acerca de ellas. Algo que podemos lograr si somos capaces
de detener cuerpo y mente. La ansiedad y las distracciones
son las que más dificultan nuestra detención física y mental.

Nos hacen abortar rápido lo valioso que captamos, y no nos permiten detenernos para gestarlo y nutrirlo.

Al desarrollar nuestras habilidades apreciativas descubrimos mayor cantidad de fuentes inestimables de aprecio en la cotidianeidad. Lo cotidiano es como un profundo océano del cual nosotros no vemos el agua por estar inmersos en ella. Cada tanto debemos asomar las narices a la superficie para darnos cuenta de dónde estamos inmersos y regresar luego a las bellas profundidades con ojos curiosos, ávidos de percibir la abundancia y el potencial que nos rodean, y ser capaces de descubrir esos instantes que muy bien ilustra Joan Manuel Serrat en su canción:

De vez en cuando la vida
afina con el pincel:
se nos eriza la piel
y faltan palabras
para nombrar lo que ofrece
a los que saben usarla...

¡Ser apreciativos es un buen modo de saber usar la vida!

Lo valioso, un enorme gorila invisible

William Blake[14] dice que, si las puertas de la percepción se abrieran, el mundo aparecería ante el hombre como es, infinito. Yo creo que si esas puertas de la percepción se abrieran, el mundo también se presentaría infinitamente abundante. Desafortunadamente, nuestra percepción siempre será limitada y el mundo será aquello que nuestros sentidos y nuestro cerebro nos dejen captar. Aunque por suerte también es algo que podemos modificar. El

---

14. Blake, W.: *El matrimonio del cielo y el infierno.* Editorial Cátedra, Madrid, 2007.

microscopio o el telescopio son claros ejemplos de cómo los seres humanos hemos desafiado las limitaciones de nuestros sentidos para percibir las maravillas del mundo a nuestro alrededor.

Cuando era niña, uno de los regalos que recibí en un Día de Reyes fue una enorme caja con un juego de química. El juguete que más he disfrutado de los muchos que he tenido. La gran caja estaba repleta de tubos de ensayo y frascos con polvos químicos y además tenía un enorme microscopio. El jardín de mi casa se transformó en mi gran laboratorio en el que descubrí un nuevo mundo. Hormigas, flores, tierra y lombrices fueron a parar al microscopio. Me maravillaba ver todos los micromundos contenidos en el limitado universo de un pequeño jardín. Captar aquello que a simple vista no podía percibir se convirtió en una actividad que disfrutaba y que hoy, a la distancia, se parece mucho a una actitud apreciativa. Indagar, bucear, curiosear e ir más allá de la superficie.

Nuestra restricción para captar el mundo a nuestro alrededor no reside solo en la capacidad de nuestros sentidos sino principalmente en nuestro cerebro y nuestra mente. Ellos son capaces de provocar una ceguera intencional como bien lo ha demostrado el experimento de Christopher Chabris y Daniel Simons, ganadores del premio Ig Nobel de Psicología en 2004 –una parodia de los premios Nobel que se celebra en Harvard y a la cual asisten también auténticos premiados con el Nobel–. El galardón les fue entregado "por demostrar que cuando se presta atención a algo, es muy fácil descuidar todo lo demás, incluso a una mujer disfrazada de gorila".[15] El descubrimiento pone de manifiesto nuestras limitaciones cognitivas y también algo que sorprende a la mayoría de las personas: la total inconciencia de nuestra ceguera.

---

15. Chabris, C. y Simons, D.: *El gorila invisible*. Siglo Veintiuno Editores Argentina SA, Buenos Aires, 2011.

Recuerdo una de las veces en la que hice el experimento durante una capacitación. Repetí los pasos que los científicos utilizaban. Les advertí a los participantes que verían un video donde dos equipos de jugadores, unos vestidos de blanco y otros de negro, se hacen pases con una pelota. Les pedí entonces que prestasen atención a los jugadores de blanco y contasen cuántos pases realizaban los jugadores de dicho equipo. Luego de unos instantes, detuve el video y les pregunté a los participantes cuántos pases habían contado. Algunos acertaron y otros no, pero todos se acercaron.

Inmediatamente después los interrogué sobre quién había visto al gorila. Algunos se mostraron sorprendidos ante mi pregunta y solo unos pocos afirmaron haberlo visto. Les dije entonces que durante el juego una mujer disfrazada de gorila había cruzado la cancha. Quienes no lo vieron creyeron que se trataba de una broma. Si estaban atentos al video sería imposible que no hubieran visto a… ¡un gorila! Volví a pasarles el video y para su sorpresa el gorila pasaba por allí en la mitad del partido. ¿Cómo era posible que no lo hubieran visto? Incluso algunos creían que les estaba haciendo trampa al mostrarles otro video.

Recuerdo a Celia, quien quedó tan conmocionada por la experiencia que durante mucho tiempo recordaba su sorpresa de aquel día cada vez que nos veíamos. No solo había sido completamente ciega al gorila, sino que le costaba creer cómo su cerebro había podido jugarle esa mala pasada. Una mujer profesional, atenta e inteligente, había sido incapaz de ver algo tan obvio. Lo que Celia no sabía es que más del 50% de las personas de diferentes edades y niveles socioculturales que pasaron por el experimento no vieron al gorila.

No se trata de un problema de nuestra inteligencia sino algo muy común en los seres humanos conocido como una falta de atención hacia el objeto no esperado y que en la ciencia se conoce como "ceguera por falta de atención". "Cuando dedican su atención a un área o aspecto particular de su mundo visual, tienden a no advertir objetos no esperados, aun cuando estos sean prominentes, potencialmente importantes y aparezcan justo allí donde ellos están mirando."[16]

¿Qué tiene que ver esto con la apreciatividad? Pues experimentamos mucho menos de nuestro mundo visual de lo que creemos, y esto incluye muchas cosas preciadas y valiosas. Tenemos la creencia errónea de que podemos ver la totalidad del mundo. Sabemos las cosas que somos capaces de ver y apreciar, pero desconocemos todas aquellas que quedan fuera de nuestro foco de atención. Y hay algo aún más sorprendente, y es que muchas cosas especiales e inusuales que nos llamarían la atención en múltiples circunstancias, precisamente nos pasan inadvertidas por completo al tratarse de objetos, personas o acontecimientos diferentes y atípicos.

Las prácticas apreciativas ejercitan nuestra mente para aumentar nuestra percepción de lo extraordinario. Es decir, incrementamos nuestras capacidades de ver cosas de la vida con las cuales maravillarnos. Las prácticas apreciativas desafían las ilusiones cotidianas que afectan a nuestro comportamiento diario. Sabemos que nuestra percepción del mundo es defectuosa; sin embargo, seguimos actuando obstinadamente como si no lo fuera. Nuestras ilusiones cotidianas tienen una enorme influencia en nuestros pensamientos, decisiones y acciones. Conocer cómo funcionan nos permite ver el mundo de otra manera y tomar acciones más efectivas para nuestra vida.

Una de las claves de nuestra ceguera está en lo que pensamos que veremos cuando miramos; es decir, en nuestras expectativas. Más adelante explicaré la anécdota en profundidad, pero sirva aquí como ejemplo una ocasión en que me llevé del estacionamiento un auto que no era el mío.

---

16. *Ibidem.*

Evidentemente, se le parecía mucho, pero había mil detalles que en el 90% de los casos podrían haberme alertado. Sin embargo, en aquella ocasión entré en el vehículo, miré sin ver y me dejé guiar por una confianza excesiva en mis creencias y pensamientos. Tuve frente a mí otro auto y no fui consciente de ello. No advertí un acontecimiento inesperado porque mi cerebro está diseñado para detectar patrones de modo automático. Ya contaré más adelante otros detalles sobre este episodio.

Esto también podemos verlo en la apreciatividad. Es un gran gorila que las personas tienen delante de sus narices y que no ven hasta que les contamos sobre él. Sorprende que una capacidad tan humana y con beneficios tan evidentes sea tan poco distinguida y utilizada para nutrir la vida. Una de las razones por las que creo que es importante hablar y difundir la apreciatividad es principalmente para que las personas puedan verla. Tal vez no logren luego definirla en palabras, pero sí podrán identificar actitudes y comportamientos apreciativos en sí mismos y en los otros que antes no percibían. Conocer más sobre aprecio lleva a las personas a notar más las actitudes de desvalorización o indiferencia. Lo que no es una desventaja, si esto nos motiva a practicar y desarrollar más el aprecio. A veces es desde la oscuridad que podemos distinguir la luz.

Chabris y Simons nos dicen que hay una manera probada de eliminar nuestra ceguera por falta de atención, y es hacer que lo inesperado sea menos inesperado. Sostienen que los automovilistas no ven a los motociclistas porque no están buscando motociclistas, entonces las motocicletas son inesperadas. Dicen también que vestir a los motociclistas con ropas de llamativos colores puede no ser la solución del problema porque mirar algo no garantiza que lo notemos. Lo que crea la tendencia a no ver a los motociclistas son las expectativas del conductor; es decir, cuando manejamos esperamos ver autos y no que se nos cruce una moto. Para aumentar las posibilidades de que un automovilista vea una moto lo que debemos modificar son las expectativas con respecto a las posibilidades de encontrarse con un motociclista.

Del mismo modo, el primer paso hacia la apreciatividad es creer que algo bueno y valioso puede suceder. Lo que nos hace ciegos a lo valioso no es la ausencia de cosas, personas o acontecimientos buenos, sino nuestra falta de expectativas para creer que son posibles. Nuestro sesgo a la negatividad tiende a empañar nuestras expectativas sobre las posibilidades de encontrar algo valioso y entonces reduce nuestra capacidad de distinguirlos. No vemos lo que no esperamos ver.

Experiencia y conocimiento

Al parecer, los niveles de capacidad de atención de una persona no mueven la vara respecto de sus posibilidades de ver o no un objeto o un acontecimiento inesperado. Sin embargo, hay dos maneras de predecir si una persona será capaz de ver lo inesperado: su experiencia y sus conocimientos.

Los jugadores de básquet experimentados ven al gorila con más frecuencia que los jugadores de balonmano, a pesar de ser estos expertos en un juego de pases que requiere una habilidad similar a la de los basquetbolistas. Al cambiar el escenario disminuye su capacidad para percibir lo inesperado a pesar de sus conocimientos.

Si sumamos a los conocimientos la experiencia relacionada con el objeto o el acontecimiento inesperados, aumentan las posibilidades de verlos.

Lo mismo ocurre con la apreciatividad. A medida que nuestro foco en descubrir lo valioso se agudiza, más experimentados nos volvemos en ella y mayor es nuestra capacidad para distinguirlo. Aquí aparece mi mención al acrónimo

ACOM, precisamente porque se necesita un entrenamiento en diferentes áreas que aumente nuestras experiencias. Es el incremento de nuestras capacidades más las experiencias lo que permitirá retroalimentar la apreciatividad, y nos posibilitará distinguir lo valioso en nosotros, los otros y el mundo. Aquí el origen de este acrónimo que es la base de mi modelo:

A preciatividad
C onmigo, con
O tros y con el
M undo

De algún modo consiste en entrenarnos para buscar lo valioso a conciencia –deliberadamente–. Cuando a los participantes del experimento del gorila se les advertía que algo extraño podrían llegar a ver en el video siempre distinguían lo inusual. Si recordamos que algo valioso puede aparecernos en la vida lo más probable es que algo encontremos. Las prácticas apreciativas influyen en la construcción de nuestras expectativas y nos recuerdan periódicamente que algo positivo puede aparecer. Es entonces cuando nuestros sentidos y nuestra mente preparan sus radares para captarlo.

En el mundo moderno existen muchas atracciones a las cuales estar atentos, lo que nos distrae fácilmente de gran cantidad de cosas. La ceguera por falta de atención junto a la ilusión de atención que la acompaña son, en parte, producto de la vida moderna. Nuestros antepasados no tenían tantos distractores como a los que nos vemos expuestos los seres humanos en el mundo de hoy. Somos conscientes de las cosas, personas y momentos que apreciamos y atesoramos, pero no lo somos de aquello que no somos capaces de ver y valorar.

En mis conferencias, luego de introducir a las personas en el concepto de apreciatividad, suelo hacer una pregunta a la audiencia:

—¿Están apreciando todo lo bueno que hay a su alrededor?

Y es en ese momento en el que la mayoría de las personas toman conciencia de muchas cosas buenas en su vida que aún están dejando pasar sin valorar en su justa medida, de cuántas cosas significativas para su vida e importantes para su bienestar se pueden estar perdiendo. El problema radica no solo en aquello que no apreciamos sino en la ilusión de aprecio, en creer que estamos apreciando la totalidad.

Los seres humanos contamos con un cerebro que no nos permite ser conscientes de todo lo que nos rodea, por lo cual, si prestamos atención a algo, no podemos prestar atención a otra cosa. Esto resulta muy funcional para nuestra supervivencia y nos permite focalizar y poner toda nuestra energía en situaciones y objetos que pueden poner en peligro nuestra supervivencia. Es una manera que tiene nuestro cerebro de administrar su energía. Esta limitación es usada como un recurso en las prácticas apreciativas cuyo objetivo principal es direccionar la atención. Como ya he mencionado, el desarrollo de la apreciatividad no se ocupa de eliminar y obsesionarse con quitar la atención de los problemas y negatividades, sino de incrementar nuestro foco en lo mejor y lo preciado de forma deliberada. Enfocarnos en lo valioso será la estrategia que usaremos para reducir aquello que puede ser disfuncional o perjudicial para nuestro florecimiento. Nuestros medios son limitados; lo importante entonces es hacer un buen uso de ellos.

Las distracciones son desventajosas para la apreciatividad porque tendemos a desviarnos hacia los problemas y peligros. Tener conciencia del movimiento de nuestra atención es tomar el timón de nuestra mente para elegir hacia dónde queremos dirigir nuestro rumbo.

Celebrar la vida

¿Celebras tu cumpleaños? ¿Te reúnes con tus amigos para el Día del Amigo? ¿Celebras Fin de Año con rituales y pompas? ¿Practicas los ritos de celebración de tu cultura? ¿Conoces los orígenes de las celebraciones que practicas? Frente a nuestra tendencia a dejar que se nos escapen las maravillas de la vida, los seres humanos hemos creado estrategias para reparar nuestra ceguera y poder regocijarnos con ellas. Las celebraciones son prácticas muy antiguas que nacieron como una estrategia para detenernos y agradecer las bondades de la vida: agradecer por las cosechas, por la lluvia y el sol que nos dan alimento, por los nacimientos y por el tiempo que hemos compartido con los que ya no están, por nuestros padres, por los maestros, por el vino y por un año más. Lamentablemente, en la vida moderna hemos relegado o trivializado estos rituales convirtiéndolos en algo automático o superficial, carente de su sentido profundo. Recuperar la magia de las celebraciones es una manera de ejercitar el músculo de la apreciatividad.

Lola Mayenco[17] dice que los rituales y las fiestas reavivan el fuego de la existencia y que sin ellos la vida poco a poco va perdiendo su intensidad. Pero mejor leerlo en sus propias palabras: "Si quería que me enriqueciese de verdad la belleza que me rodeaba, debía dejar de relacionarme con ella de forma pasiva y solitaria, y empezar a crear más ocasiones para compartir mis placeres con los demás. Hasta que no me decidiese a actuar además de mirar, a celebrar además de apreciar, la belleza seguiría emocionándome solo a un nivel superficial".

Uno de los objetivos de las celebraciones, fiestas y rituales es traer al primer plano lo que en la cotidianeidad vivimos como trasfondo. Es suspender el automatismo y tomarnos

---

17. Mayenco, L.: *Algo que celebrar*. Ediciones Urano, Barcelona, 2013.

un espacio y un tiempo para percibir, reflexionar y agradecer la belleza de la vida. Es una manera de detenerse no solo para recuperar lo bueno sino para sacarle aún más brillo.

Lamentablemente pocos de nosotros conocemos o entendemos el significado profundo y el porqué de las celebraciones que practicamos, y la sociedad moderna ha ido encubriendo y hasta desvirtuando sus orígenes, incluso en muchos casos aportándoles un tinte comercial que en cierta medida las envilece.

Solo si conocemos realmente el significado de una celebración sabremos si tiene sentido para nosotros ser parte de esa festividad.

Confieso que no he sido muy rigurosa con las celebraciones del Día de la Madre, el Día del Padre o el Día de Pascuas y nunca me sentí a gusto con la obligación de celebrarlas en la fecha que indicaba el almanaque. Incluso a veces no lo soy con los cumpleaños y suelo hacer los regalos tiempo después del día del aniversario. En *Alicia a través del espejo,* de Lewis Carroll, un personaje recibe un regalo de no cumpleaños. Siempre me pareció interesante esta actitud. ¿Cuántas veces hacemos regalos porque sí? Pocas veces hacemos a nuestros amigos o personas que amamos un regalo sin motivo. Esperamos el día de una celebración y la mayoría de las veces optamos por cosas materiales.

En los últimos tiempos se ha puesto de moda regalar experiencias y han surgido empresas que ofrecen aventuras o actividades artísticas y culinarias para regalar en cumpleaños, aniversarios o navidades. Esto surge principalmente porque los regalos materiales no producen el mismo impacto que las experiencias vividas. Con el tiempo, recordaremos con mayor intensidad la aventura de nuestro primer vuelo en parapente que el día que nos regalaron un vestido más. Hay algo que hace a las experiencias aún más ricas: ¡el compartirlas! Una cosa es regalar un vale para tirarte en paracaídas y otra es: "Te paso a buscar y lo hacemos juntos". De ese modo, no solo te regalo algo para que disfrutes, sino mi tiempo y mi atención.

Así como reconozco que no soy muy rigurosa con las fechas de las celebraciones, también puedo decir que cuando celebro, celebro. Mi familia y mis amigos son testigos de ello. Mi casa se abre al encuentro en diferentes momentos, en muchos casos porque sí y en otros con una razón específica. Hay al menos tres celebraciones que no dejo de festejar y de vivirlas con alegría y gran intensidad: el Día del Amigo, la Navidad y el día en que baja el espíritu de Navidad. Celebro la Navidad en casa con mi familia y diferentes amigos, y disfruto de vestir la casa para la ocasión. Uno de los rituales que hago desde hace unos años es revestir con papel blanco la pared contigua a la entrada y dejar unos marcadores y cerillas de colores para que durante la velada todos los participantes de la fiesta coloquemos un mensaje. Algunos lo hacen al llegar, otros al rato de transcurrir la velada y unas copas, y los más reticentes lo hacen tímidamente antes de irse. Me encanta levantarme por la mañana y ver lo producido en este mural. Mensajes, colores, dibujos y emociones que de otro modo se habrían engullido como el postre.

El Día del Amigo me encanta preparar sorpresas, como por ejemplo colocar un sobre con un cuento debajo de cada silla. No sé a quién va a tocarle cada uno, porque mis amigas se sientan donde les place. Luego de la cena y de unos cuantos tragos espirituosos, damos vuelta las sillas y cada una lee el cuento que le ha tocado en suerte. No me pregunten por qué, pero pareciera que fueron puestos adrede sabiendo a quién le tocarían. De algún modo, cada uno de los mensajes tiene alguna conexión y sentido para ese momento de su vida.

Para el 21 de diciembre, día en el que la tradición celta dice que baja el espíritu de la Navidad, organizamos junto con mis amigas una cena y nos preparamos para escribir todos los deseos que esperamos para el próximo año. El requisito es que sean deseos para nosotras, otros para nuestros seres queridos y otros para todos los seres de la Tierra. Cada año colocamos sobre la mesa pilas de tiras de papel, una lapicera y un sobre por persona. A las 22 horas encendemos una vela cada una, brindamos y nos disponemos a escribir nuestros deseos sin conversar y con una agradable e inspiradora música de fondo para luego guardarlos todos en un sobre. Lo cerramos, colocamos nuestro nombre en él y lo guardamos en un cajón hasta el próximo 21 de diciembre. La parte más profunda y emotiva de esta celebración ocurre cuando abrimos el sobre del año anterior, antes de disponernos a escribir los nuevos deseos. Cada una va leyendo en silencio los deseos que plasmó un año atrás y cuando nos encontramos con un deseo cumplido encendemos la punta de la tira de papel con el fuego de nuestra vela y la tiramos dentro del recipiente de metal que hemos colocado en el centro de la mesa sobre una tabla de madera para proteger la mesa del calor. Vamos quemando los deseos cumplidos y agradeciendo antes de encenderlos. Así tomamos conciencia de todo lo que la vida nos ha regalado en el año transcurrido y que, de no ser por esta celebración, tal vez no lo notaríamos.

Llevamos años practicando este ritual y sin embargo el momento en que abrimos el sobre sigue despertándonos misterio y emoción. Nos sorprende ver lo que escribimos el año anterior y cuántas cosas que deseábamos ver concretadas han ocurrido en los 365 días siguientes. Aunque pasaron hace relativamente muy poco tiempo, ya casi no las recordábamos.

Celebrar lo que tenemos, reconocerlo y agradecerlo es uno de los grandes retos que tenemos. El filósofo griego Epicuro afirmó que "no lo que tenemos, sino lo que disfrutamos es lo que constituye nuestra abundancia". El aprecio juega aquí un rol importante y nos ayuda a disfrutar más lo que hay que a preocuparnos por lo que falta.

El Día de Acción de Gracias –o *Thanksgiving*– es una de las celebraciones de origen norteamericano cuyo objetivo principal es agradecer la abundancia de la vida. En Argentina y otros países no se tiene el hábito de celebrarla, pero todos podemos, a nuestro modo y cultura, organizar una fiesta de aprecio y agradecimiento en cualquier momento del año. Es recomendable crear rituales que fomenten y promuevan el aprecio si queremos que las maravillas de la vida y las cosas valiosas no se diluyan en la vorágine de la cotidianeidad. Tomarnos un tiempo para detenernos a observar y apreciar aquellas cosas, personas o atributos por los que nos sentimos bendecidos. Un nuevo día, la comida en la mesa, una ducha caliente, una flor, un amigo, pueden pasar por obviedades sin un acto ceremonial que nos ayude a tomar conciencia de ellos.

¿Qué facilita la apreciatividad?

- El asombro
- La gratitud
- El lenguaje afirmativo y positivo
- El optimismo y las expectativas positivas
- *Mindfulness*, atención plena
- La aceptación
- La felicidad y el bienestar
- El amor
- La apertura y la flexibilidad
- Las emociones positivas
- La autoestima
- Las relaciones significativas saludables
- El humor
- La lentitud
- La serenidad
- La mente de principiante
- La curiosidad
- El coraje
- La espiritualidad
- El perdón y la compasión
- Las celebraciones y los rituales
- Mirada de abundancia

¿Qué obstruye la apreciatividad?

- El sesgo a la negatividad
- Dar las cosas por sentadas
- La exigencia
- La búsqueda de la perfección
- La incapacidad de disfrutar de las cosas simples
- El automatismo
- El exceso de distractores
- La velocidad en que vivimos
- Algunos modelos de educación y cultura
- El lenguaje negativo
- La adaptación hedonista
- La incapacidad de proyectarse y soñar
- Los diálogos internos pesimistas
- La indiferencia
- La ansiedad
- El resentimiento
- La resignación

Abracadabra

¿Quién no ha escuchado esta palabra "mágica"? Lleva generaciones pronunciándose y su origen tiene cientos de años. Todo mago que se precie de tal ha de pronunciarla en la antesala de su truco y, frente al pasmo de la audiencia, la palabra se transforma en la responsable de lo ocurrido.

Uno de sus posibles orígenes se le atribuye a la lengua hebrea: *Aberah KeDabar*, que significa "iré creando conforme hable". Algo que tiene mucho que ver con la apreciatividad, ya que la vamos creando conforme hablamos y nos comportamos.

Cuando éramos niños, nos decían que para que la palabra mágica funcionase teníamos que pronunciarla correctamente, con convicción y firmeza. De no ser así, el truco no funcionaba y la magia se desvanecía. O peor aún, podía ocurrir todo lo contrario como en el libro de Harry Potter en el que existe un maleficio llamado *Avada Kedavra*, que en arameo significa "que la cosa se destruya". Un error de pronunciación y estaríamos en problemas.

No puedo decir que apreciatividad sea una palabra mágica, desde luego, pero sí puedo decir que abre muchas puertas cuando se habla de ella y se practica correctamente; es decir, cuando se hace de manera sentida. Algunas personas la pronuncian como algo insustancial y sin tener una firme convicción de lo que ella puede ser capaz de producir. Cuando esto ocurre, la magia se hace difícil y hasta imposible. El balance que una persona hace sobre la apreciatividad y la fuerza interior que la palabra tenga para ella misma es una de las razones que hacen posible su magia. Veamos a qué me refiero...

El desarrollo de habilidades apreciativas es similar a otros procesos de cambio donde se pasa por distintos estadios hasta llegar a la transformación. Prochaska y DiClemente[18] lo llamaron "las etapas del cambio". Ellos formularon la hipótesis de que los cambios de conducta siguen una serie de etapas más o menos estandarizadas, ya se trate de cambios espontáneos o programados y diseñados.

Los definen en cinco estados:

1. Precontemplación.
2. Contemplación.
3. Preparación.
4. Acción.
5. Mantenimiento.

Además de estas etapas también definieron tres factores que caracterizan a las personas en cada etapa del cambio. Estos factores son:

- Los procesos del cambio: lo que la gente piensa y hace para cambiar su conducta.
- El balance de decisión: la evaluación entre los pros y los contras del cambio.
- La autoeficacia: la confianza y la capacidad para conseguir el cambio.

Por lo tanto, al tratarse de un proceso de cambio, el desarrollo de las habilidades apreciativas no sucede en un paso. La gente progresa en los entrenamientos a través de **cinco etapas** y el progreso depende en gran parte del **balance de decisión** que tome la persona; es decir, hacia qué lado incline la balanza: o hacia los pros o hacia los contras de la apreciatividad. Asimismo, iniciar y mantener las prácticas apreciativas requiere de autoconfianza; es decir, de la autopercepción que la persona tenga respecto de sus capacidades para llevar adelante este desafío. A menudo observo en las empresas que las personas hacen un balance de decisión

---

18. Prochaska, J. y DiClemente, C.: "Transtheorical Therapy: Toward a More Integrative Model of Change". *Psychotherapy: Theory, Research and Practice*, 19, 276-288.

positivo y ven en la apreciatividad muchos de los pros que beneficiarían a las personas y la empresa, pero al mismo tiempo muestran una baja autoconfianza respecto del impacto de sus acciones. Se ven a sí mismos como cáscaras de nuez arrastradas por las olas de un bravío mar empresarial donde no sienten que sus capacidades y recursos puedan afectar o producir ningún cambio. Aquí, el balance de decisión de la persona es positivo pero su baja autoconfianza se transforma en el gran obstáculo que le impide avanzar.

Ocurre esto a menudo; las personas ven una oportunidad en las prácticas apreciativas, pero no tienen la confianza suficiente en sí mismas para enfrentar los desafíos que requerirá el cambio. "Ser apreciado y apreciar es muy bueno, pero si yo comienzo a decirles a mis colaboradores cuánto los valoro pensarán que me volví loco." Una de las barreras que más puede costar cruzar es la de la crítica y la mirada de los otros.

Etapas del proceso de cambio apreciativo

Las características de cada una de las cinco etapas de un proceso de cambio apreciativo desde este modelo serían las siguientes:

1. **Precontemplación**. Es el estado en el cual la persona no tiene intención de modificar sus niveles de apreciatividad. La persona puede estar en este estado porque está desinformada o poco informada sobre las ventajas de las prácticas apreciativas y sobre el impacto que una baja apreciatividad tiene en su vida. La mayoría de las personas no desarrollan sus habilidades apreciativas porque no conocen su existencia.

2. **Contemplación**. Es el estado en el cual las personas ya conocen o al menos tienen una idea de la exis-

tencia de la apreciatividad y la intención de cambiar en algún momento. Ya están suficientemente informadas de las ventajas del cambio, pero siguen muy presentes los contras. Este balance entre beneficios y costos puede inclinarse hacia un lado u otro de la balanza o mantener esta ambivalencia durante largo tiempo.

3. **Preparación**. Es el estado en el cual las personas tienen la intención de aumentar sus habilidades apreciativas en un corto plazo. Muestran ya acciones como hablar sobre ello, comprar libros afines, ir a escuchar charlas, etc.

4. **Acción**. Es el estado en el cual la persona ya está realizando nuevas prácticas apreciativas e introduciendo modificaciones de enfoque, actitudes y conductas en su cotidianeidad. Aquí no debe confundirse cambio de conducta con acción, ya que no todas las modificaciones de conducta pueden equipararse con la acción. Han de ser prácticas que se atengan a criterios específicos al evaluar si son indicadas y suficientes para incrementar las habilidades apreciativas. De lo contrario, es lo que comúnmente se conoce como un cambio para no cambiar.

5. **Mantenimiento**. Es la etapa donde las personas están más proclives a las prácticas apreciativas y tienen más autoconfianza, como producto de la experiencia e información que han ido acumulando en las etapas anteriores. Estos condimentos favorables suelen estar acompañados de otros que no lo son tanto, como la reducción de la conciencia atenta de la práctica y menor planificación y compromiso que en la etapa de acción, lo que puede provocar recaídas. El mantenimiento se torna más difícil de sostener si la apreciatividad no es la regla del entorno.

La **recaída** es parte de este juego. El sesgo a la negatividad y la adaptación hedonista estarán al acecho todo el tiempo, como también los entornos negativos y pesimistas. La clave reside en saber que esto está ocurriendo y aceptarlo para poder aprender de ello, y así retornar nuevamente a la acción gracias al mejoramiento de las prácticas y las estrategias para lograr el objetivo.

A medida que las personas avanzan en el cambio apreciativo van ocurriendo procesos psicológicos y conductuales que las llevan a progresar en las etapas.

Algunos de ellos son:

- Aumento de la percepción de las conductas no apreciativas y apreciativas.
- Aumento de la percepción de los beneficios de la apreciatividad.
- Aumento de la percepción emocional del aprecio y la valoración.
- Aumento de la percepción de que existen conductas alternativas posibles frente a la negatividad, el automatismo y la indiferencia.
- Reevaluación de las consecuencias asociadas a la apreciatividad en sus vidas.
- Reevaluación del impacto que su apreciatividad tiene sobre los demás.
- Cambios en el estilo de vida general de la persona. Por ejemplo: elegir no participar en conversaciones críticas con respecto a otros, pasar más tiempo con personas que la valoran, etc.
- Condicionamiento contrario: reemplazar un impulso poco o nada apreciativo con un sustituto conductual. Por ejemplo: salir a correr, escuchar música, practicar *mindfulness*, etc.
- Control de estímulos: evitar estímulos negativos para la apreciatividad. Por ejemplo: sobrecargarse de actividades, ver demasiados programas de noticias, etc.

- Manejo de los refuerzos; es decir, la forma en que la gente se refuerza a sí misma para aumentar sus prácticas apreciativas. Por ejemplo: usar avisos en la pantalla de la computadora, programas en su celular, organizar celebraciones, etc.
- Relaciones de ayuda: se refiere a la búsqueda de motivación en otros en quienes confiamos y nos ayudan a sostener la práctica. Por ejemplo: comenzar el programa junto con un amigo o nuestra pareja, conversar con personas que juzgamos apreciativas, etc.

La motivación para aumentar la apreciatividad son las razones que tiene una persona para incorporar prácticas apreciativas y la voluntad que pone al hacerlo. Esto puede ir variando de un momento a otro y de etapa en etapa. En la *precontemplación*, los contras son mayores que los pros, con lo cual las personas se sienten poco motivadas para emprender un proceso de cambio. Ya en la etapa de *contemplación* las ventajas aumentan, aunque no llegan a tener el peso suficiente para derrotar a los contras, lo que genera ambivalencias. Por un lado, creen que desean el cambio y, por otro, se resisten a él. Si la balanza no logra inclinarse hacia el lado de las ventajas, difícilmente la persona pase a la siguiente etapa: el estado de preparación en el que las ventajas superan en número y fuerza a las desventajas, y la persona se siente motivada a la acción.

El éxito en conseguir aumentar la apreciatividad está relacionado con la autoconfianza que la persona tenga sobre sus posibilidades de conseguirlo. Si no cree que sus acciones y actitudes importan y pueden hacer una diferencia a pesar de las circunstancias, es muy probable que renuncie, incluso antes de empezar.

El éxito de los programas de apreciatividad radica en parte en que identifiquemos en qué etapa del proceso de cambio se encuentran las personas. La mayoría de las veces están en las etapas anteriores a la acción y si lo que nosotros hacemos es aplicar un programa diseñado para aquellos que están listos para la acción, lo más seguro es que el éxito sea bajo. Se necesitan intervenciones específicas para las diferentes etapas, que puedan acompañar a las personas en un ascenso paulatino y sostenido que vaya alimentando su motivación y autoconfianza. Uno de los grandes desafíos que se nos presenta a quienes acompañamos a otros en el desarrollo de estas habilidades es lograr que las personas puedan sentir los beneficios de la apreciatividad y que esto incline su balance de decisión y los movilice a la acción.

Apreciatividad, una opción inteligente

La apreciatividad juega un rol muy importante en la satisfacción con la vida. Se trata de una fortaleza humana que nos ayuda a afrontar mejor las vicisitudes y es además una capacidad que podemos utilizar los individuos y las organizaciones para prosperar y florecer.

Expresar aprecio hacia los demás construye lazos sociales,[19] algo considerado por los investigadores como uno de los componentes más importantes de la felicidad y el bienestar.

También hoy se sabe que una vez pasado el umbral de las necesidades básicas, todo lo que esté por encima no suele modificar nuestros niveles de felicidad. Más dinero, más comodidades no modifican demasiado el grado de felicidad de las personas. He aquí una oportunidad para la apreciatividad. En vez de vivir en una búsqueda desenfrenada de nuevas posesiones y experiencias más excitantes, que al parecer demandan mucha energía y poco rédito, mejor nos convertimos en buenos exploradores de lo que tiene valor y que ya está entretejido en la realidad presente.

---

19. Adler, M. G. y Fagley, N. S.: *op. cit.*

Esta búsqueda del valor positivo puede aprenderse e incrementarse, algo que pocas personas saben. En mis años de experiencia de aplicación del modelo ACOM he tenido evidencias de que la práctica sostenida y específica de la *apreciatividad conmigo, con otros y con el mundo* consigue una diferencia positiva en la vida de las personas, las organizaciones y las comunidades. La apreciatividad es un recurso disponible que está a menudo minusvalorado y desperdiciado. Se necesita más aprecio en las familias, en las empresas y en el mundo.

Emociones positivas

> *No hay ser humano que pueda vivir un solo día sin experimentar alguna emoción. No podría. Tendría que estar muerto. Porque la sensación de sentirse vivo no se produce con el simple hecho de abrir los ojos y mover el cuerpo, sino por la emoción que nos produce ver salir el sol, recibir un beso, oler la hierba recién cortada...*

Laura Esquivel

¿Por qué funciona la apreciatividad? ¿Qué hace que la apreciatividad provoque cambios positivos en la vida de las personas? Para poder responder a estas preguntas es necesario que nos adentremos en el mundo de las emociones y nos detengamos a observar cómo estas afectan a lo que logramos o no con ellas. Nuestro trabajo, pareja, crecimiento personal y otros dominios de la vida humana se verán influenciados por nuestros estados emocionales.

Pero ¿qué es una emoción? Si nos remitimos a su etimología, podemos decir que se trata de un movimiento o impulso que nos invita a actuar, ya que su raíz latina es *emovere*, formada por el verbo *movere* que significa "mover" y el prefijo *e*, que significa "alejarse".

Darwin ya estaba muy atento a ellas en el siglo XIX porque sabía de su estrecha relación con la evolución de las especies.

Esta respuesta de acción frente a los estímulos, como pueden ser una persona, un objeto o un recuerdo importante, es lo que nos ha permitido adaptarnos al medio y llegar hasta nuestros días "vivitos y coleando", como decía mi abuela. Vivimos emocionados porque esto es clave para nuestra supervivencia. Sin nuestras emociones, habríamos quedado expuestos a los depredadores. El miedo y la ira nos han salvado, y nos salvan, muchas veces, la vida; y sin nuestras emociones placenteras probablemente no nos reproduciríamos o no comeríamos algunos de los alimentos que necesitamos para vivir. La recompensa del placer es una estrategia efectiva de nuestra naturaleza para tentarnos a repetir estos hábitos que nos han permitido mantenernos en la Tierra hasta nuestros días. No hace falta ser un erudito para darse cuenta de los beneficios que las emociones nos aportan y, aunque muchas veces algunas toman demasiado protagonismo al afectar nuestra calidad de vida, seguimos llevándolas en nuestro ADN y transmitiéndolas a las futuras generaciones. Para la evolución humana eso significa que hay algo bueno que ellas hacen por nosotros, porque, de no ser así, ya las habríamos desechado de nuestros genes hace millones de años.

Como dije antes, las emociones negativas han sido muy estudiadas por la ciencia durante largo tiempo, y recién en los últimos años han comenzado a estudiarse minuciosamente otros estados afectivos que parecían no tener demasiada influencia en nuestra calidad de vida. No parecía, pero sí la tienen.

Barbara Fredrickson,[20] reconocida investigadora de los estados emocionales positivos, menciona tres razones por las que cree que esto puede haber ocurrido:

- Las emociones positivas son menos numerosas y algo más difusas que las negativas. Son más difíciles de identificar. Como están asociadas al placer, solemos

---

20. Fredrickson, B. L.: *Vida positiva*. Editorial Norma, Bogotá, 2009.

considerarlas menos relevantes que las negativas, asociadas a las amenazas.

- Pensando en reducir el sufrimiento humano, la psicología se dedicó principalmente a estudiar las emociones negativas en busca de disminuir la angustia y la pesadumbre de las personas.

- Las teorías aplicadas para el estudio de las emociones han puesto a todas dentro del mismo paquete, lo que ha confundido emociones positivas con otras similares pero de distinta naturaleza, tales como las netamente placenteras.

La función de las emociones negativas es preparar el organismo para responder con acciones que nos lleven a alejarnos de algo (un depredador, una persona agresiva, un olor nauseabundo). Podemos identificarlas porque nos producen sensaciones corporales desagradables que, si pudiéramos optar, elegiríamos no tenerlas. A diferencia de ellas, las emociones positivas preparan el organismo para dar respuestas de acción que nos acercan a algo (una persona amigable, un rico perfume, una tela suave) y las identificamos porque nos producen sensaciones corporales agradables que elegiríamos tener con gusto.

Aquí haré una salvedad antes de continuar: las emociones no son ni buenas ni malas, todas son necesarias en un justo equilibrio para el buen funcionamiento de nuestra vida. Las emociones positivas y negativas son diferentes y al mismo tiempo complementarias. Esta distinción entre positivas y negativas ha sido necesaria para poder estudiarlas y clasificarlas según sus diferentes naturalezas y funcionalidades.

Preguntarse cuál es la naturaleza y funcionalidad de las emociones positivas y estudiarlas desde un enfoque teórico diferente de las negativas fue lo que dio origen a la Teoría de ampliación y construcción, postulada por Fredrickson. ¿Por qué emociones como la alegría, la inspiración o el sobrecogimiento llegaron hasta nuestros días? ¿Cuál es su función? ¿Cuáles son los beneficios que le aportan al ser humano? Teníamos respuestas para las emociones negativas. Estaba claro que ellas promovían acciones cuyo objetivo era preservar nuestra vida ante el peligro (tendencias de acción) y nos ayudaban a actuar con rapidez y decisión en situaciones de riesgo.

Cuando se trata de emociones positivas, Fredrickson nos dice que su función no está tan pegada a la acción, sino que provocan cambios fundamentales en la actividad cognitiva, los que en un segundo momento también provocan cambios en la actividad física (tendencias de pensamiento y de acción).

Las emociones positivas no solo nos regalan gratos momentos en el presente; su función más importante es su impacto a largo plazo en nuestra personalidad, nuestras comunidades y entornos. Tienen efecto en la mejora de los recursos físicos, intelectuales y sociales de las personas. Estos recursos perduran en el tiempo y no se van cuando se diluye la emoción. Se transforman en capacidades que pueden ser utilizadas en otros momentos y dominios de la vida, e incluso bajo otros estados emocionales.

En los entrenamientos para empresas se trabaja procurando despertar diferentes tipos de emociones. Algunas capacitaciones solo despiertan estados emocionales placenteros que desaparecen apenas las personas regresan a sus labores diarias y solo quedan como gratos recuerdos de un momento divertido compartido. Esto no es un problema si el objetivo es lograr un encuentro donde pasarla bien y conocerse, como en el caso de una celebración. El descontento del cliente aparece cuando lo que él espera es que el proceso mejore los recursos personales y sociales de los participantes y ello no ocurre.

Entre las cuestiones a tener en cuenta en el diseño de las capacitaciones con enfoque positivo cuyo objetivo sea alcanzar cambios actitudinales están: primero, conocer la diferencia entre emociones placenteras y emociones positivas; y segundo, procurar un mayor despertar de estas últimas para que los cambios provocados en las personas, producto del entrenamiento, sean algo más que gratos y divertidos momentos.

Las emociones negativas *reducen* el repertorio de pensamientos y acciones, mientras que las positivas lo *amplían*.

He encontrado un video que me ayuda a mostrar esto en las capacitaciones. Se trata de una publicidad donde un grupo de ladrones entra a robar un banco. En la película los peligros se ven aumentados: el policía, la alarma, el auto de policía... se muestran en tamaños muy superiores a los normales, marcando de este modo hacia dónde estaba enfocada la mirada de los ladrones. El resto del escenario pasa inadvertido. Salvo el dinero, que también se destaca por su tamaño. El robo parece un éxito hasta que los ladrones, ya en su auto, escapan con el botín. Un acontecimiento inesperado los sorprende. Su focalización en las amenazas los ciega y no ven a un niño que viene en bicicleta y los embiste, con lo que arruina todo su plan. El video muestra cómo los estados emocionales negativos (y también los placenteros, ya verás por qué), reducen nuestro campo perceptivo focalizándose especialmente en aquello que representa un peligro potencial. Por el contrario, las emociones positivas, no nos llevan a focalizarnos exclusivamente en algo, lo que amplía nuestro campo perceptivo y nos permite incorporar mayor información del mundo a nuestro alrededor, así como de nuestro mundo interior. Esta capacidad nos abre la posibilidad de rechazar los guiones de conducta automáticos y, por medio del aprendizaje y la creatividad, seguir otros patrones más funcionales para nuestra calidad de vida, más allá de la simple supervivencia. La función de las emociones positivas es ampliar nuestra percepción y nuestras capacidades de pensamiento, facilitar la creatividad, el aprendizaje y la innovación para poder construir nuevos recursos y enfrentar efectivamente los vaivenes de la vida.

Nuestras respuestas automáticas nos ayudan muchísimo ante las dificultades, pero aquellas personas que además van construyendo nuevos recursos a lo largo de su vida son más efectivas frente a las adversidades y más capaces a la hora de tomar decisiones, lo que también aumenta sus probabilidades de supervivencia.

"No existen sustancias tóxicas, solo dosis tóxicas"[21]

La línea Losada, también confirmada por Barbara Fredrickson,[22] postula que las personas florecientes tienen tres emociones positivas por cada emoción negativa. Esta proporción alcanza el punto de inflexión que promueve el bienestar y abarca toda la gama de emociones humanas. No se trata de 3 a 0; la negatividad es importante y los seres humanos no podemos prosperar sin ella. La proporción de 3 a 1 tiene la ventaja de contener toda la gama de emociones humanas sin descartar o suprimir ninguna.

La ciencia ha probado que las emociones positivas son primordiales para el crecimiento humano y está claro que necesitamos de ellas. El problema es que no funcionamos "a botón"; es decir, no podemos encender o apagar nuestras emociones cuando se nos dé la gana. Ellas nos ocurren. Cuando se habla de gestión emocional, en general, se refiere a gestionar de forma efectiva el estado emocional en el que nos encontremos, su duración e intensidad, por ejemplo. La gestión emocional se plantea mayoritariamente como estrategias para afrontar las emociones disfuncionales una vez que se despiertan en nosotros, más que como estrategias anticipadas que generen el despertar de emociones positivas.

Está claro que necesitamos emociones positivas, pero

---

21. Wagensberg, J.: *A más cómo, menos por qué.* Aforismo nº 682. Tusquets Editores, Barcelona, 2006.
22. Fredickson, B. L.: *ídem.*

¿cómo las conseguimos? ¿Podemos ir a comprar un kilo de emociones positivas al supermercado? Alguien podría responder que sí, porque algunos fármacos o sustancias provocan estados emocionales placenteros. Pero el placer conseguido de esta forma, de la misma manera que viene se irá cuando desaparezca el estímulo.

En el film al que me he referido antes, se ve cómo los ladrones focalizan la atención y "agrandan" los peligros como el policía y la alarma, lo que tiene lógica, pero también hacen lo mismo con el dinero. ¿Por qué lo hacen si no es una amenaza sino su botín? Precisamente porque lo que el dinero despierta en ellos es un estado emocional placentero que restringe su campo perceptual. Las emociones placenteras son primas hermanas de las negativas. El dinero es para los ladrones del film lo que para mí es la mesa de dulces en una fiesta de casamiento. Toda mi atención se focalizará allí apenas la dispongan en el lugar. Las emociones placenteras provocan deseos de acercamiento y sensaciones corporales agradables, pero no amplían ni construyen nuestros recursos. Esta distinción es muy importante porque una de las cosas que más tendemos a hacer las personas cuando hablamos de emociones positivas es ir a buscar emociones placenteras. El problema del placer no es que sea pecado, sino que no dura. Es efímero; una vez que obtenemos lo que queremos, desaparece.

Placer es aquello que sentimos cuando logramos satisfacer las expectativas de nuestros programas biológicos o las construidas por el condicionamiento social. Nada más placentero que un vaso de agua cuando tenemos sed o meternos en nuestra cama calentita cuando estamos cansados y hace frío. Como Mihaly Csikszentmihalyi dijera, "estos placeres son un componente importante de nuestra calidad de vida, pero por sí mismos no traen felicidad. El sueño, el descanso, el alimento y el sexo nos ofrecen reconstituyentes experiencias homeostáticas que ordenan de nuevo la conciencia después de que la intrusión de las necesidades del cuerpo haya provocado una entropía psíquica. Pero no produce crecimiento psicológico. No agregan complejidad a la personalidad. El placer nos ayuda a mantener el orden, pero por sí mismo, no puede crear un nuevo orden de conciencia."[23] Haber metido en el mismo paquete las emociones positivas y las placenteras nos ha confundido a la hora de elegir los mejores caminos para alcanzar nuestro bienestar. Esto también explica por qué muchas veces las personas hablan socarronamente de la felicidad. Demasiado acento en el icono de la carita feliz y el contenido superficial y *light* de muchos programas para su desarrollo provocan descreimiento y desconfianza sobre la repercusión real que puede tener ocuparnos de nuestro lado más brillante.

La apreciatividad tiene impacto en la vida de las personas porque:

1. Aumenta notoriamente las posibilidades de generar emociones positivas.
2. Las emociones positivas que despierta afectan al bienestar y la calidad de vida de las personas gracias a las facultades de ampliación de pensamiento y construcción de recursos que poseen.

La práctica sostenida y específica de la apreciatividad acrecienta en las personas sus estados de ánimo positivos.

Sabemos de los beneficios que las emociones y los estados emocionales positivos traen a nuestras vidas y también conocemos nuestra imposibilidad de tenerlos "a gusto y *piacere*" con un simple click. La apreciatividad es un medio que nos permite aumentar significativamente su recurrencia. El optimismo, la alegría, la inspiración y el sobrecogimiento son algunos de ellos.

La apreciatividad es una fuente de energía renovable de emociones y estados emocionales positivos. En esto consiste

---

23. Csikszentmihalyi, M.: *Fluir (Flow)*. Editorial Kairós, Barcelona, 1999.

su gran secreto: despertar emociones y estados emocionales propicios para el florecimiento humano.

Nos ayuda además a tomar conciencia y a equilibrar aquellos factores que pueden resultar perjudiciales para nuestra calidad de vida, tales como la indefensión aprendida, nuestro sesgo a la negatividad, la adaptación hedonista y el exceso de estímulos, entre otros.

¿Emoción o estado de ánimo?

Cuando diseñamos y ponemos en práctica ejercicios apreciativos estamos construyendo experiencias con las cuales esperamos avivar emociones positivas.

Existe una estrecha relación entre las emociones y los estados de ánimo. Lo que comienza con una emoción puede convertirse en un estado de ánimo si continúa en nosotros durante un tiempo. Por eso es importante sostener las prácticas apreciativas de manera sistemática y continuada.

Los estados de ánimo son el trasfondo desde el cual actuamos. Este trasfondo lo vamos fabricando durante un período de tiempo y no es producto de un acontecimiento específico, como ocurre con las emociones.

Por ejemplo, las personas llegan a los entrenamientos con algún estado de ánimo que, en general, no eligen ni controlan, simplemente se encuentran en él y se comportan desde él. Algunas están comenzando una relación y se encuentran en pleno enamoramiento, mientras que otras tal vez estén pasando por períodos de duelo. Las emociones por estos acontecimientos importantes de sus vidas, si han sido sostenidas durante un tiempo, se trasladarán al trasfondo desde el cual actuarán y mirarán el mundo. Ya no se quedarán solo encerradas en el dominio de su vida donde el acontecimiento ocurrió, sino que se extenderán a las demás áreas de su existencia, como por ejemplo al entrenamiento en el que están participando.

Las personas no solo tenemos estados de ánimo, sino, como afirma Rafael Echeverría en su libro *Ontología del lenguaje*,[24] los estados de ánimo nos tienen a nosotros porque ellos condicionan nuestro actuar. Normalmente se nos adelantan y, cuando los vemos, ya estamos inmersos en ellos.

Tener un estado de ánimo es patrimonio constitutivo de los seres humanos: vivimos emocionados. Nos ocurren emociones y también tenemos un estado de ánimo de base desde el cual actuamos, que comúnmente nos es transparente. No solo nos pasa en lo individual, también los países y las organizaciones poseen el suyo.

Cuando ejercitamos nuestro "músculo apreciativo", introducimos de forma deliberada en nuestro hacer cotidiano prácticas específicas que generan emociones positivas. Sostendremos, repetiremos y variaremos estas prácticas para ir incorporándolas a nuestros hábitos y comenzar a instalar en nosotros una mayor recurrencia de estados emocionales positivos. Es mejor construir sistemáticamente un estado emocional propicio para nuestro florecimiento y dejarnos fluir por él que estar cambiando nuestros estados emocionales disfuncionales una vez que se han instalado en nosotros.

Así como estamos influenciados por el estado de ánimo reinante en nuestra comunidad o país también podremos tocar con los nuestros a otras personas de nuestro entorno. Porque los estados de ánimo se contagian.

El estado de ánimo de nuestro entorno social ha de ser algo que nos importe y sobre el que nos responsabilicemos. Si bien esta responsabilidad es compartida con otros, es necesario que cada uno de nosotros asuma su parte y haga aquello que le corresponde.

---

24. Echeverría, R.: *Ontología del lenguaje.* Dolmen Ediciones, Buenos Aires, 2001.

Un planteamiento que suelen hacer las personas al comenzar los procesos de desarrollo en apreciatividad es que el entorno en que viven es mayoritariamente negativo y hostil, y el aprecio no es la norma. Muchos esperan que primero se produzca el cambio en su entorno para comenzar entonces a hacer su parte. Impactar positivamente en los entornos no es tarea sencilla, ni tiene garantías, pero debemos tomarlo con seriedad porque de ellos depende en gran medida lo que obtengamos o no en la vida.

Podemos adoptar una posición activa sobre los estados de ánimo de nuestros entornos, y es en el lenguaje donde encontramos una posibilidad de intervenir en ellos. Las prácticas apreciativas se valen primordialmente de este recurso. Vivimos conversando con nosotros mismos y con otros, y estas conversaciones producirán siempre emociones y estados emocionales más o menos funcionales para nuestra vida.

Charlas de avión

Así se titulaba el mail que recibí luego de un vuelo a Santiago de Chile en el que una conversación cambió la emoción y el estado emocional de la persona que viajaba a mi lado. Aún hoy él recuerda aquella conversación. Lo puedo asegurar porque hace unos días recibí un mensaje de Miguel respondiendo a una publicidad que le había llegado sobre nuestros nuevos cursos donde decía simplemente "Felicitaciones Laura. Nunca más voy a tratar de, ¡siempre se puede!". *Tratar de* había sido el tema de nuestra conversación de hacía más de tres años, y Miguel aún lo recordaba. Con una conversación podemos cambiar el curso de los acontecimientos; de hecho, lo hacemos todo el tiempo sin ser conscientes de ello.

Tengo otra anécdota de avión. Ángel, un agradable venezolano dedicado al negocio de los seguros, se sentó a mi lado en otro vuelo, esta vez de regreso a Buenos Aires, también desde Chile. Me contó de su trabajo, de su amor por su familia y de cuán complejo era trabajar en los tiempos políticos en que se encontraba su país. Mientras hablaba con él nunca pensé que esta conversación se transformaría en algo significativo para su vida. Intercambiamos nuestros mails y tiempo después recibí este correo:

> *¡Estimada Laura!*
>
> *Recibe mis saludos cordiales. Deseo que estos meses que van del año 2015 hayan sido excelentes para ti y para tu familia. Bueno, escribo para saludarte y contarte un poco de mi vida. Estoy muy, pero muy agradecido hacia ti después de nuestra conversación en el vuelo hacia Buenos Aires. Me hiciste reflexionar sobre el Coaching cuando me preguntaste: "¿Y por qué no inicias el coaching ahora?". Y quiero compartir contigo mi experiencia, ¿sabes? Inicié una formación en Coaching Transformacional en una academia, aquí, en la ciudad donde vivo, y la experiencia ha sido fenomenal hasta ahora. Apenas voy por el módulo III de formación y he aprendido bastante. Una vez más, gracias por compartirlo en aquel vuelo conmigo. También comparto contigo que he subido de cargo en la empresa para la que trabajo; ahora soy el presidente de esta organización. A pesar de la situación que vivimos como país seguimos trabajando con mucha fuerza porque creo que hay un futuro mejor. Gracias a Dios, tengo salud que eso es muy importante. Bueno, estimada amiga, espero tener noticias de tu parte, un gran abrazo.*
>
> *Saludos cordiales. Sin más a qué referirme se despide de usted,*
>
> *Ángel*

Así de simples y poderosas pueden ser las conversaciones. Nunca dejo de sorprenderme de ello. Estas historias me confirman su poder y también la enorme responsabilidad que nos cabe, ya que con ellas co-construimos la vida de otros. He descubierto que el poco tiempo de un vuelo de avión, que suele parecernos además tiempo perdido, es una gran oportunidad para una práctica apreciativa. Es un buen espacio y momento para despertar estados emocionales positivos propios y de nuestro compañero/a de viaje. Podemos hacer esto extensivo también a otros entornos o momentos similares, como por ejemplo en la sala de espera de un consultorio o en la fila del supermercado. Todas son oportunidades para hablar con los demás que podemos intencionalmente usar para despertar emociones y estados de ánimo positivos.

El cuerpo, además del lenguaje, como ya mencioné, es también un espacio desde el cual podemos modificar nuestros estados de ánimo. Bailar es una forma muy efectiva de intervenir con lo corporal para cambiar nuestros estados de ánimo. No quiero dejar de mencionar que en algunos casos nuestro estado de ánimo puede deberse a una condición biológica, y que intervenir desde el lenguaje o las posturas corporales no resulta suficiente. De ser así, también existe la posibilidad de intervenir en nuestra biología con medicamentos específicos y de probada eficacia para cada caso en particular y que un médico especialista sabrá cómo atender.

En cualquier caso, podemos aumentar la cantidad de emociones y estados emocionales positivos poniendo el foco en dos lugares distintos: uno es ocupándonos de reducir los negativos, y otro, aumentando los positivos.

Lo que buscamos cuando trabajamos desde el modelo ACOM es alcanzar una alta pericia en el segundo camino. Buscamos concretamente aumentar el aprecio y la valoración y confiamos en que esto elevará el número de emociones positivas y reducirá las negativas, encontrando así un equilibrio saludable para nuestra vida. La negatividad inadecuada o gratuita puede secuestrarnos y crecer exponencialmente hasta sofocar la mirada positiva. Aumentar nuestras capacidades apreciativas mantiene a raya la negatividad disfuncional.

No se trata de negar o querer tapar nada, la ciencia muestra que el intento de bloquear las emociones y los pensamientos negativos puede tener un efecto contrario. Abrirse a la negatividad es más saludable que cerrarse a ella.

La propuesta del modelo ACOM es reconocer lo disfuncional, la indiferencia, las debilidades y la negatividad, para deliberadamente y de manera sostenida llevar adelante prácticas concretas que promuevan el aprecio. Esto hará crecer emociones positivas como el optimismo, la alegría, la inspiración y la gratitud, entre otras, dejando de este modo menos espacio en nuestra vida para estados emocionales que frenen nuestro florecimiento.

Un cierre que abre: apreciatividad

A modo de conclusión, en cada capítulo plantearé un juego de preguntas. No hay respuestas correctas a estas preguntas; serán válidas las que te sirvan a ti, aquellas que te ayuden a afianzar los contenidos de cada uno de los capítulos a medida que vayas avanzando en su lectura. Cerraremos cada tema con preguntas que abran nuevos interrogantes, aprendizajes e inquietudes.

Probablemente has venido leyendo de corrido las páginas anteriores. Ahora te propongo que detengas tu marcha por un instante y te conectes con tu respiración. Inhala y exhala poniendo atención a cómo el aire entra y sale de tu cuerpo. Continúa respirando y observa, toma conciencia del lugar donde te encuentras, captura el momento presente. Por último, lleva la atención a tu interior y registra cómo te sientes aquí y ahora. No juzgues tus sentimientos y emociones, solo obsérvalos.

Ahora estás listo para comenzar el juego de preguntas.

- De las películas que hayas visto, ¿cuál crees que conecta con la apreciatividad?

_____

_____

¿Por qué?

_____

- ¿En qué lugar en el mundo, en el que hayas estado o no, sientes que se respira aprecio y valoración?

_____

  ¿Por qué? Menciona dos características que tiene ese lugar que te hagan conectarlo con la apreciatividad.

_____

- Si este capítulo fuera la parte de un auto, ¿cuál sería?

_____

  ¿Por qué?

_____

- Menciona dos aprendizajes o aportes que te haya dejado este capítulo.

_____

CAPÍTULO 3

ESCUCHA APRECIATIVA

Escuchar muchas cosas y seleccionar de entre ellas lo bueno y seguirlo; ver muchas cosas y grabárselas en la mente; he aquí, al menos, el segundo grado de sabiduría.

Confucio

Mis inicios como "escuchante"

Mi abuela era sorda de un oído y había perdido un porcentaje muy alto de audición del otro. Un día decidió comprarse un audífono. Eligió uno muy moderno para la época, especialmente por su tamaño. Iba colocado detrás de la oreja y podía cubrirlo con su cabello. Ella no era demasiado atenta con su aspecto, pero tenía pequeñas coqueterías como esta o que su cartera fuera del mismo color que sus zapatos.

El audífono costaba bastante dinero, pero era accesible. Lo que resultaba costoso eran las pilas que lo hacían funcionar, en especial porque se convertía en una nueva carga para su economía mensual. Es lo mismo que ocurre con otros aparatos electrónicos, como las impresoras, por ejemplo, que los compramos quizá a un precio promocional y luego debemos abonar elevados precios por los cartuchos de tinta.

En cualquier caso, mi abuela estaba feliz con su audífono, tenía una alta potencia y además resultaba estético. Como las pilas representaban una parte significativa de su presupuesto, era lo primero que salía a comprar apenas cobraba su jubilación. Precisamente por ello, las dosificaba con sumo cuidado.

Recuerdo una tarde que pasamos con unos amigos sentados alrededor de la mesa del comedor, y ella, sentada en la cabecera en silencio, con una leve sonrisa dibujada en su rostro, recorría con su mirada a cada uno de los presentes y se detenía a observar a quien estuviera hablando. No expresaba comentario alguno, solo sonreía y hacía un leve movimiento como de asentimiento con la cabeza.

Nadie lo notaba, pero yo sabía que había apagado su audífono. Conocía ese rostro; era una expresión social. Sonrisa y mirada amigable, pero sin presencia. Lo que se conoce como *sonrisa de azafata.* Una sonrisa que no se parece en nada a una sonrisa auténtica, sincera, de esas que nacen desde adentro.

Cuando todos se fueron le pregunté si había apagado su audífono.

—Sí —me respondió.

—¿Por qué lo hiciste?

—Ya sabes: a la segunda tontería que escucho, lo apago. ¡Las pilas son demasiado caras para desperdiciarlas!

Muchos años después reparé en que, aun sin usar audífono, las personas manejamos nuestra escucha de un modo muy similar. La apagamos cuando creemos que lo que el otro dice no es valioso. No le ponemos energía a aquello que no nos interesa. Como si detenernos a escuchar fuera algo que implicara un gran esfuerzo que solo estamos dispuestos a realizar si creemos que vale la pena.

Esta discriminación que efectuamos se produce simultáneamente al propio acto de escuchar. Y por eso mismo, en muchas ocasiones perdemos la oportunidad de distinguir datos preciados de un discurso. No hemos puesto el compromiso suficiente y el proceso termina por no conducirnos a una escucha apreciativa. Toda escucha se ve afectada por nuestros prejuicios, la velocidad con que vivimos, la fuerza de una creencia o un modelo mental, el peso de un problema que nos inquieta, una pena o una alegría, y un sinfín de cosas más.

Apagar nuestra escucha es además un mecanismo de defensa que se nos activa para protegernos en innumerables circunstancias. A veces lo usamos ante un desprecio, una crítica o una queja persistente, también utilizamos este mecanismo ante un discurso inquebrantable o cuando este se presenta con demasiados contenidos negativos y proyecciones catastróficas. En muchos casos, el decoro y la urbanidad también son los que nos empujan a estar sin estar. Indudablemente, estos recursos en cantidades saludables son de mucho beneficio para nuestra calidad de vida.

Hablamos y nos enseñan a hacerlo. Desde pequeños nuestros padres nos ponen frente a ellos y nos deletrean palabras y monosílabos para que los repitamos y, cuando esto sucede, corren a contárselo a amigos y abuelos. Casi todos sabemos, o podríamos averiguar con nuestros mayores, cuáles fueron nuestras primeras palabras y a qué edad las pronunciamos. Con mayor motivo si esto además forma parte del repertorio de anécdotas familiares divertidas. Yo, sin ir más lejos, decía "chicacó" en lugar de "cinta Scotch", algo que mis padres aún recuerdan.

Sin embargo, ¿quién de nosotros podría decir cuál fue la primera palabra que escuchó? De esto no tenemos registro. Contamos con cierta información sobre las primeras palabras que han salido de nuestra boca pero no sabemos a ciencia cierta cuáles han sido las primeras palabras que registramos. Y no me refiero a las primeras que percibieron nuestros oídos, sino a las primeras que escuchamos.

La mayoría hablamos como si las pilas que se necesitan para hacerlo fueran *baratas*. En general lo hacemos con poco esfuerzo y mucha naturalidad, y no suele resultarnos un inconveniente hablar con otras personas.

Sin embargo, cuando escuchamos, la cosa cambia. Lo hacemos como si las pilas fueran *caras*, como las del audífono de mi abuela. No les concedemos nuestra escucha fácilmente a otros y suele ser algo escaso en nuestras relaciones. Con la disposición a la escucha solemos medir la calidad de nuestras relaciones y afectos más cercanos, y nos da un valor de cuánto creemos que le importamos al otro. En palabras de Rafael Echeverría, en su obra *Ontología del lenguaje*: "No hay mejor indicador de la calidad de una relación que la manera como evaluamos la escucha que en ella se produce, sea esta una relación personal o de trabajo. Si alguien nos dice, 'mi pareja no me escucha', 'mis hijos no me escuchan', 'mis padres no me escuchan', sabemos que estas relaciones están deterioradas".[1]

Oír, percibir, escuchar

Oímos naturalmente (salvo que tengamos alguna patología) y también escuchamos sin darnos cuenta, aunque para ello tengamos que poner un componente de intencionalidad. Nuestro cerebro *oye* y es inevitable que mucho de eso que oye, además, lo *escuche*. No es algo que podamos impedir; nos ocurre.

Podemos escuchar a otras personas porque tenemos lenguaje. A través de nuestro lenguaje somos capaces de construir una interpretación de lo que oímos, y es esta interpretación lo que conocemos como escucha. Algo que no deja de ser una decodificación de un mensaje, según unos códigos aceptados por los hablantes. Esta definición de oír + interpretar = escuchar se usó durante mucho tiempo, incluso Rafael Echeverría la menciona así en sus primeros libros.

Pero desde hace un tiempo ya se habla de PERCIBIR + INTERPRETAR ya que la información que incorporamos, procesamos e interpretamos no solo ingresa por nuestros oídos sino por los cinco sentidos con los que captamos el mundo

---

1. Echeverría, R.: *Ontología del lenguaje*. Ediciones Granica, Buenos Aires, 2011.

exterior, y escuchamos cuando somos capaces de otorgarles a ellos un sentido.

No solo escuchamos sonidos, también silencios y olores.

PERCIBIR + INTERPRETAR = ESCUCHAR

¿Para qué *apagamos* nuestra escucha? Para evitar poner en dudas aquellas creencias y certezas que guían nuestra vida desde hace tiempo.

Cada vez que alguien nos muestra una nueva manera de contemplar el mundo que nos rodea, ya no podemos decir que no lo conocemos. El saber, como dice el refrán, igual que la muerte, la flecha lanzada o la palabra dicha, ya no tienen vuelta atrás. Cuando nos abrimos a escuchar al otro, nos abrimos a la posibilidad de que nos muestre algo nuevo, desconocido. Cuando esto ocurre, nuestra mente se ve obligada a otorgar a ese nuevo conocimiento una categoría dentro de la ingente información que ya poseemos. La mayoría de las veces esa categorización se realiza de forma inconsciente y en milisegundos, mediante un juicio de valor que hacemos sobre la nueva información respecto de la que ya tenemos. ¿Es mejor, peor o igual? ¿Es más funcional o disfuncional para mi vida?

Mis viejas creencias, con un fuerte arraigo en nuestra mente, harán lo imposible por mantener su lugar de privilegio y no querrán ser desplazadas tan fácilmente por ninguna creencia, digamos, *novata*. Pero una vez que las nuevas están dentro también lucharán por obtener su mejor ubicación. Y esta es una de las principales razones por las que cerramos nuestra escucha. Evitamos dejar ingresar lo nuevo para no tener que enfrentarnos a una lucha interna de creencias. Esta disputa suele ser angustiante y aunque sepamos que el cambio es la única respuesta, nuestra naturaleza nos empuja a quedarnos con lo conocido. Cambiar requiere mucha energía, y la energía es un bien muy preciado en la naturaleza; perderla puede poner en peligro nuestra existencia.

Una nueva creencia o modelo tal vez nos resulten interesantes e incluso parecernos mejor que los que ya tenemos, pero por ser desconocidos nos provocan un sentimiento de temor e incertidumbre. Aunque a veces dudemos de nuestro modelo e incluso nos preguntemos sobre su efectividad, el hecho de que nos sea familiar nos da una sensación de cierto control y de que no habrá sorpresas.

"Aunque mucha gente anhela algo mejor, si se le da la oportunidad de conseguirlo, frecuentemente tiene que luchar contra la *comodidad* de la familiaridad. Una vez que se abandona lo familiar, es obvio que se entra en lo desconocido, algo que nos produce temor a la mayoría. En esto radica lo doloroso del cambio, en abandonar lo que nos es familiar para lanzarnos a lo desconocido."[2]

Nuestro temor al cambio y la transformación utiliza el apagado de la escucha como una estrategia para lograr su objetivo: mantenernos en espacios conocidos y aparentemente protegidos para no tener que transitar por angustias y ansiedades. Pero es bien sabido que si no somos capaces de abrirnos a la metamorfosis en distintos momentos de nuestras vidas lo que creemos que nos cobija y hace sentir seguros puede llegar a ponernos en un lugar muy desprotegido.

Hacia la conciencia de la escucha

Escuchar apreciativamente es cambio y metamorfosis. Cuando escuchamos apreciativamente nos abrimos a la posibilidad de ser modificados por lo que el otro dice.

---

2. Satir, V.: *En contacto íntimo*. Editorial Pax México, México D.F., 2002.

Para alcanzar una alta pericia en el manejo de la escucha apreciativa, la práctica es nuestra mejor aliada. Es necesario pasar de la inconsciencia a un aprendizaje de competencias consciente, como cuando éramos niños y dibujábamos de manera natural y automática sin preguntarnos si lo hacíamos bien o mal. Un día empezamos a compararnos con el dibujo de un amigo y *nos damos cuenta* de que nuestra habilidad para dibujar es baja. Entonces pasamos de hacer algo de manera inconsciente y sin intención a hacerlo de forma consciente e intencional, a querer dibujar mejor. Comenzamos a practicar y si descubrimos que nos gusta mucho hacerlo, entonces les pedimos a nuestros padres que nos inscriban en una escuela de arte. Seguimos practicando conscientemente pero ya pasando de tener una baja habilidad a una alta pericia para el dibujo. Con los años y horas de práctica pasamos al cuarto estadio, que es dibujar como un profesional de manera inconsciente y automática. Este mismo proceso es también el que podemos utilizar para alcanzar elevados niveles de escucha apreciativa y hacer que se convierta en nuestra manera más habitual de escuchar.

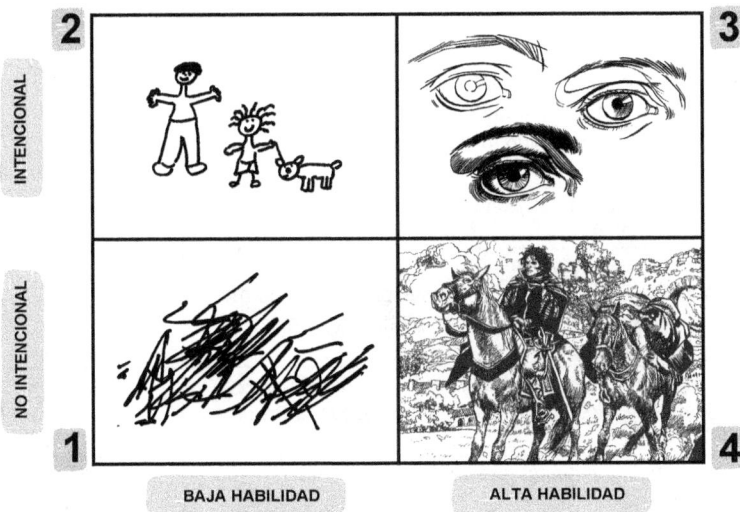

Primer paso: tomar conciencia. Un ejercicio

El primero de los pasos es observar el nivel actual de escucha. Para ello, te propongo hacer una autoobservación de tus prácticas y actitudes en el momento de escuchar.

Por favor, indica del 1 al 5 cuán propias sientes las siguientes expresiones, donde 1 es mucho y 5 es casi nada. No te detengas demasiado en razonar la mejor respuesta, la primera que sientas es la correcta; márcala.

La sugerencia es que respondas a las preguntas sin analizar en profundidad la respuesta y que lo hagas casi automáticamente, conectándote con lo que te ves haciendo a diario. Es esa una manera de considerarse con espontaneidad y naturalidad que, como truco, ayuda a ser más sincero con uno mismo.

¿Cuál es mi nivel de escucha?

1. Mientras las personas me hablan suelo estar pensando en mi respuesta.	1	2	3	4	5
2. Interrumpo más de lo que callo.	1	2	3	4	5
3. Me cuesta mirar a los ojos y sostener la mirada a mi interlocutor.	1	2	3	4	5
4. Suelo tener una corporalidad distante.	1	2	3	4	5
5. Mientras me hablan, mi mente divaga en problemas o preocupaciones que me inquietan.	1	2	3	4	5
6. Las personas demasiado innovadoras me parecen unos locos poco realistas.	1	2	3	4	5
7. Cuando alguien es muy diferente a mí me cuesta entablar un diálogo.	1	2	3	4	5
8. "A mí me pasó algo parecido...", "Un amigo mío pasó por algo así hace años...", son expresiones que me escucho decir con frecuencia cuando alguien comparte conmigo sus vivencias.	1	2	3	4	5
9. Las diferencias generacionales me inquietan. A los adolescentes y a los mayores solo puedo escucharlos un rato.	1	2	3	4	5
10. Hay temas que las mujeres (los hombres) no entienden.	1	2	3	4	5

11. Pienso que las personas pueden enseñarme algo.	1	2	3	4	5
12. La mayoría de los diálogos que mantengo durante el día me dejan algo positivo.	1	2	3	4	5
13. Generalmente primero escucho con atención a mi interlocutor antes de abrir la boca.	1	2	3	4	5
14. Me gusta indagar y profundizar para conocer más sobre el relato del otro.	1	2	3	4	5
15. Me considero una persona empática, capaz de captar los sentimientos de los demás más allá de lo que digan.	1	2	3	4	5
16. Creo que el mundo está lleno de oportunidades a la espera de ser descubiertas.	1	2	3	4	5
17. Respeto las opiniones de los otros, aunque no esté de acuerdo con ellas.	1	2	3	4	5
18. Estoy abierto/a a nuevas experiencias.	1	2	3	4	5
19. A las personas les gusta conversar conmigo de sus cosas importantes y significativas.	1	2	3	4	5
20. En general estoy atento/a al momento presente.	1	2	3	4	5

Tómate unos minutos de descanso, realiza otra actividad y despeja tu mente. Después, relee el resultado del ejercicio; si lo haces en voz alta, mucho mejor.

Observa si encuentras alguna diferencia entre tus respuestas de la 1 a la 11 y entre las de la 11 a la 21. Seguramente notarás una diferencia de puntuación entre ambos grupos debido a la estructura de construcción de las preguntas de cada uno de ellos. Si en el primer grupo de expresiones tus respuestas tienden a 1 las del segundo grupo deberían tender a 5, y viceversa.

Según lo que observes y sientas con respecto a las valoraciones anteriores, ¿en qué rango de escucha apreciativa te autocalificarías?

Mucha ❑   Bastante ❑   Poca ❑   Casi nada ❑

Toma conciencia de tu estado emocional ahora. ¿Qué sentimiento percibes en tu cuerpo en ese momento? Anótalo.

Con este ejercicio puede obtenerse un valor subjetivo del actual nivel de escucha apreciativa.

Estar atento a tus comportamientos, es decir, ser consciente de tu manera de escuchar, te permitirá poder intervenir en ella. Una vez que identifiques los puntos que deseas modificar comprométete a practicar, practicar y practicar. Es probable que te sientas tentado a querer arreglar lo que no haces bien, pero asegúrate de que ese no sea el principal foco desde el cual procures mejorar tu escucha. Seguramente hay muchas cosas que haces bien, las que también deberías practicar para poder hacerlas aún mejor y ayudar con ello a equilibrar tus debilidades a la hora de escuchar.

El orador y su mensaje

Nuestra escucha está teñida del observador que somos. A cada palabra oída, nosotros le imponemos un sesgo, un juicio, la condimentamos con nuestra historia pasada y nuestras expectativas futuras. Tomar conciencia y aceptar estos procesos es importante porque, como seres humanos que somos, no podemos dejar de tenerlos. Y aunque a veces pueden ser disfuncionales también los necesitamos y nos son muy útiles para avanzar hacia el futuro. Ser conscientes de ellos nos permite preguntarnos acerca de su efectividad y nos abre a la posibilidad del cambio. Tendemos a percibir del mundo los datos que concuerdan con nuestro modelo mental y nos alejamos de aquellos que no encajan.

Una noche cenábamos en casa con mis dos hijos, Ezequiel y Guido, y mi querida amiga Mariana junto a los suyos, Ariel y Martín. Ella se había ido a vivir a Miami hacía más de diez años y sus hijos habían nacido allí. Hablaban español con acento y giros centroamericanos, lo que llamaba mucho la atención de mis hijos. Ellos los llamaban "los italianos" porque les recordaban a sus abuelos que hablaban español pero con palabras y tonalidad diferentes.

En un momento de la cena, mi amiga Mariana dijo:

—Hace frío en Buenos Aires; anoche estábamos en casa y Martín durmió con manta.

Nadie hizo ningún comentario y la conversación siguió su curso. En un momento Guido, que entonces tenía 10 años, le dice en voz baja a Martín, unos tres años mayor:

—Manta, tu novia, ¿es linda?

Allí reparamos en que Guido no conocía el significado de la palabra *manta*, ya que en Argentina le decimos frazada. De no haber hecho esta pregunta se habría quedado con la idea de que Martín había pasado la noche con una chica.

Este ejemplo sencillo ilustra la influencia que tiene el observador sobre lo que escuchamos. No solo el vocabulario compartido entre el orador y el oyente influyen en la calidad de la escucha sino también los niveles de aprecio y valoración que cada una de estas personas posean.

La efectividad de la escucha está de algún modo determinada por los niveles de apreciatividad que las personas tengamos en tres puntos: el orador, el contenido y yo.

La opinión que tengamos respecto de estas tres coordenadas y el grado de valoración que tengamos sobre cada una de ellas es clave en la comunicación, puesto que impactan en la escucha.

EL ORADOR – emisor
EL CONTENIDO – mensaje
YO – receptor

El nivel de aprecio y valoración que tengamos sobre quien nos esté hablando afecta a nuestra escucha.

Si creemos que el orador es tonto o poco inteligente hay muy pocas posibilidades de que nos *pongamos las pilas* y lo escuchemos. A otro nivel, este sistema también funciona a la hora de escoger un libro (según el respeto-prestigio que tengamos respecto del autor), una película, un diario o un programa de televisión.

El respeto y validación del otro es el punto de partida sobre el que aplicamos nuestro primer filtro, el que nos empuja a escuchar a la persona concreta que habla y ser receptivos ante sus palabras.

Cuando nuestras proyecciones sobre la persona son positivas, nuestras acciones también lo son. Como lo muestran dos de los cuatro principios del **Efecto Pigmalión**, cuando tenemos una proyección positiva sobre el orador nuestra conducta cambia y, entre otras cosas, establecemos con la persona un clima socioemocional más cálido y optimista, y le damos más oportunidades de preguntar y consultar, o sea, nos abrimos a escuchar sus inquietudes.

Una proyección positiva respecto del contenido de lo que el otro pueda decirnos, atribuirle la posibilidad de que algo bueno, favorable y útil pueda contener es parte importante de la escucha apreciativa.

En palabras de David Cooperrider: "La realidad futura, desde este punto de vista, es permeable, emergente y abierta a la influencia causal de la mente: es decir la realidad se condiciona, se reconstruye y a menudo se crea profundamente mediante nuestras imágenes anticipadoras, valores, planes, intenciones, creencias y afirmaciones similares".[3]

Si no creemos que el relato pueda contener algo valioso e imaginamos una conversación aburrida o poco interesante, difícilmente nos detendremos a escuchar o nos molestaríamos en indagar y ahondar en el tema para conocer más sobre él. Una imagen positiva con respecto al relato nos lleva a tener comportamientos hacia la escucha que la mayoría de las veces se transforman en una profecía autocumplida: creo

---

3. Cooperrider, D. y Whitney, D.: *Appreciative Inquiry, A Positive Revolution in Change*. Berrett-Koehler Publishers, San Francisco, 2010.

que hay algo bueno en lo que el otro dice y al final termino encontrándolo.

En su artículo "Imagen positiva = acción positiva. La base afirmativa del arte de organizar",[4] Cooperrider y Whitney dicen: "Nosotros vemos lo que nuestras imágenes nos hacen capaces de ver" y aquí yo añadiría que *escuchamos* lo que nuestras proyecciones e imágenes nos hacen capaces de *escuchar*.

El receptor

El tercer punto importante se refiere a la valoración que uno hace de sí mismo. Cuanto menor sea nuestra autoestima y nuestra autoconfianza, menor será nuestra capacidad de escucha. Cuando nos sentimos seguros de nosotros y confiamos en nuestras capacidades somos capaces de respetar al otro en su manera de ver las cosas sin por ello tener que estar de acuerdo. Las diferencias con otros no se viven como amenazas sino como oportunidades de autotransformación. Con bajos niveles de aprecio hacia nosotros mismos aparece la defensa y el desprecio como una respuesta a nuestro temor de mostrarnos vulnerables. Recordemos que anular nuestra escucha es una de las murallas que más habitualmente edificamos para nuestra defensa frente a la idea de un supuesto ataque enemigo.

Apreciarnos y valorarnos a nosotros mismos propicia nuestro florecimiento y nuestra escucha. Cuanto mayor sea nuestra autoestima y autoconfianza, menos miedo tendremos a lo que otros nos propongan. Esa seguridad en nosotros mismos nos abre a escuchar a otros porque nos acerca a las personas y a evaluar y sopesar sus opiniones.

---

4. Cooperrider D. L., Sorensen P. F., Jr., Yaeger Th. F. y Whitney, D. (eds.) *Appreciative Inquiry: An Emerging Direction for Organization Development.* Champaign IL: Stipes Publishing L.L.C., 2001.

En palabras de Virginia Satir: "Todo lo que daña la autoestima reduce la posibilidad de establecer un buen contacto. El objetivo para mí misma y para quienes me rodean es la preservación y el acrecentamiento de la autoestima. Entonces podemos abandonar la posición defensiva y enfrentarnos uno al otro".[5]

Mediante la observación de estos tres puntos podremos luego tomar acciones para su desarrollo y alcanzar maestría en escuchar apreciativamente. El objetivo es pasar de una escucha automática, superficial y poco fecunda a una escucha consciente y constructora de nuevas posibilidades.

Una actitud de aprecio sólida hacia nosotros, el orador y el contenido hace posible una escucha apreciativa, cuyo principal objetivo es encontrar y activar el núcleo positivo de la comunicación.

¿Qué es la escucha apreciativa?

Es la capacidad de estar presente y atento para distinguir lo mejor y lo valioso de lo que el emisor está diciendo. Es, además, escuchar con la intención de identificar aquellos momentos de la conversación en que podemos introducir preguntas apreciativas que lleven al interlocutor a conectarse cada vez más con sus sentimientos y emociones.

La escucha apreciativa se adentra en el mensaje con el propósito de encontrar su potencial y riqueza. Escuchar apreciativamente es estar abiertos y ávidos de toparnos con nuevas oportunidades e indagar sobre ellas para potenciarlas. Es reconocer la belleza desde la percepción del otro; es poder avizorar el potencial aún no manifestado. Es ser capaces de separar la paja del trigo, destacando lo valioso y construyendo el diálogo y la relación con este alimento rico en emociones positivas.

---

5. Satir, V.: *op. cit.*

La escucha apreciativa no propone hacer *oídos sordos* a la tragedia. Sino que nos invita a captar, incluso en la tragedia, aquello que nos da vida, los recursos y potenciales disponibles y construir a partir de ellos una comunicación fructífera.

Algunos pueden pensar que se trata de un recurso conformista. Nada más lejos de la realidad.

Poco antes de escribir este capítulo del libro, unos ladrones interceptaron el auto de mi hijo –que ya ha crecido– y se lo robaron con todo lo que tenía. Cuando luego nos encontramos y conversamos sobre lo ocurrido él relató los acontecimientos y los terribles momentos vividos; también agregó que había sido una suerte que ese día no llevara su nuevo equipo de fotografía en el auto. Esto puede ser interpretado como un simple consuelo o pasar a ser el eje sobre el cual tomar impulso y girar el foco de la conversación. Le pregunté entonces cuál era la razón por la que no llevaba consigo el equipo de fotografía y me respondió que procuraba no cargarlo en lugares y horarios que pudieran ser peligrosos. Indagué más y le pregunté cuáles de sus capacidades le habían permitido construir y sostener esta práctica. Me dijo que su capacidad de valorar las cosas lo empujaba a cuidarlas. Me sentí orgullosa de él, y a medida que seguíamos conversando él iba dándose cuenta de que, a pesar de la tragedia, había muchas cosas importantes que había hecho y que hicieron menos trágico lo acaecido. Así, pregunta tras pregunta, fuimos construyendo un diálogo que nos fue enriqueciendo a medida que avanzaba. No intentábamos negar lo ocurrido con un velo de positividad rosa, sino correr el velo de negatividad que cubría cosas valiosas que también formaban parte de los acontecimientos.

Cada vez que, como oyentes, tomemos el camino de indagar en lo positivo del relato de otro, estaremos ayudándolo a construir lo que se conoce como estilo o pauta explicativa,[6] que es el criterio utilizado por las personas para explicarnos a nosotros mismos por qué suceden las cosas.

La escucha apreciativa es un gran recurso para ayudar a otros a construir pautas explicativas optimistas. Un tenue pesimismo juiciosamente aplicado puede ser útil. Pero si el pesimismo nos atrapa nos deprimiremos más fácilmente, alcanzaremos resultados por debajo de nuestro potencial y hasta nos enfermaremos más. Lisa Aspinwall, investigadora del carácter humano, encontró que las personas más optimistas están más dispuestas a ver el lado negativo de las cosas que las personas pesimistas. Los optimistas, antes de tomar decisiones importantes, sopesan tanto los aspectos positivos como los negativos, mientras que los pesimistas se limitan a enfocar únicamente los aspectos negativos. La escucha apreciativa nos permite develar aspectos positivos que de no ser por ella serían imperceptibles la mayoría de las veces.

Ideograma

Cuando cursaba mi carrera de coach, vino a dar una clase especial una profesora de la que no recuerdo su nombre ni el tema sobre el que disertó, pero me quedó de ella una marca indeleble en mi ser. En esa clase mostró el ideograma de la palabra *escucha*. Un ideograma es un signo que representa una idea o palabra y es el resultado de la unión de pictogramas; es decir, de varios conceptos. Un ideograma combina uno o varios pictogramas para darles un nuevo significado. Cuando la profesora describió el ideograma de la escucha me llamó mucho la atención los conceptos que contenía. Me sentí atraída por esa imagen y le pregunté a la profesora si me dejaba copiar este ideograma que ella tenía impreso en una

---

6. Seligman, M.: *Aprende optimismo*. Random House Mondadori, Barcelona, 2011.

hoja, a lo que accedió muy amablemente. Corrí entusiasmada a mi pupitre y tomé una hoja en blanco. La superpuse a la hoja donde estaba el ideograma y la apoyé sobre el cristal de la ventana por donde entraba una fuerte luz de la calle. Copié con un lápiz minuciosamente cada detalle de la imagen y escribí el significado de cada uno de sus pictogramas. Doblé la hoja y la guardé en mi cuaderno de apuntes.

Unos años después, revisando viejos papeles encontré el dibujo. Hacía un tiempo que estaba observando la calidad de mi escucha y el impacto que estaba teniendo en mi vida. Tomé el dibujo, lo escaneé y lo redibujé en mi computadora. Lo imprimí en diferentes tamaños sobre una transparencia y elegí el más adecuado, ni demasiado pequeño, ni demasiado grande. Fui al tatuador y le pedí que me lo dibujara en la nuca. Había decidido que la escucha se grabara en mi cuerpo como el primer paso de un proceso para grabarla en mi vida.

Este ideograma, que la profesora me regaló sin saber que se transformaría en un tatuaje, contiene los cuatro pictogramas necesarios para una escucha apreciativa efectiva.

© GRANICA

Ojos, oídos, corazón, atención no dividida

Si bien, como ya he mencionado, la escucha es algo que ocurre a través de lo que perciben todos nuestros sentidos, nuestros **oídos** juegan el rol principal. Incluso una corporalidad con la cabeza inclinada y que acerca el oído al orador es reconocida como una actitud de apertura e interés por escuchar.

La **mirada** es otro de los sentidos significativos en la escucha. Los ojos y la mirada de algún modo transmiten la profundidad de atención de quien nos escucha.

La computadora, el teléfono y la televisión son algunas de las distracciones que suelen capturar nuestra mirada cuando alguien nos habla. A veces decimos "mírame cuando te hablo" y aunque el otro nos diga "te escucho", la ausencia de mirada nos genera desconfianza. "La mirada acaricia fijándose y desdeña apartándose", escribió Luis Cernuda.[7] Los ojos de quien escucha apreciativamente han de transmitir sentimientos de valoración y respeto. No cabe duda de que todos somos capaces de distinguir esta mirada benevolente que puede ver el todo pero elige traspasar el afuera, los prejuicios, y es capaz de ingresar a lo mejor de cada uno de nosotros. "Mirar es aprender a auscultar con los ojos".[8]

Hay un proverbio que asegura que los ojos son las ventanas del alma; personalmente creo que también son la puerta de la escucha por donde podemos ingresar al alma de quien nos habla.

El **corazón** es también un componente importante de la escucha. Él representa los sentimientos. Son estos los que modelan nuestra escucha. Con sentimientos como la culpa

---

7. Mencionado en Vásquez Rodríguez, F.: "Más allá del ver está el mirar", *Signo y Pensamiento*, n° 20, primer semestre de 1992.
8. Vásquez Rodríguez, F.: *Ibidem*.

o el desprecio no podemos establecer un contacto afectivo con el otro. Emociones positivas como la gratitud, la alegría y la inspiración amplían nuestro campo de percepción y nos hacen más abiertos y cercanos a los demás.

Escuchar con el corazón es mostrar un genuino interés por el otro y su relato. Es dejarnos sorprender y conmover por la persona y su historia.

La **atención no dividida** también resulta fundamental para construir una escucha de calidad. Estar en el aquí y ahora, atento al momento presente, es un gran desafío para quien escucha. Nuestro cuerpo puede estar en el lugar, pero nuestra mente suele estar viajando por otros escenarios. Se va sin pedirnos permiso y no lo notamos. Muy probablemente quien está frente a nosotros sea quien se dé cuenta primero.

Recuerdo que una vez un profesor entró a una clase y nos dijo:

—Golpeen fuerte los pies contra el piso haciendo mucho ruido.

Todos en el aula comenzamos a zapatear fuerte contra el entablado de madera, y de repente el aula se inundó de un sonido único, convocante y muy motivador. Luego añadió:

—Muy bien. Señal de que estamos aquí. Les voy a pedir entonces que a partir de este momento me escuchen con los pies, ellos están acá presentes y si se van, lo notaremos. En cambio, si me escuchan con su mente entrarán y saldrán de esta aula sin ni siquiera notarlo.

La mayoría de las veces le *ponemos el cuerpo* al interlocutor, pero todos hemos tenido la experiencia de que nuestra mente divague por otros mundos, inquietudes y ansiedades mientras alguien nos habla.

"No importa lo que estés haciendo, ya que puedes elegir hacerlo estando plenamente presente, con concentración y plena conciencia, así tu acción se convertirá en una práctica espiritual". Esto nos dice el maestro vietnamita Thich Nhat Hanh[9] y agrega: "Con el *mindfulness*, inspiras y ahí estás, bien arraigado en el aquí y ahora". Podemos ver aquí dos puntos importantes: primero, estar presentes cuando escuchamos convierte el momento en una práctica espiritual. Segundo, la respiración es un medio para alcanzarla. Una buena técnica para volver la atención a la conversación es tomar por un instante conciencia de nuestra respiración. Esto nos conecta con nuestro cuerpo y le recuerda a nuestra mente que regrese al momento presente y detenga sus viajes al pasado y el futuro mientras el orador nos está hablando.

Hace poco tiempo en Madrid, concretamente en El Escorial, hubo un retiro con Thich Nhat Hanh, maestro zen, poeta, activista por la paz, escritor de más de cien libros y nominado para el Premio Nobel de la Paz, y 50 monjes budistas de Plum Village, la comunidad de meditación que él fundó, donde enseña, escribe y trabaja en sus jardines. Participaron más de 500 personas y yo, tuve la fortuna de ser una de ellas. Una forma de colaborar con la comunidad y el programa de Vivir Despiertos, era mediante la compra de algunos de los libros y artículos que los monjes y el mismo *Thay* ("maestro" en vietnamita) producían. Hoy, una lámina enmarcada en blanco en el hall de nuestra casa nos recibe al traspasar la puerta de entrada, a nosotros y a quienes la visitan. Es un mensaje en impecable caligrafía con tinta negra que dice: "He llegado, estoy en casa". Pocos comprenden el significado profundo de este mensaje. Para mí, verlo es conectarme con el recuerdo de aquel significativo retiro y una toma de conciencia acerca de mi estar presente.

Según diría el propio Thich Nhat Hanh, "he llegado" significa que ya estoy donde quiero estar –con la propia

---

9. Thich Nhat Hanh: *La paz está en tu interior.* Editorial Oniro, Barcelona, 2012.

vida– y no tengo que darme prisa en llegar a ninguna parte, ya no tengo que buscar nada. "Estoy en casa", por su parte, significa que he regresado a mi verdadero hogar, que es la vida, aquí en el instante presente. Todo ello trasciende los habituales sentidos del espacio y la posesión, cuando lo que queremos decir al llegar a casa es *mi casa*, la que compré y que me pertenece y que poco a poco he convertido en mi hogar. En este caso, el trayecto no se restringe al simple hecho de abandonar un lugar para ingresar a otro. Estar en casa cuando escuchamos a otro no significa simplemente llegué al lugar, a la reunión; es habitar el momento presente. Cuando el orador siente que estamos aquí y ahora presentes en la conversación y que este lugar es en el que elegimos estar, él también seguramente se sentirá "como en su casa" y podremos construir juntos una mejor comunicación y relación. Cuando este orador percibe que la atención de la persona que lo está escuchando no está dividida o vagando por otros lados mientras él habla, juzga esta actitud como una señal de aprecio y respeto que favorece el fluir y la profundidad de la comunicación.

Presento este ideograma en muchas de mis capacitaciones y suelo sugerir a los participantes que lo impriman y lo tengan en un lugar visible como una manera de recordar llevar a la práctica sus conceptos con mayor asiduidad. Una vez entré a la oficina de un gerente que tenía pegado en la pared detrás de su escritorio un cartel con el ideograma de la escucha y había agregado en su parte superior "Aquí nos escuchamos a lo chino". ¡Me pareció genial!

La magia de la escucha

Hay un momento en los procesos de indagación y diálogos apreciativos donde el fenómeno de la escucha puede distinguirse muy claramente. Es la segunda etapa, llamada Descubrimiento. A pesar de los años que llevo observándolo, cada vez que ocurre no dejo de asombrarme.

Las personas suelen llegar a los encuentros y talleres sin tener demasiada información respecto de lo que ocurrirá o con una información errónea, dado que aún la metodología no está muy difundida.

Cuando les propongo que dialoguen con otra persona durante aproximadamente una hora, se sorprenden. La propuesta es que cuenten una historia de su vida personal o laboral exitosa sobre el tema que nos convoca; por ejemplo, la colaboración, el liderazgo o el trabajo en equipo. Durante unos treinta minutos una de las personas de la pareja tendrá el rol de orador y la otra será quien escuche. Esta última asume el compromiso de ejercer su papel escuchando a su compañero de diálogo de acuerdo con el ideograma chino: con sus oídos, sus ojos, su corazón y su presencia plena. Quien relata lo hará conectándose con sus sentimientos y valores, mostrando a través de su relato los tesoros de la historia y las buenas prácticas y talentos que la hicieron posible.

He realizado esta experiencia con grupos desde 10 personas hasta 400, juntas en un mismo momento y espacio, y lo que rescato de la experiencia al final del diálogo por parejas es casi idéntico en todos los grupos. Puedo anticipar lo que dirán las personas sobre la experiencia aun antes de que entren en la sala. Al finalizar, sus testimonios podrían ser más o menos los siguientes:

—*Me sentí escuchado y esto me generaba mucha conexión a pesar de no conocernos.*

—*Escuchar su historia me conmovió y me emocionó.*

—*Me doy cuenta de lo poco que nos detenemos a escuchar a otros durante el día.*

—*Pocas veces alguien nos regala 30 minutos de su tiempo y se abre a escuchar el relato de una historia simple pero valiosa de nuestra vida.*

—*A partir de este momento, cuando nos crucemos en los corredores de la empresa nos saludaremos diferente.*

—*El tiempo pasó volando. Me encantó escuchar su historia y, a medida que la relataba, quería conocer más y más de esa persona.*

—*Tenía una idea diferente de él, lo creía poco sensible y distante, y al escucharlo se me presentó una nueva faceta de su persona.*

No es que sea adivina, es que estos comentarios son los que vengo escuchando desde hace más de 10 años al final de cada diálogo sin importar que los participantes sean hombres o mujeres, jóvenes o adultos mayores, secretarias o gerentes, argentinos o colombianos. Cada uno vive la experiencia a su modo pero, en general, todos confluyen hacia las mismas conclusiones.

Algunas veces realizo esta experiencia en menos de 10 minutos como cierre de una conferencia. Improviso un diálogo entre los asistentes y quienes tienen a su lado y este breve ejercicio basta para que las personas puedan comprobar por sí mismas el poder de escuchar y ser escuchados. Apenas culminan el diálogo, les pido que levanten la mano quienes se encuentren en un estado emocional positivo, como por ejemplo alegría, gratitud u orgullo, y casi seguro que el 100% de los participantes levanta su mano. Llevo también más de diez años haciendo esta prueba ¡y no falla! Me encanta además hacer en los talleres y encuentros un juego con quienes están fuera del diálogo. Como, por ejemplo, con algún representante de RRHH que asiste pero no participa activamente. En mitad del diálogo de a pares me acerco y le pido que mire la escena del momento, la foto de ese instante. Al observarla, la persona puede ver cómo cada par de dialogantes se encuentran ensimismados en su mundo, abstraídos en la conversación que mantienen. A pesar de tratarse a veces de más de 100 personas en una misma sala y de estar relativamente cerca unas de otras, las parejas de diálogo pierden la noción del lugar y de lo que está ocurriendo a su alrededor; han construido un microclima. A los oradores se los ve concentrados en sus relatos. Se encuentran en lo que Mihaly Csikszentmihalyi[10] llamaría un momento de *flow* (fluir), instantes en los que nos encontramos tan centrados e involucrados en lo que hacemos que perdemos la noción del tiempo, de nuestro cuerpo y del mundo. En sus rostros pueden verse emociones de satisfacción, alegría, regocijo y orgullo. A los que escuchan se los ve dispuestos y atentos. Sostienen la mirada a quien les habla y sus rostros también revelan emociones como la sorpresa, el asombro, la admiración, la alegría y la inspiración, por mencionar algunas.

Es una foto que me encanta tomar porque no deja dudas del impacto que tiene sentirnos apreciados, respetados y escuchados atentamente.

Iluminando nuestros espacios de ceguera

Seguramente ya has hecho tu propia evaluación de las páginas anteriores y te has formado una idea acerca de tu nivel de escucha apreciativa. Además de esta autoevaluación es bueno también sumar el *feedback* de otras personas.

Te propongo el siguiente ejercicio: elige dos o tres personas de diferentes áreas de tu vida y diles lo siguiente:

—Estoy comprometido con la calidad de mi escucha y tu aporte es de gran valor para mí en este proceso. Te elegí para pedirte que por favor respondas brevemente a las siguientes preguntas y me envíes tu respuesta:

1. Cuando te acercas a mí, ¿sientes que te escucho buscando descubrir y resaltar lo mejor y lo valioso de ti y de tu relato?

---

10. Csikszentmihalyi, M.: *Fluir (Flow)*. Editorial Kairós, Barcelona, 1999.

2. ¿En qué actitudes y comportamientos míos lo observas?
3. ¿Recuerdas alguna experiencia conmigo que lo refleje? ¿Cuál?
4. Del 1 al 10, ¿cuál es la puntuación de tu satisfacción respecto de mi escucha hacia ti?

Este ejercicio puedes hacerlo cara a cara, mediante una conversación telefónica o a través de un e-mail. Con cualquiera de estas formas obtendrás respuestas valiosas. Al principio las personas mostrarán sorpresa, pero verás cómo enseguida se sentirán agradecidos de estar entre tus elegidos y responderán con mucho compromiso a tu solicitud.

Cuando termines, cualquiera sea el medio utilizado, hazles saber tu agradecimiento a las personas que te dieron sus respuestas.

Las personas que selecciones para esta experiencia tendrán relevancia en el resultado que alcances. Es probable que te sientas tentado de hacerlo con quienes tienes más afinidad. Aunque tu intención sea positiva y quieras mejorar aún más la calidad de tu relación con estas personas es recomendable que también incluyas en tu lista a personas más distantes o con menor o casi ninguna afinidad. Si quieres obtener resultados significativos procura incluir una población diversa que te permita recibir información más heterogénea.

Si no vas a utilizar como recurso la información que resulte de este ejercicio, mejor no lo hagas. Las personas recordarán tu requerimiento y seguramente te preguntarán al respecto, y si no tienes algo para comentarles que muestre lo que has construido con sus aportes sentirán que no te importaron. Sería absurdo que al trabajar en el fortalecimiento de tu escucha el plan usado provoque el efecto contrario.

Un cierre que abre: escucha apreciativa

Llegó el momento del juego de preguntas.

Como ya he dicho, no hay respuestas correctas a estas preguntas, la que vale es la que te sirva para capitalizar aún más los conocimientos de cada capítulo. Ahora repitamos el ritual que ya has venido haciendo desde el capítulo anterior:

- Detén tu marcha por un instante.
- Toma conciencia de tu respiración con dos inspiraciones y exhalaciones.
- Captura el momento presente haciendo un "vuelo de pájaro" atento al lugar donde te encuentras.
- Ve por un instante a tu interior y registra cómo te sientes en este momento. No juzgues tus sentimientos y emociones, solo obsérvalos.

Ahora estás nuevamente listo para comenzar nuestro juego de preguntas.

- ¿El sonido de qué instrumento representaría para ti la escucha apreciativa?

_____

Describe dos motivos por los que despierta en ti esta conexión.

_____

_____

- Piensa ahora en deportes y recorre mentalmente las distintas disciplinas. ¿Cuál te parece que tiene características afines a la escucha apreciativa? ¿Cuáles son esas características?

_____

_____

- Piensa en las personas de tu entorno cercano ¿cuál de ellos es un buen escuchador apreciativo?

_____

¿Qué dos comportamientos rescatarías como más valiosos en él/ella?

_____

- Menciona dos aprendizajes o aportes que te haya dejado este capítulo.

_____

_____

_____

CAPÍTULO 4

IMAGINO, LUEGO EXISTO

Los sueños son las únicas mentiras que un día pueden ser ciertas.

Anónimo

Hace unos años llegó a mis manos el libro *Appreciative Inquiry. A Positive Revolution in Change* de David L. Cooperrider y Diana K. Whitney.[1] A medida que me adentraba en su lectura iba descubriendo el porqué de muchas cosas. Las palabras escritas por David y sus conclusiones retumbaban en mi mente como lo hace la bola de un Flipper y en algunos momentos me parecía hasta escuchar los "pling-pling" que estas máquinas hacen cuando se llega a un gran premio. Cada párrafo iba golpeando diferentes lugares de mi mente a gran velocidad y de repente me encontraba diciendo: "¡Guau! ¡Ahora comprendo!". Me sentía como Arquímedes con su tina llena de agua gritando ¡Eureka! Estos aparentes puntos distantes e inconexos de mi mente iban siendo conectados.

Placebo, Pigmalión, habilidad afirmativa, diálogo interno, emociones positivas… eran conceptos que ponían nombre a sensaciones largo tiempo observadas.

Antes pensaba que cuando las cosas no salían como yo esperaba tenía que cambiar el modo de hacerlas hasta poder encontrar las acciones correctas que me llevaran a mi objetivo. Nunca había pensado que si me detenía a observar mis imágenes de futuro podía ver de antemano hacia dónde me dirigiría. Y mucho menos que mis acciones del

---

1. Cooperrider, D. y Whitney, D.: *Appreciative Inquiry. A Positive Revolution in Change*. Berrett-Koehler Publishers, San Francisco, 2010.

presente estaban condicionadas por esas mismas imágenes. Detenerme a observar mis imágenes de futuro me permitía predecir mis logros, y a pesar de que aún no sabía muy bien cómo intervenir en ellas, al menos ya comprendía su poder.

El artículo comenzaba con la siguiente frase de William James: "No le temas a la vida. Cree que vale la pena vivirla, y tu convencimiento te ayudará a hacerlo realidad". En eso andaba yo por la vida, convencida de que *vale la alegría* vivirla –es más apreciativo que decir *vale la pena*–, y que además tenía el poder de tejer redes que ayudarían a otras personas a desarrollar su potencial y bienestar.

Las arañas tejen su pequeño mundo con hilos que extraen de su propio cuerpo. Nosotros también somos capaces de dar forma a nuestro entorno por medio de la creación de imágenes que llevamos dentro. Tenemos los hilos que dan forma a las redes que arman nuestro mundo.

Nuestras acciones son el resultado de las imágenes de futuro que construimos desde dentro. Estas imágenes se convierten en poderosos imanes –o *atractores*– que nos llevan a tejer los hilos que nos conducirán a ellas.

Desde el punto de vista del construccionismo social, nosotros, los seres humanos, creamos nuestras propias realidades mediante procesos simbólicos y mentales. Estamos siempre anticipando el futuro, y son estas imágenes las que nos llevan a la acción.

He leído alguna vez que alguien le dijo al director creativo de Walt Disney Studios, Mike Vance, tiempo después de que Disneylandia y Disneyworld fueron construidos, si no era una lástima que Walt Disney no hubiera vivido lo suficiente para ver aquello. Vance respondió que, indudablemente, habría tenido que verlo, puesto que, si no, no estaría allí; no hubiese sido posible construirlo. Mike Vance estaba dando por hecho que todos y cada uno de los proyectos de la factoría Disney obedecían a esa imagen primigenia del brillante Walt Disney que la había hecho posible.

Por eso mismo, antes de que este libro llegara a tus manos, estuvo en mi mente. Primero como una vaga idea, un deseo. Luego, a medida que la idea del libro se iba recubriendo de sentimiento y emoción comenzó a tomar mayor fuerza en mí. Comencé a creer que era posible y contraté a una persona para que me guiara y ayudara en las correcciones. Luego cambié por otra y luego por otra hasta llegar finalmente a Alberto, quien ha sido mi coach literario y me ha acompañado en el proceso de creación del libro. Ya estaba en camino, había comenzado a dar pasos y a aumentar la confianza en mí como escritora. Comencé a tenerme fe; es decir, comencé a confiar en que mis habilidades podían llevarme hacia la concreción del libro. Me sabía capaz de aprender aquellas competencias que hicieran falta o de pedir ayuda para lograrlo. No abandoné frente a los primeros intentos frustrados. Comencé una y otra vez de nuevo e incluso en algunas ocasiones, dejé de lado todo lo escrito y comencé de cero. Tenía en mi mente una imagen que me guiaba y se había convertido en un poderoso imán. Ya no solo tenía el deseo y la esperanza de lograr escribir mi libro, sino que comencé a apasionarme por él, a desearlo con todo mi cuerpo. Escribir se había transformado en algo que comenzaba a fluir en mí sin esfuerzo; los momentos para hacerlo aparecían y me sentía a gusto e inspirada haciéndolo.

"De manera muy similar a una proyección de cine sobre la pantalla, los sistemas humanos siempre están anticipando un horizonte de expectativas que trae poderosamente el futuro hacia el presente como un agente causal."[2] Puedo hoy mirar hacia atrás y volver a ver esta película. Tal cual lo planteaba Jobs cuando decía que podemos ver los puntos que hicieron posibles nuestros logros, mirar hacia atrás, y ver las imágenes que teníamos en nuestra mente es ir un

---

2. *Ibidem.*

paso más allá de los puntos: es hallar los *atractores* que hicieron posibles esos puntos.

Si nuestras imágenes de futuro son las guías de nuestras acciones, ¿cómo podemos construir imágenes de futuro positivas para nuestras vidas? ¿Tenemos esta posibilidad? ¿Podemos intervenir en los procesos cognitivos que crean nuestras imágenes de futuro?

El cuento que me cuento

Todos nos contamos una historia y nos explicamos el mundo y nuestras experiencias. Todos imaginamos el futuro y hacerlo es fundamental para poder actuar en el presente. Somos la única especie que inventa historias. Construimos imágenes anticipadas respecto de nosotros mismos, del país en el que vivimos, del trabajo que tenemos. Pero también de lo que somos capaces de hacer y de lo que son capaces de hacer los que nos rodean. Incluso las empresas y los productos son el fruto de una "realidad anticipada" que funcionó como punto de arranque.

Sin nuestra capacidad de imaginar un futuro no sabríamos de qué modo ponernos en movimiento. Nuestras expectativas respecto de lo que es posible son necesarias para la vida: "Cuando emitimos un juicio estamos implicando que, sobre la base de acciones observadas en el pasado, se pueden esperar ciertas acciones en el futuro. Los juicios nos permiten anticipar lo que puede suceder más adelante. Esta es una de las funciones que cumplen los juicios, lo que pone de manifiesto su importancia en la vida. Los juicios nos sirven para diseñar nuestro futuro. Operan como una brújula que nos da un sentido de dirección respecto de qué nos cabe esperar en el futuro".[3]

---

3. Echeverría, R.: *Ontología del lenguaje.* Ediciones Granica, Buenos Aires, 2011.

Siempre que nos contamos una historia lo hacemos por y para algo, y esta imagen que construimos a partir de nuestro relato nos abrirá o cerrará posibilidades. Parte importante de nuestras imágenes las construimos a partir de nuestros diálogos internos, que son siempre, y al mismo tiempo, funcionales y disfuncionales respecto de algo.

Cuando me digo "No soy escritora", contribuyo con este relato a construir una creencia en mi mente de "No sé escribir un libro" que me llevará a acciones acordes con dicha creencia. Se trata de un diálogo disfuncional respecto de mi objetivo de publicar el libro. Cuando me digo "No soy escritora, pero si adquiero algunas habilidades y pido ayuda puedo serlo", las imágenes que proyectaré en mi mente con este relato serán diferentes. Se trata aquí de un diálogo funcional respecto de mi deseo de publicar el libro. He soñado muchas veces con el día de la presentación al público de mi libro, ¡antes siquiera de haber escrito un capítulo!

El desarrollo de las habilidades apreciativas provoca cambios en nuestros diálogos internos y en nuestra manera de explicarnos la realidad que favorecen la creación de imágenes de futuro positivas. Al aumentar nuestra capacidad de distinguir talentos y recursos insuflamos a nuestra autoconfianza y el porvenir el combustible que nos lleva a imaginar nuevas y más grandes posibilidades.

El campeonato de golf

Recuerdo un programa de liderazgo apreciativo que hice en un canal de televisión donde participaron 25 personas de mandos medios. Habían sido seleccionadas para construir juntos el estilo de liderazgo efectivo para la organización. El programa consistía en definir las aptitudes y buenas prácticas del líder que ellos deseaban ver crecer más en la empresa.

Formaban un equipo muy participativo y las personas

se sentían agradecidas por intervenir en el programa. Trabajaban con mucho compromiso y buena disposición en todos los encuentros. A medida que avanzábamos muchos de los participantes mencionaban cómo las prácticas y herramientas que utilizábamos durante las jornadas también les estaban resultando útiles en su vida personal y familiar. Contaban anécdotas de diálogos con sus hijos o conversaciones con amigos donde comprobaban por ellos mismos el poder del enfoque apreciativo. Recuerdo especialmente a un productor que se acercó al finalizar el encuentro:

—Llevé la apreciatividad a los diálogos con mi hija y también al deporte.

Lo miré sorprendida.

—¿Qué deporte practicas? —le dije.

—El golf, y nunca ganaba ningún juego —me respondió—, pero comencé a decirme a mí mismo que podía ganar y las cosas comenzaron a cambiar. Y luego me dije "voy a ganarle al mejor del club" y este fin de semana… ¡le gané! Ahora voy a ganar el campeonato del club.

Podría contar muchas historias como esta en que las personas llevan el enfoque apreciativo a dominios no contemplados en los objetivos del programa. Me encanta que eso ocurra porque lo que se necesita lograr finalmente es un cambio en las actitudes y comportamientos de las personas, y cualquier dominio es bueno para que practiquen y comprueben por sí mismas las bondades de las prácticas apreciativas. Lo que ocurrió en el juego de golf enriquece a la persona. En algún momento, este enriquecimiento terminará llevándolo de algún modo también al ámbito laboral.

La Ley de la atracción, ¿funciona?

Cuando comencé a presentar en mis talleres "Imagen positiva = Acción positiva", una de las primeras preguntas que no faltaban entre los participantes era si aquello respondía a la Ley de la atracción. La Ley de la atracción es uno de los puntos que recoge el exitoso libro *El secreto*.[4] Al principio le encontraba puntos de encuentro pero había otros en los que dudaba de su similitud, en verdad no lo tenía del todo claro. Mientras seguía con estos pensamientos, un día llegó a Buenos Aires un programa de dos días presentado por un reconocido autor de libros sobre la Ley de la atracción. Junto con Santiago, mi socio de aquel momento, decidimos ir. Habíamos visto su película y queríamos conocer de su propia boca la propuesta. El precio era elevado, pero allá nos aventuramos.

Había en el lugar más de 200 personas, y a medida que íbamos avanzando en el taller pude observar, por los comentarios de los participantes en los plenarios, que la mayoría de ellos no eran consultores ni venían en busca de herramientas para utilizar en su vida laboral; parecían haber venido a buscar la llave de la felicidad. Querían respuestas y métodos para alcanzar las cosas que no tenían y no habían podido conseguir aún. Además, creían que no les sería posible ser felices si no las conseguían; parecía que su felicidad dependía de tenerlas o no. Esto me llamó mucho la atención, y me di cuenta de que la Ley de la atracción tiene límites que no siempre se dicen.

Recuerdo que una mujer dijo que hacía ocho años que practicaba la Ley de la atracción porque deseaba profundamente tener un hijo y hasta ahora no lo había logrado. Yo esperaba que el experto le dijera algo sobre las limitaciones de la biología, pero no hizo nada de esto y se embarulló en palabras algo vacías que no aclaraban ni respondían a la inquietud de la participante.

Otro señor presentó su caso. Hacía más de seis años que había muerto su hijo y no lograba recuperarse de la trage-

---

4. Byrne, R.: *El secreto*. Ediciones Urano, Barcelona, 2007.

dia. Practicaba la Ley de la atracción para alcanzar la paz en su vida, pero tampoco lo conseguía. El experto no dijo nada respecto de los traumas que pueden ocasionarnos algunas tragedias de la vida ni mencionó la necesidad de atenderlos con ayuda psicológica o psiquiátrica, profesional. Sus respuestas no respondían a nada, pero daban a entender que la Ley de la atracción podía responder a todo.

Esta es una de las grandes falacias de algunos libros de autoayuda. Parecen decir que si el lector sigue los pasos de su método no hay manera de que falle, y quienes no lo logran quedan con una enorme frustración y un terrible golpe en su autoestima, como si fuera culpa suya. Me había dado cuenta de que el programa había sido vendido como la gran solución para nuestras vidas, que si seguíamos los pasos propuestos no había manera de errar y que podíamos alcanzar todo lo que deseáramos.

La Ley de la atracción funciona, pero tiene sus limitaciones.

Algunas otras cosas fueron ocurriendo durante las dos jornadas que iban confirmando lo que hacía unos años le había escuchado decir a Roberto Pettinato, un músico y conductor de televisión: "Estoy escribiendo un libro de autoayuda que me está ayudando a comprar un auto". Muchos libros y programas de autoayuda solo sirven para hacer ricos a sus autores.

Comencé entonces a interesarme cada vez más en "Imagen positiva = Acción positiva" y cómo funcionaba esta ecuación. ¿Qué tipo de imágenes son las que nos ponen en movimiento? ¿Cuáles funcionan como atractores?

Efecto placebo

El efecto placebo se basa en la confianza de un enfermo en un supuesto medicamento que solo contiene sustancias inocuas. Las imágenes proyectadas sobre la creencia positiva en la eficacia del remedio provocan una respuesta curativa.

Dos tercios de todos los pacientes muestran una mejoría fisiológica y emocional en sus síntomas, simplemente por creer que se les está dando un tratamiento efectivo. Según Andrew F. Lauchero, profesor en el Departamento de Psiquiatría en la UCLA, aproximadamente la mitad de los pacientes con diversas enfermedades, desde artritis hasta depresión, presentan una mejoría sustancial después de recibir un placebo. No está muy claro si el placebo puede curar cualquier enfermedad, pero el poder de su efecto para mejorar los síntomas y reducir el sufrimiento es indudable.

Para Norman Cousins,[5] hay dos sistemas en el ser humano: el sistema curativo y el sistema de creencias. El curativo es la forma como el cuerpo moviliza todos sus recursos para combatir la enfermedad, y el sistema de creencias generalmente es el activador del sistema curativo.

El placebo no funciona simplemente porque las personas cierren sus ojos e imaginen que el medicamento las va a curar. Este ejercicio por sí solo no tiene ningún efecto. Practicar esta visualización solo sirve como método para que un deseo comience a transformarse en una creencia absoluta de que el medicamento puede curarnos. Y aquí está la trampa de la Ley de la atracción. Se presenta como un método casi infalible en el cual si la persona piensa siempre en positivo, y proyecta varias veces al día en su mente lo que desea lograr, e incluso si dibuja o arma *collages* que refuercen su sueño, es imposible que no logre la concreción de su deseo.

Evidentemente, no es lo mismo desear algo que tener una firme creencia de que es posible lograrlo. Lo que nos pone en movimiento, lo que hace que todo nuestro ser avance, es una firme creencia evocadora de imágenes. Lo que provoca

---

5. Cousins, N.: *Anatomía de una enfermedad.* Editorial Kairós, Barcelona, 1993.

el efecto placebo no es solo desear curarnos, sino creer sin dudas ni titubeos que el medicamento nos hará bien.

Debemos ser conscientes de la dificultad que supone la construcción en nuestra mente de una creencia, proceso enormemente más complejo que el simple hecho de pensar mucho y positivamente en algo. En la construcción de nuestras creencias intervienen una gran variedad de factores, como procesos cognitivos, biológicos, genéticos, epigenéticos y culturales, entre otros. No voy a detenerme a desarrollar este tema ya que no es la intención de este libro; lo que sí deseo, en cambio, es clarificar algunas falsas ideas respecto de los atributos de la Ley de la atracción y definir de qué hablamos cuando hablamos de Imagen positiva = Acción positiva.

Hay dos aportes importantes que la Ley de la atracción puede hacernos: uno es ayudarnos a convertir nuestros deseos en creencias y otro ayudarnos a convertir nuestras creencias en resultados. Lo que muy difícilmente haga es convertir nuestros deseos en resultados. Cuando nos proponemos practicar la Ley de la atracción y no logramos convertir nuestros deseos en una fuerte creencia evocadora de imágenes positivas difícilmente alcancemos nuestro objetivo.

Creo que conocer los beneficios y las limitaciones de esta práctica ayuda a las personas a acercarse más efectivamente a ella y a reducir la frustración.

Una de las características de las imágenes positivas es que están formadas por el conocimiento y la emoción. Esto las convierte en grandes atractores por su cualidad evocadora de sentimientos positivos. Para alcanzar algo es necesario que creamos que es posible para nosotros obtenerlo y que somos merecedores de su posesión.

Si a mí me preguntan "¿Deseas ir a Japón?", mi repuesta será afirmativa: "Me encanta la idea y es un lugar que deseo conocer". Pero, ¿es este deseo suficiente para ponerme en movimiento? No lo es si no crea en mí una imagen evocadora de sentimientos. Podemos observar cuántos sentimientos nos despierta este deseo girando el foco de la pregunta: "¿Crees que algún día llegarás a conocer Japón?". Diré: "Puede ser, pero lo veo difícil en este momento. Tal vez en muchos años. Hay otros lugares que aún quiero conocer primero y no es un lugar al que a mi marido y mis amigas me acompañarían". La imagen que proyecto no es un atractor poderoso para concretar un viaje a Japón pronto, sino que más bien me llevará a tomar acciones que me guiarán hacia otros rumbos o a permanecer en mi ciudad.

Desear y creer no son lo mismo, y es allí donde, en mi opinión, la Ley de la atracción es poco clara.

Las visualizaciones creativas, los mapas mentales, repetirnos afirmaciones positivas, los libros y películas inspiradoras y optimistas, acercarnos a personas con objetivos similares, asistir a talleres o clases motivadoras son algunos de los ejercicios que, repetidos con periodicidad y sistemáticamente, pueden transformar el deseo en una creencia poderosa. Es decir, dotarlo de sentimientos y emociones que inviten a ponernos en movimiento e ir por él.

El "ni trato"

Hace un tiempo estaba conversando con el gerente de una empresa y me confesó que durante muchos años apostó por el cambio e intentó diferentes maneras de alcanzarlo, y que si bien él continuaba deseando que todo fuera mejor, después de tantos frustrados intentos había acabado por perder la ilusión y la confianza en que las cosas puedan ser diferentes. Sentía que estaba contaminado con "ni trato". Me llamó la atención ese comentario, y al ver mi cara de asombro lo aclaró:

—Ya *ni trato* de cambiar las cosas, *ni trato* de innovar, *ni trato* de luchar.

Esto es lo que Martin Seligman llamaría "Indefensión aprendida",[6] un sentimiento de impotencia que nos deja contaminados de *ni tratos*. Dejamos de intentar porque perdemos la confianza en el impacto de nuestras acciones. Concebimos la representación de que, hagamos lo que hagamos, nada va a cambiar.

Hay cosas que no podemos controlar: un terremoto, algunas enfermedades, la altura, el paso de los años… Pero existe una enorme cantidad de cosas sobre las que sí podemos generar un impacto y están bajo nuestro control personal.

Lo que demuestran los estudios de Martin Seligman es que los seres humanos (y los animales, ya que su estudio fue hecho con perros) muchas veces aprendemos a responder pasivamente a circunstancias de la vida y construimos la creencia de que nuestras acciones no importan ni harán ninguna diferencia en la situación. Perdemos la confianza en el poder de nuestros actos a pesar de que existan posibilidades reales de cambio. Cuando esto ocurre dejamos de intentarlo, y es ahí cuando, como me dijo mi cliente, estamos contaminados por los *ni tratos*.

Esta anécdota sirve para graficar la diferencia entre desear y creer. El gerente seguía deseando que las cosas cambiaran pero ya no veía posible que eso ocurriera, producto, entre otras cosas, de reiterados intentos fallidos.

El elefante encadenado

Podemos verlo reflejado en el relato de Jorge Bucay.[7] En él, un chico muestra curiosidad por la pequeña cadena que retiene al descomunal elefante. Está atada a una estaca ape-

---

6. Seligman, M.: *Aprende optimismo*. Random House Mondadori, Barcelona, 2011.
7. Bucay, J.: *El elefante encadenado*. Editorial RBA Libros, Barcelona, 2008.

nas clavada unos centímetros de la tierra. Si durante el espectáculo el animal había hecho gala de su fuerza, capaz de librarse de 100 estacas como aquella, ¿por qué no se iba? Al preguntarles a sus padres, le dijeron que no se liberaba porque estaba amaestrado. Si eso era cierto, ¿qué sentido tenía entonces la estaca? La respuesta tarda en encontrarse, pero se justifica en el cuento de manera brillante: el elefante del circo no escapa porque ha estado atado a una estaca similar desde que era muy, muy pequeño. Durante años, mientras crecía, había intentado escaparse y no había podido. Eso había creado en su mente una intuición errónea acerca de su capacidad para arrancar la estaca. Llegó un fatídico día en que el elefante se rindió ante la certeza de no poder arrancar la estaca y, desde entonces, jamás ha vuelto a cuestionar ese dato.

En la naturaleza, el nitrógeno es un nutriente fundamental y una materia prima útil para las plantas, pero en concentraciones mayores a los 10 mg/L, puede ser tóxico para muchos organismos y su exceso también puede provocar graves alteraciones en la calidad del agua.

De la misma manera, hay una cuota saludable en nuestra persistencia y tenacidad, del mismo modo que la hay en dejar de intentar hacer algo. En un momento de la infancia del elefante, dejar de intentar escaparse pudo librarlo de una herida en la pata, o de un agotamiento estéril. Pero esa pervivencia en el tiempo, ese exceso de celo en la rendición, lo llevaron a una percepción equivocada de sus propias habilidades. Es importante detenernos a observar si las creencias que nos guían y han sido funcionales en alguna ocasión siguen teniendo vigencia hoy; es decir, si han ocurrido cambios favorables en nosotros o en el entorno que hoy permitirían crear una realidad diferente.

Como me dijera alguna vez Joseph O'Connor, reconocido formador de PNL y coaching: "Las creencias son como el yogur, tienen fecha de elaboración y fecha de caducidad".

Del mismo modo que en el supermercado chequeamos la fecha de vencimiento antes de comprar un yogur, deberíamos revisar si nuestras creencias ya no están vencidas. Una creencia vencida puede darnos más dolores de barriga que un yogur pasado de fecha.

Este proceso que nos empuja a la docilidad, es el mismo que nos inocula el respeto hacia las leyes y las normas sociales. De esta manera, la inacción y la impotencia que provoca no puede restringirse al nivel individual, sino que también funciona en comunidades grandes o en países.

Según los estudios de Martin Seligman, la indefensión se aprende, como bien muestra el relato, y si se aprende, entonces, es posible desaprenderla.

Estoy convencida de que la máxima responsabilidad que nos atañe como ciudadanos y como integrantes de organizaciones y empresas es mantener vivas nuestras imágenes de futuro positivas. En una de sus conocidas frases, Jean de la Fontaine (1621-1695), escritor y poeta francés, dice: "La imaginación tiene sobre nosotros mucho más imperio que la realidad". Mantener vivas nuestras proyecciones positivas acerca de nuestras familias, empresas y/o asociaciones es contribuir activamente a su supervivencia.

La imagen detrás de la carta

Por eso ahora hablaré desde mi experiencia en el trabajo con empresas. Durante aproximadamente un año desarrollamos un programa para cerca de cien líderes en una empresa de telecomunicaciones con el objetivo de fomentar sus habilidades apreciativas, y logramos los objetivos propuestos con éxito. Entonces, a la vista de ese resultado, el departamento de RRHH decidió continuar afianzando la cultura apreciativa dentro de la empresa. Llevamos adelante el programa FIA (Facilitadores Internos Apreciativos) que tenía como propósito entrenar a líderes que habían participado de la etapa anterior para que ellos replicaran talleres de habilidades apreciativas a nuevos grupos de la organización. Veinticinco de los casi cien líderes, de cinco ciudades diferentes, se anotaron voluntariamente en el curso de FIA.

Les pedimos a los FIA que enriquecieran sus ponencias con ejemplos personales para mostrar la teoría y las ideas centrales del taller que les había tocado impartir. De este modo se sentirían más a gusto y dotarían de emoción a sus presentaciones.

Hay una de ellas en concreto que me gustaría compartir en este apartado del libro. Es la de Jorge Gotelli, quien participaba del programa y su tema era Imagen positiva = Acción positiva.

Yo sabía que él era ex combatiente de la Guerra de las Malvinas, pero no conocía detalles de su historia. Debo decir que ese dato no pasaba inadvertido para mí, primero por ser argentina y segundo porque todo aquello había ocurrido cuando yo tenía 18 años. Mi novio, muchos de mis compañeros de colegio y amigos de ese entonces estaban haciendo el servicio militar obligatorio y varios fueron convocados para ir al frente de batalla. Algunos de mis amigos no regresaron con vida.

Una mañana, durante uno de los encuentros del programa FIA, Jorge nos comenta que incluyó en su ponencia una historia personal que lo ayudaría a mostrar a los participantes el nudo principal de su tema: El poder de las proyecciones positivas. Le pedimos que pasara al frente de la sala y compartiera lo que había armado. Las luces se apagaron y, mientras pasaba diapositivas con escenas de soldados y de la guerra, nos iba contando su historia como ex combatiente de Malvinas. En determinado momento detuvo su relato y nos anunció que nos leería una de las cartas que él le había enviado a sus padres en aquel momento desde el frente de batalla.

Entonces, él tenía tan solo 18 años. A medida que leía su carta un silencio profundo fue inundando la sala y nuestros ojos comenzaron a llenarse de lágrimas. Su voz se entrecortaba y se trababa un poco cuando la leía. Después nos confesó que era la primera vez en muchos años que había podido leerla de corrido sin quebrarse en llanto. El esquema de su taller aún necesitaba ajustes de estructura, pero no había ninguna duda de que él había entendido el núcleo del tema y que con su ponencia impactaría positivamente a la audiencia.

Jorge no conocía el estudio de las monjas de la orden de Notre Dame, en Estados Unidos, en el que, como parte de la investigación sobre Alzheimer y longevidad, se analizaron las autobiografías escritas a mano de 180 monjas en 1932. Nadie habría imaginado que siete décadas después estas cartas serían de un gran valor para la investigación. El estudio muestra que dadas las condiciones casi idénticas en que las monjas habían vivido, la variable emocional y las expectativas sobre el futuro reflejadas en sus autobiografías podían ser el motivo principal de sus niveles de salud y longevidad. Aquellas que mostraban en sus relatos una mayor cantidad de emociones positivas (alegría, esperanza, compromiso) vivían en promedio unos diez años más que quienes apenas expresaban emociones positivas. El 90% de las monjas del grupo con más abundancia de términos positivos seguía viviendo a los 85 años en contraste con el 34% del grupo con menos abundancia de términos positivos. El estudio fue publicado en la revista de psicología *Journal of Personality and Social Psychology* en 2001, y posteriormente el director del estudio, David Snowdon, publicó un libro titulado *678 monjas y un científico*,[8] en el que describe todo el proceso del estudio.

Mientras escuchaba a Jorge leer su carta, el estudio de las monjas vino a mi mente y vi una oportunidad para poder estudiar la variable emocional de los relatos de los sol-

---

8. Snowdon, D.: *678 monjas y un científico*. Editorial Planeta, Barcelona, 2002.

dados de la Guerra de las Malvinas y su correlato con la vida y la muerte. ¿Puede haber en las cartas escritas hace 32 años una relación entre sus discursos positivos o negativos y la vida y la muerte de los soldados? No lo sé, pero me dieron muchas ganas de averiguarlo.

Recordé también a Victor Frankl y sus investigaciones mientras estuvo prisionero en los campos de concentración durante la Segunda Guerra Mundial y que dieron origen a la logoterapia. En su magnífico libro *El hombre en busca de sentido*, Victor Frankl[9] nos dice que, incluso en las condiciones más extremas de deshumanización y sufrimiento, el hombre puede encontrar una razón para vivir. Él podía observar en los discursos y relatos de los prisioneros cómo sus imágenes de futuro colmadas de esperanza o desesperanza predecían una parte importante de la vida o de la muerte de estos hombres y mujeres en los campos de concentración.

"¿Por qué no se suicida usted?", era una pregunta que Frankl hacía a sus pacientes, no con el ánimo de inducirlos al suicidio, sino justamente todo lo contrario, para poder ayudarlos a reconstruir sus partes rotas y volver a conectarlos con aquello que daba sentido a sus vidas.

Reproduzco a continuación la carta que Jorge nos leyó en aquella oportunidad, para que tú mismo, querido lector, puedas vivir la experiencia de leer sus líneas:

Puerto Argentino – Islas Malvinas – 7 de junio de 1982

Hola, mamá… Hola, papá…

Quiera Dios y la Virgen de Luján que al recibir la presente se encuentren gozando de muy buena salud al igual que yo. Sé que están orgullosos de que esté aquí en las Islas Malvinas. Créanme que estoy muy feliz, me hizo muy bien haber tomado la decisión de salir de la comodidad de casa y pasar a estar mucho más confortable acá en las islas. Les comento que somos un grupo de soldados sumamente entrenados para enfrentar situaciones límite y especialmente a los ingleses, tenemos los mismos obje-

---

9. Frankl, V.: *El hombre en busca de sentido*. Herder Editorial, Barcelona, 2004.

tivos, las mismas esperanzas, los mismos sueños, sueños que a los 18 años son muy esperanzadores y con proyección de futuro.

Después de 40 días en las islas comenzamos a valorar todas aquellas pequeñas y grandes cosas que nos rodean en la vida cotidiana, cosas que hasta ahora nunca nos habían faltado, pero nos las ingeniamos para reemplazarlas, por ejemplo, tenemos poca yerba, por lo tanto, después de tomar mate o hacer mate cocido, dejamos secar la yerba usada para luego mezclarla con un poquito de yerba nueva y volvemos a hacer mate y mate cocido calentito. Tenemos muy poca agua, por lo tanto la racionamos y vamos rotándonos para higienizarnos; hace frío, pero no tanto, la temperatura ronda los 15° bajo cero, pero tenemos una pastilla de alcohol por día para calentarnos, no tenemos sillones ni televisión como allí en casa, pero tenemos una trinchera de lujo construida por nuestras propias manos, tiene nylon en el piso y las paredes para que sea impermeable, unas bolsas de dormir y dos mantas calentitas y cómodas, piedras en el techo para cubrirnos del fuego enemigo y todas las noches disfrutamos de fuegos artificiales, no tenemos los ravioles, ni los asados de los fines de semana como los que hacen vos y el viejo, pero son reemplazados casi sin darnos cuenta por los guisos y la carne enlatada.

Muchas cosas que mencioné anteriormente son consideradas, por mí, de bajo valor afectivo, son reemplazables y si no las tuviera quizás me acostumbraría y no las extrañaría, pero hay otras de mayor valor que quizás nunca les di la importancia que se merecen. Esas son las irremplazables y no se imaginan cuánto las extraño; tengo en mi mente permanentemente las imágenes de cada una de ellas, las cuales me hacen cada día más fuerte y optimista, me hacen crecer el deseo de volver a tenerlas, en un futuro inmediato y ellas son sus miradas, sus caricias, sus consejos, el hablar pausado, el ponerme el oído, los besos, el desvelo, la perseverancia del viejo para alcanzar objetivos, el coraje, la palabra justa, la equidad, la confianza en los que nos rodean, la alegría, el pensamiento positivo permanente, el respeto y no me alcanzaría el papel para seguir enumerándolas. Les agradezco mucho la enseñanza de vida que me han dado, estoy seguro de que si sigo aplicando los valores recibidos por la familia regresaré pronto.

Gracias por haberme enseñado a ser tan optimista, a ver la vida de otra manera, a pensar siempre en positivo, a elegir con quién rodearme, a valorarme y valorar a los que me rodean, a escucharme interiormente y escuchar a los demás. Les comento que casi todos los días, después del desembarco inglés, entramos en contacto con el enemigo. Nos pasan cosas lindas y feas, y cuando aparecen las feas, nos caemos anímicamente pero enseguida nos ponemos de pie; nos ayudamos unos a otros, nos cuidamos y especialmente nos esforzamos por mantener siempre muy alta nuestra estima. Si logramos esto hasta el final seguro nos hará regresar sanos y salvos.

Desde hace 24 días, mi misión diaria más importante es levantarme cada mañana y, al no tener un espejo, pongo enfrente de mí la estampita de la Virgen de Luján que ustedes me regalaron en la despedida. Les aseguro que veo en ella perfectamente reflejado sus rostros. Es en ese momento que me prometo a mí mismo olvidarme de todo lo malo que sucedió ayer, y les pido a vos y a papá que me guíen en tomar las mejores decisiones para llegar al mañana.

Estén tranquilos y confiados como lo estoy yo. ¿Saben una cosa? Estamos muy contentos dado que ayer recibimos la noticia del nacimiento del hijo de Marcos. Todos nos asumimos el compromiso de protegerlo para que pueda regresar pronto a conocerlo. Aquí hasta el momento está todo bien; a estos gringos sinvergüenzas les estamos dando su merecido. Pertenezco a la compañía de Comando 601, no tenemos un punto fijo en las islas y hacemos incursiones y nos infiltramos en las tropas enemigas.

Desde que llegué a este suelo argentino, me traje un único y principal objetivo y es el de regresar a casa con vida, con la frente bien alta, con el orgullo de haber hecho lo mejor que pude por defender nuestra soberanía. Siento la necesidad y el deseo de llegar y fundirme en un enorme abrazo y beso con vos, con papá, y con mis hermanos, pero no tienen ni la menor idea de cuán difícil se me está haciendo conseguir ese objetivo. Pero como dicen mis hermanos Dante y Nelly, lo que cuesta, vale. Estoy totalmente convencido de que voy a lograrlo cueste lo que cueste y espérenme con los brazos bien abiertos.

Por los compañeros que perdieron la vida hasta el día de hoy me gustaría de corazón mantener flameando nuestro pabellón nacional en estas islas argentinas por siempre. No sé si vamos a ganar esta batalla, pero estoy seguro de que dejaremos todo en estas tierras, estamos combatiendo contra las primeras potencias mundiales y están asombrándose de nuestra valentía, tenacidad y coraje. No tengo dudas de que voy a regresar a casa y muy pronto. Es lo que sueño todas las noches y tengo miles de imágenes en mi mente donde imagino y veo todo lo que va a suceder. Gane o pierda lo haré con la frente bien alta para que el día de mañana mis hijos se sientan orgullosos de mí como yo me siento de ustedes.

Un beso enorme, los quiero, los extraño mucho, y no duden de que dentro de unos años vamos a releer esta carta en familia.

Jorge Luis

PD: Como dice mi amigo el Perro, NO SÉ RENDIRME, DESPUÉS DE MUERTO HABLAMOS.

He intentado imaginar muchas veces el día en que los padres de Jorge recibieron esta carta y el momento en que Jorge la escribió en su trinchera. Ambas escenas llenan mis ojos de lágrimas como el día en que escuché por primera vez esta historia. Un joven de apenas 18 años capaz de imaginar un futuro esperanzador en circunstancias tan adversas, y que además da aliento y esperanza a sus desesperados padres y les agradece tan profundamente por las cosas cotidianas y valiosas que le aportaron día a día a su vida.

Cuando Jorge concluyó su presentación aquel día, me dio curiosidad de saber si alguna vez había leído cartas de ex combatientes como él pero que no habían regresado de la guerra.

Me contó que durante la guerra había tenido que ir al hospital de campaña a llevar medicamentos y allí conoció a Juan P. B. Estaba en el hospital, herido. Le habían amputado un brazo y una pierna y él se acercó a darle un cigarrillo, conversaron un poco y antes de irse Juan le dice:

—Saca tu arma y pégame un tiro, no quiero volver a mi pueblo así.

Jorge quedó pasmado ante sus palabras y no supo qué decir. Nunca olvidó el nombre de ese soldado.

Pasaron los años y a Jorge le entregaron, junto con otros soldados, una medalla al mérito. Ese día vio que J. P. B. estaba en la lista de soldados que habían fallecido. Jorge y J. P. B. habían nacido en pueblos muy cercanos y una persona que sabía de eso se acercó a Jorge y le preguntó si había conocido a J. P. B. Él le dijo que sí y le contó que había tenido oportunidad de verlo en el hospital de campaña. Este señor le pidió entonces un favor, si podía ir a visitar a sus padres, especialmente a su madre, que aún lo seguía esperando, para poder ayudarlos en su proceso de duelo. Jorge aceptó y un tiempo después fue hasta la casa de los padres de J. P. B. Conversó primero con su madre, le contó que conocía a su hijo y que sabía que había sido enterrado en las islas, pero su madre no quería escuchar esa cruda verdad. Fue entonces cuando el padre de J. P. B. lo llevó hasta la sala y le dijo que él se ocuparía de que su mujer comprendiera, tomó un sobre de un cajón y le dijo que aquella era la última carta que su hijo les había enviado.

—Quiero que te lleves una copia —dijo el padre.

Copió la carta con un viejo sistema de gelatina y se la entregó a Jorge. Este es el contenido de la última carta recibida por los padres de J. P. B. y enviada por él poco tiempo antes de su muerte:

Puerto Argentino 08/06/1982

Queridos padres.

Perdonen que hace días que no les mando nada, pero aquí nos dijeron que no sale ni entra nada. Me llegó ayer un telegrama de ustedes, pero no se entiende nada, no está firmado aunque pienso que les pertenece. La última carta recibida tiene fecha del 11/04 y después nada más. Mi última carta es la que les mandé desde el hospital el 29/05 o el 30/05.

Me imagino lo preocupados y tristes que estarán al saber que estoy herido. Desde que me vieron partir cabizbajo para la guerra seguro llorarán por mí, les comento que tengo mucho miedo, frío, hambre y mi mente está casi siempre en blanco. Estoy de muy mal humor. Pienso día a día que son pocas las posibilidades que tengo de regresar al continente. Siento que si no muero por ataques enemigos, seguro me moriré de hambre o de frío, estoy con mucho miedo, es cierto que están muy cerca los ingleses, pero a mí, les juro, no me ha venido ninguno a visitar y espero no lo hagan.

Si regresara, creo que se me complicaría poder convivir con estas imágenes que azotan mi mente. Hay que seguir rezando y suplicando para que esto se termine de una vez por todas. No importa el resultado; acá en las islas se respira en el aire el olor a muerte y eso me hace ver día a día más lejana la posibilidad de regresar a casa para estar confortable y calentito como hace tres meses.

¡Qué mierda todo esto! Al final no pudimos hacer el viaje programado con el viejo, pobre papá, tanto juntar dinero y yo le tiré todo abajo, aunque deslindo responsabilidades en el borracho y loco de nuestro presidente y sus desvelos de grandeza.

Les juro que lo agarraría del fundillo de los pantalones y lo pondría acá como nosotros: 60 días en estos pozos de zorros de mierda, llenos de barro, mojado hasta las orejas, sin comida, sin abrigo, con nieve, llovizna y sin agua.

Todos mis compañeros de trinchera todavía deben estar en combate, si es que queda alguno. Cuando me fui estaban con mucho miedo, deprimidos, desgastados por la artillería enemiga y rezábamos a cada rato para que vengan de una vez por todas y así terminar con este infierno.

Bueno, espero entiendan muy bien lo que yo pienso de Malvinas.

Nada más para decirles. Siempre los tendré en mis pensamientos.

Los quiero mucho.

J. P. B.

En el relato de J. P. B. la desesperanza y la pena atraviesan todo el contenido. Su imagen de futuro no era alentadora. Hay una notoria diferencia con la carta de Jorge. En circunstancias casi idénticas, Jorge veía lo difícil de la situación y reconocía los riesgos que enfrentaban, pero confiaba en que con sus recursos y los de sus compañeros saldrían adelante. Además, tenía la firme convicción de que regresaría con vida. Y cumplió su sueño. Más aún, su carta no solo fue leída por su familia, sino que su relato emocionaría a muchas otras personas.

Podemos observar a través de las palabras de cada una de estas dos cartas los diferentes estados emocionales y las distintas proyecciones de futuro que cada una contiene. Tal como Victor Frankl lo observó en los campos de concentración, los sueños de esperanza de muchos soldados, como Jorge, también se convirtieron en poderosos atractores que los ayudaban a mantenerse con vida dentro del horror y dolor que vivían.

En estas dos cartas se refleja claramente el contenido emocional que atravesaban sus imágenes de futuro y sus discursos. No se trataba de dudosos deseos, sino de firmes creencias que cautivan y que de diferentes modos conducen hacia ellas.

Nuestra capacidad de elevarnos por encima del presente y observar nuestros procesos imaginativos es un recurso que casi no utilizamos para el diseño de nuestras vidas. Vivimos en automático y no tenemos conciencia del momento presente y las proyecciones futuras que él contiene. Proyecciones que determinarán en gran medida los futuros momentos presentes.

Tenemos el poder de observar, reconocer e intervenir en nuestras maneras de proyectar el mundo y nuestras vidas. Podemos desarrollar formas funcionales y saludables de proyectarnos para alcanzar mayor bienestar y armonía.

Pronóstico del tiempo

No hace mucho vi la publicidad de una bebida donde un grupo de amigos organizaban una gran fiesta al aire libre. Cuando se acercaba el día del evento se fijaron en el pronóstico meteorológico para ese día y vieron que para el momento de su fiesta había altísimas probabilidades de lluvia. Pensaron que si los invitados se enteraban de la posibilidad de tormentas no irían a la fiesta, así que contactaron a la periodista que anunciaba el estado del tiempo en el noticiero y le pidieron que por favor anunciara una hermosa noche cálida y estrellada para ese día, así nadie faltaría a la fiesta. Y así ocurrió, nadie faltó y la fiesta fue un éxito. La tormenta solo se presentó muy avanzada ya la noche y no opacó en ningún momento la diversión y el festejo.

Yo no sé si los publicistas tenían nociones de la teoría de las proyecciones cuando pensaron el *spot*, pero es un claro ejemplo de cómo nuestras acciones son producto de los pronósticos que hacemos acerca de lo que es posible que ocurra en el futuro. Si proyecto tormentas, hay altísimas probabilidades de que no vaya a una fiesta al aire libre; si proyecto una noche estrellada hay altísimas posibilidades de que asista.

Si cambio el pronóstico mis acciones cambian. Si no nos gusta la vida que estamos construyendo, cambiar nuestras acciones tal vez no nos lleve hacia donde queremos ir –ver Teoría del observador apreciativo en el siguiente apartado–. Un cambio en nuestras acciones puede significar tan solo una manera distinta de seguir haciendo lo mismo. Lo recomendable es detenernos a ver nuestros pronósticos y entender la red de palabras y diálogos que tejemos y con los cuales fundamos estos pronósticos. Si cambiamos nuestras proyecciones nuestras acciones cambian con ellas. Te propongo hacer un ejercicio:

Pronóstico para la próxima semana:

1. Piensa en cómo transcurrirá tu vida la próxima semana. No pienses en cómo deseas que sea, sino en los acontecimientos que crees que ocurrirán. (Recuerda: no siempre es lo mismo lo que deseas y lo que crees.)

   Selecciona de tus muchas proyecciones una que consideres la más relevante. Una reunión importante que te inquieta, una conversación con alguien o los resultados de un trabajo.

   Toma conciencia de las imágenes que proyectas sobre esta situación para la próxima semana. Obsérvalas. Registra tus sensaciones corporales y los sentimientos que ellas te despiertan. Sigue recorriendo esta proyección como si la vieras en una pantalla de cine. Mira la escena de todo aquello que crees que sucederá. Recuerda, no son imágenes de lo que te gustaría que sucediera, sino aquello que crees más firmemente que puede ocurrir.

2. Ahora te pido que con estas imágenes en tu mente pienses cómo anunciarías tu próxima semana si tuvieras que hacerlo como si fuera el pronóstico del tiempo:

- Soleado, con temperaturas agradables toda la semana.
- Algo nublado y con probables precipitaciones.
- Frío y lluvioso toda la semana.
- Ola de calor durante el día y refrescando al final de la semana.
- Ola de frío polar y nevadas hacia el final de la semana.
- Lluvias intermitentes, pero mejorando hacia el final de la semana.
- Bancos de niebla, circular con mucha precaución.
- Húmedo y caluroso durante el día y fresco por las noches.
- Cálido y radiante durante el día y despejado por las noches.
- Tormentas eléctricas y fuertes ráfagas de viento.

3. Los pronósticos del tiempo nos llevan a emprender acciones alineadas con ellos: salimos con paraguas, llevamos piloto, nos ponemos una campera, o incluso guantes y bufanda, llevamos los lentes de sol, no salimos de casa u organizamos un paseo…
   ¿Qué acciones crees que te llevarán a emprender el pronóstico que tienes de tu próxima semana?
   Recuerda, no respondas cuáles serían las mejores acciones que deberías tomar o aquellas que desearías emprender, sino aquellas que crees que tomarás dado el pronóstico que estás escuchándote anunciar.
4. ¿Cuáles imaginas que serán los resultados que vas a obtener con estas acciones?

5. Obsérvalos; ¿te sientes satisfecho con ellos? ¿Hay algo que te gustaría que fuera diferente?

Los pronósticos no son en sí mismos ni buenos ni malos, pero sí pueden ser más o menos funcionales para los objetivos que deseemos alcanzar.

Nosotros somos quienes creamos nuestro pronóstico y la mayoría de las veces no somos conscientes de ello ni de su influencia en nuestras acciones y en los resultados que obtenemos.

La calidad de nuestros pronósticos determina la calidad de nuestras vidas.

¿Cuál es la imagen que guía tu día?

El observador apreciativo

—Como el país era tan verde y hermoso debía llamarlo Ciudad Esmeralda, y para que el nombre fuera apropiado puse a la gente gafas verdes, para que todo lo que vieran fuera verde.

—Entonces, ¿no es todo verde? —preguntó Dorothy.

—No lo es más que cualquier otra ciudad —contestó Oz—, pero si uno lleva gafas verdes todo lo que ve parece verde.

—La Ciudad Esmeralda fue construida hace muchos años, pues yo era muy joven cuando el globo me trajo a este sitio y ahora soy muy viejo. Pero la gente de mi pueblo ha estado usando gafas verdes durante tanto tiempo que la mayoría piensa que es de veras una ciudad esmeralda.

El mago de Oz
Frank Baum

Cuando hice mi carrera como coach en el Instituto de Capacitación Profesional de Buenos Aires, escuché hablar por primera vez de la teoría del observador.

La ontología del lenguaje es una de las bases de la carrera y sus postulados y principios están atravesados por esta teoría. Sostiene que los resultados que obtenemos en nuestra vida dependen de nuestras acciones y que lo que nos lleva a tomar un tipo u otro de acciones es el observador particular que cada uno de nosotros es.

Decir que el mundo depende "del color del cristal con que se mire" no es una novedad, pero en nuestro hacer diario solemos creer que las cosas son tal y como las vemos, y nos olvidamos de los filtros por los que todos las pasamos. Nuestra biología y nuestra particular manera de ser influyen en la manera en que percibimos las cosas; también filtros culturales y entornos que despiertan, o no, características de nuestra estructura biológica.

El solo cambio de nuestras acciones en muchos casos no nos lleva a obtener resultados diferentes. Si nuestra particular manera de observar no cambia, las nuevas acciones seguirán siendo producto de nuestro habitual encuadre de la realidad. Podrán parecernos diferentes, pero responden a lo mismo. Repetimos trabajos, parejas, estudio, maneras de vestirnos, colores, comidas y un sinfín de cosas que nos ocurren a diario son producto de lo que hacemos y no hacemos dado el observador que somos.

La teoría propone que, si queremos una realidad diferente, modifiquemos el observador que somos para que desde este nuevo cristal seamos capaces de tomar acciones disruptivas que manifiesten cambios fuera de lo habitual y conocido. Por lo tanto, la propuesta de la teoría del observador es desarrollar nuestra capacidad de observar el tipo de observador que somos.

La propuesta del modelo ACOM –recuerden: Apreciatividad con nosotros, con los Otros y con el Mundo– y su desarrollo de las habilidades apreciativas es intervenir sostenida y específicamente en este observador para poder modificar el color desde el cual mira la realidad y hace sus proyecciones.

OBSERVADOR POSITIVO = IMAGEN POSITIVA = ACCIÓN POSITIVA

El observador apreciativo es alguien capaz de ver y rescatar lo valioso y preciado de las personas, los sucesos y las cosas, y elige deliberadamente focalizarse en lo mejor. Es un observador que logra, a partir de su particular manera de percibir la realidad, despertar en él mismo estados emocionales positivos que lo llevarán a construir, con los recursos que además es capaz de encontrar en el presente, pronósticos realistas prometedores y optimistas. Estos pronósticos son los atractores que definirán sus acciones.

Si nuestros anteojos son siempre verdes solo seremos capaces de ver y proyectar una realidad "verde", como los habitantes de Ciudad Esmeralda. Esforzarnos para transformarnos en un observador apreciativo es incorporar nuevas maneras de ver y proyectar la realidad que pueden aportar bienestar a nuestra vida.

Diálogo interno

La imagen guía del futuro existe en nuestro diálogo interno. Ella navega en nuestros diálogos y es allí donde podemos observarla.

En mi opinión, pasamos gran parte de nuestro tiempo en ambientes y contextos con un alto grado de diálogos negativos o disfuncionales para la creación de futuros saludables.

Nuestros diálogos internos se asoman en los diálogos externos y nos modelan no solo a nosotros, sino a quienes nos rodean y a la realidad. Somos constructores de nuestros diálogos internos y co-constructores de los diálogos internos de las organizaciones, países y empresas a las que pertenecemos.

Estos diálogos internos que todos poseemos salen a la luz a través de nuestro comportamiento y nuestra manera de hablar en y con el mundo. Con ellos influimos en nuestro entorno, del mismo modo que el entorno influye en ellos. Nuestras comunidades se construyen con ellos, como también lo harán nuestros hijos y personas cercanas.

En una época seleccionaba frases a mi criterio inspiradoras, las imprimía con colores bonitos y las pegaba con imanes en la puerta de la nevera. Elegí ese lugar porque era al que acudíamos varias veces al día en busca de algo para beber o comer, lo que hacía que las viéramos con asiduidad.

Las frases comenzaron a llamar la atención de quienes venían a la casa y entonces comencé a decir que estaban allí para ser *robadas*. Decía que al que la frase le gustara que la tomara y la llevara a la puerta de su nevera. Las heladeras de mis amigos comenzaron a tener frases y en la mía iban siendo reemplazadas a medida que iban siendo *robadas* por ellos.

A los amigos de mis hijos que tenían unos 11 y 13 años en ese entonces, también les llamaban la atención. Recuerdo una vez que uno de ellos preguntó para qué estaban allí, y Ezequiel, mi hijo mayor, le respondió de modo algo displicente:

—Son cosas raras de mi mamá.

Ante tal comentario, creí que mis hijos no les prestaban atención a estos carteles y mucho menos que los leían. Para mi sorpresa, una tarde en que Ezequiel regresó del cine le pregunté de qué trataba la película. Él no encontraba palabras para describirme el núcleo de su contenido, y al final me dijo:

—No sé explicar de qué se trataba, pero era algo muy parecido a los mensajes que tú pones en la nevera.

¡Los leía! La respuesta de aquel día a su amigo había sido más una pose propia de la edad que una indiferencia real a los mensajes de la nevera. El mensaje, aunque muchas veces sin saber cuándo ni cómo, había llegado.

Lo que decimos ya sea con actos, palabras o carteles es visto, imitado o *robado* por otros consciente o inconscientemente e insinúa y sugiere maneras de ser. Pocas veces nos damos cuenta de la gran responsabilidad que esto significa. No solo construimos diálogos internos que pueden ser funcionales o disfuncionales para nosotros mismos, sino que esos mismos diálogos internos son además co-constructores de los diálogos internos funcionales o disfuncionales de nuestros seres significativos.

La funcionalidad o disfuncionalidad depende siempre de un objetivo específico.

Según Timothy Gallwey, reconocido coach y creador del método The Inner Game,[10] un diálogo disfuncional para un jugador de tenis cuyo objetivo es ganar el partido y el campeonato podría desarrollarse del siguiente modo:

1. La mente comienza juzgando un hecho aislado: "Qué pésimo servicio".
2. Luego juzga un grupo de hechos: "Qué mal estoy sirviendo hoy", "Mi servicio es una porquería".
3. Después se identifica con ese grupo: "Soy un pésimo jugador de tenis".
4. Y finalmente se juzga a sí mismo: "No sirvo para nada".

Este tipo de diálogo consigo mismo lleva al jugador a construir imágenes de futuro desalentadoras respecto de sus posibilidades de ganar el partido. Lo enfoca cada vez más en lo que está haciendo mal y lo terrible que están las cosas.

Una mente hipercrítica va creando en la persona una identidad basada en opiniones negativas que anulan y esconden sus potenciales y llega a creer que esto es inamovible en tanto no pueda ser capaz de romper con esa ilusión.

"El Departamento de Ciencias para el Deporte de la Asociación de tenis de USA confirmó que demasiadas ins-

---

10. Gallwey, T.:, *El juego interior del tenis*. Editorial Sirio, Barcelona, 2006.

trucciones verbales, provenientes del exterior o del interior de la persona, interfieren en la capacidad de ejecución de los golpes."[11]

El diálogo interno va creando circuitos y esquemas que se refuerzan a sí mismos y se transforman en patrones difíciles de borrar. Existen numerosos estudios que muestran cómo la cantidad de afirmaciones positivas o negativas que se encuentran en los diálogos internos influyen en los resultados y el bienestar de las organizaciones, las parejas y las personas, para bien o para mal.

Recuerdo una vez que en una capacitación con Timothy Gallwey, él preguntó a la sala quiénes creían que eran malos jugadores de tenis. Muchos levantamos la mano y él seleccionó del público a una mujer para hacer una experiencia en el salón contiguo donde habían montado una red e improvisado una cancha de tenis.

Todos nos instalamos atentos alrededor de la improvisada cancha. Timothy y la mujer estaban listos para la experiencia, uno a cada lado de la red. Timothy le pidió a la mujer que intentara pegarles a todas las pelotas que él le arrojaría. La sala estaba llena y todos mirábamos el espectáculo. A pesar de las indicaciones, pocas fueron las pelotas a las que la mujer pudo pegar. Luego Timothy le dio instrucciones de cómo tomar la raqueta y la mejor posición para el juego y volvió a indicarle que les pegara a las pelotas que él le arrojara. Nuevamente erraba en sus intentos. Le preguntó qué conversaciones tenía en su mente. Dijo que ella no sabía jugar al tenis y que difícilmente podría pegarle a la pelota en todos los tiros y además la gente estaba mirando su desempeño y eso la ponía muy tensa.

Timothy le hizo una propuesta. Le pidió que fijara la vista en la pelota a medida que esta se acercaba a ella y dejara que su brazo respondiera. Ella debía solo ocuparse de mirar

---

11. *Ibidem.*

la pelota y observar sus movimientos y recorrido hasta dejar que el golpe ocurriera por sí mismo. Acertó algunos tiros y otros no. Luego le dio instrucciones más precisas: que mirara la costura de la pelota a medida que se acercaba a ella, que observara cada detalle y movimiento. Para el asombro de todos comenzó a pegarle a la pelota en todos los tiros.

Esta técnica de mantener la mente concentrada en el aquí y ahora, hizo callar al "yo número 1" de la mujer, esa voz interior crítica y controladora, dejando que su "yo número 2", que es quien golpea la pelota, hiciera su trabajo sin interferencias.

"... mientras se intenta aprender a jugar al tenis, uno mantiene una continua conversación consigo mismo. Una parte de este monólogo interior está basada en el miedo y la duda de sí mismo, y ayuda a crear un entorno poco propicio para el buen desempeño del jugador."[12]

Tendemos a creer que siempre se nos caerá la tostada del lado de la mantequilla. Cuando estamos sumergidos en un diálogo circular disfuncional lo mejor es abandonar la escena del crimen. Una manera efectiva de lograrlo es hacerle *trampa* a nuestra mente y encomendarle una tarea que la distraiga. Si intentamos hacerlo racionalmente, es decir, tratando de evitar diálogos perturbadores, probablemente ocurrirá el efecto contrario. La mente pone en primer plano aquello que queremos evitar, y casi como una profecía autocumplida nos lleva hasta allí. Como si yo ahora mismo te pidiera por favor, querido lector, que no pienses en una manzana, no quiero que pienses en una manzana, intenta por todos los medios no pensar en una manzana... Complejo, ¿verdad?

Cuanto más quiero alejarme de pensamientos perturbadores más se harán presentes en mi mente. No podemos desconectar lo que estamos pensando, pero sí podemos conectar con algo nuevo. La propuesta de Timothy Gallwey es

---

12. *Ibidem.*

encomendar una tarea a nuestra mente que requiera atención para cortar el círculo vicioso de la negatividad que se interpone en la manifestación y flujo de nuestros talentos y fortalezas.

Cuando en los diálogos una persona o una organización se dicen a sí mismas que no son buenas para algo y construyen a partir de estos diálogos proyecciones de catástrofe y calamidad, terminan interpretando este papel e incluso mostrándose mucho peores de lo que en realidad son.

Creo que si miras el cielo acabarás por tener alas.

Gustave Flaubert

Un cierre que abre: imagen positiva = acción positiva

Llegó el momento del juego de preguntas.

Como ya te he dicho, no hay respuestas correctas a estas preguntas, la que vale es la que te sirva a ti para capitalizar aún más los conocimientos de cada capítulo. Ahora repitamos el ritual que ya has venido haciendo en capítulos anteriores:

- Detén tu marcha por un instante.
- Toma conciencia de tu respiración con dos inspiraciones y exhalaciones.
- Captura el momento presente haciendo un "vuelo de pájaro" atento sobre el lugar donde te encuentras.
- Ve por un instante a tu interior y registra cómo te sientes en este momento. No juzgues tus sentimientos y emociones, solo obsérvalos.

¡Ahora estás nuevamente listo para comenzar nuestro juego de preguntas!

- Piensa en tus logros y elige aquel que recuerdes más claramente que una firme creencia fue el atractor que te llevó a concretarlo.

  _____

- Menciona al menos dos expresiones o frases poderosas que escuchabas decirte más recurrentemente a ti mismo en aquel momento.

  1. _____
  2. _____

- Recorre mentalmente tu vestuario, no solo el de hoy sino las diferentes prendas que has tenido a lo largo de tu vida. ¿Cuál de ellas te conecta con momentos de grandes sueños que pudiste ver concretados?

  _____

- Piensa en dos atributos de esta prenda que invitan a construir sueños positivos, ¿cuáles son y por qué inspiran?

  _____

  _____

  _____

- Menciona dos aprendizajes o aportes que te haya dejado este capítulo.

  _____

CAPÍTULO 5

INTELIGENCIA APRECIATIVA

Miguel Ángel sostenía que a él lo guiaba una cualidad llamada intelletto, *es decir, inteligencia. Y esta no era solo del tipo meramente racional, sino una inteligencia visionaria, un ver profundo del modelo que subyace a las apariencias. El artista descubre algo todavía no nacido, visto ni oído, excepto por el ojo y el oído interiores. No elimina o agrega solamente superficies a algún objeto externo; elimina y/o agrega superficies del Yo, revelando su naturaleza interior.*

Stephen Nachmanovitch

Otra mirada

Corría el año 1936 y Alejandro Campos Ramírez, nacido en Orense, España, había sido herido durante un bombardeo en Madrid. Mientras estaba en un hospital vio a muchos militares republicanos mutilados por los efectos de la Guerra Civil. La mayoría eran grandes amantes del fútbol pero que se veían imposibilitados de volver a practicar casi ningún deporte.

Alejandro observó que, a pesar de su crítica situación, muchos de estos hombres, como él, mantenían intacta su pasión por el fútbol.

Cambió el foco de su percepción. Dejó a un lado lo que hacía imposible el juego y buscó ver el potencial positivo contenido aún en el presente. Pudo ver que además de mantener la pasión muchos todavía conservaban y podían mover sus manos.

A pesar del panorama poco alentador, en mitad de una guerra civil devastadora, encontró el modo de desafiar las limitaciones y darse el gusto de jugar: inventó el fútbol de mesa.

Desde 1968 Spencer Silver trabajaba como científico de 3M. Investigaba junto con su equipo la manera de mejorar los adhesivos de acrilato. En 1977, lejos de dar con el nuevo adhesivo potente que buscaba, se encontró con uno que apenas si pegaba, que formaba pequeñas esferas pegajosas y al que nunca le pudo ver ninguna utilidad.

Un colega suyo, Arthur Fry, que había asistido a uno de los seminarios de Silver, se fijó que el extraño adhesivo no se adhería con demasiada fuerza. Un día, ya furioso de que el papel que usaba para separar las páginas de los himnos del día en sus servicios religiosos de una iglesia de St. Paul se cayera constantemente, se le ocurrió usar el adhesivo de Silver. De esa manera, en 1977, el ingeniero de 3M había inventado los famosos Post-it.

Dicen que en los pasillos de 3M hoy puede leerse en un Post-it la frase: "Si no estás cometiendo errores, es probable que no estés haciendo nada".

Silver descubrió el adhesivo, pero hizo falta la habilidad de Arthur Fry para que este pegamento se convirtiera en un gran invento. Él pudo ver cómo un recurso del presente podía transformar de manera positiva el futuro y tomó las acciones necesarias para concretarlo. Hoy Post-it Notes es reconocida como una de las grandes marcas del mercado y la palabra castellanizada de la marca, pósit, está presente en el *Diccionario de la Lengua Española*, de la RAE.

Levi Strauss no se dejó obnubilar por la fiebre del oro. Mientras muchos se dedicaban a la búsqueda frenética del preciado metal con la ilusión de hacerse ricos, él fue capaz de ver donde otros no veían. Levi Strauss había nacido y se había criado en Baviera. En 1847 emigró a Nueva York junto con su madre y dos hermanas, y en 1853 se trasladó a San Francisco para continuar con el negocio familiar de mercería. En 1872, uno de sus clientes, Jacob Davis, que fabricaba pantalones para los mineros, le plantea a Levi el inconveniente de que los bolsillos se descosían fácilmente producto del trabajo duro en las minas. Fruto de ese comentario, Levi Strauss observó la tela de las tiendas de campaña, un tejido de sarga muy resistente y de color azul, que se hizo conocido como denim, literalmente "de Nimes", Francia, e imaginó con ella pantalones más duraderos para los mineros. Levi empezó a utilizar esa tela para sus pantalones y en los bolsillos utilizó remaches metálicos, para solucionar el problema planteado por Davis. Su nombre se convirtió en marca y ha sido la prenda de vestir más fabricada de todos los tiempos. Levi Strauss fue capaz de adecuar la tela de las tiendas de campaña e imaginar con ellas el mejor pantalón para los mineros y para el resto del mundo. Pudo encontrar entretejido en el presente un futuro exitoso.

La mayoría de las veces que el periodista Ladislao Biró iba a hacer una nota, tenía que pedir prestada una pluma estilográfica porque la tinta de la suya estaba seca. Esto lo enojaba y comenzó a buscar una manera de solucionar este problema. Junto a su hermano Georg inventó una tinta que facilitaba la escritura pero que tenía el inconveniente de trabarse al escribir con pluma, por ser demasiado espesa.

Un día se preguntó: ¿y si en vez de utilizar una pluma metálica le pongo una bolita en la punta? Podría suceder que la tinta no estuviese siempre en contacto con el aire: la presión de la tinta empujaría la bolita cerrándole el paso, pero este se abriría y dejaría pasar un pequeño hilo cuando rodara sobre el papel. El problema sería fabricar esferas de un tamaño suficientemente pequeño.

Los años siguientes se enfrentó con problemas acerca de la viscosidad de la tinta y el proyecto se demoró. Los inversores le fueron retirando el apoyo financiero. A pesar de todo, su perseverancia y convicción lograron que sus colaboradores continuaran fieles y pudo patentar en 1938 un modelo rudimentario en Hungría y Francia, y el 10 de junio de 1943 patentó la Birome en Argentina (acrónimo formado por las sílabas iniciales de Biró y Meyne, su socio en ese país). En 1943, Ladislao Biró vendió la patente norteamericana a Eversharp-Faber por dos millones de dólares y, en 1951 en Europa, a Marcel Bich (fabricante de los bolígrafos Bic).

Mientras el mundo lidiaba con las manchas y los inconvenientes de las estilográficas del momento, Biró pudo imaginar un nuevo bolígrafo más efectivo y se comprometió con la creación de una realidad diferente. Sorteó los obstáculos que se presentaron en su camino y perseveró en sus acciones. Creó un producto **único en el mundo y que rentabilizó millones de dólares a sus fabricantes.** En una entrevista, poco tiempo antes de fallecer, Biró afirmó: "Mi invento dejó treinta y seis millones de dólares en el tesoro argentino, dinero que el país ganó vendiendo productos, no de la tierra, sino del cerebro".[1]

Ladislao Biró tenía razón: su cerebro, como el de Levi Strauss, Arthur Fry y Alejandro Campos Ramírez, entre muchos otros, era el responsable de estos innovadores inventos y de sus millonarias ganancias.

¿Qué tenían en común estas personas? La capacidad de ver el roble en la bellota. Una **meta inteligencia** que les permitió ver ya entretejido en el presente el futuro que ellos soñaban. Fueron capaces de encontrar y aprovechar el potencial y las oportunidades imperceptibles para otros y, además, diseñaron y llevaron adelante un plan de acción para alcanzar su meta. Tenían Inteligencia Apreciativa.

¿Qué es la Inteligencia Apreciativa?

Cuando fui conociendo las diferentes perspectivas, estudios y definiciones sobre la Inteligencia Apreciativa reparé en

---

1. Fuente: Wikipedia.

que muchas de las cosas que había obtenido en mi vida habían sido gracias a ella y a sus cualidades.

Mi propio acercamiento al estudio de la Inteligencia Apreciativa es también un ejemplo de ello. Algo de lo que no me había dado cuenta en el momento pero que, visto en perspectiva, muestra claramente cada uno de los componentes de la Inteligencia Apreciativa y sus cuatro cualidades.

Me encontraba una mañana en casa de Diana Levinton, una de mis grandes maestras y amigas. Conversábamos en su escritorio y ella tenía sobre la mesa un libro del que hacía tiempo me venía hablando: *Apreciative Intelligence*, de Tojo Thatchenkery y Carol Metzker.[2] Siempre me lo había mencionado aunque era la primera vez que yo lo veía. Estaba escrito en inglés y ella sabía que yo no dominaba el idioma como para entender literalmente lo que los autores transmitían en él. Mi amiga me sugirió:

—Tienes que ponerte las pilas y practicar tu inglés; así lo lees.

No sé de dónde me vinieron las palabras que le respondí.

—Tal vez, mientras aprendo, podemos hacer algo más: ¿qué te parece si todos los sábados nos juntamos a desayunar y lo leemos juntas?

Diana me miró y creo que respondió también sin saber dónde se estaba metiendo, puesto que yo soy muy terca.

—Bueno, ¡es una linda idea!

El sábado siguiente ya estábamos sentadas en la cafetería de la esquina de su casa. Ella llevaba el libro y a Zoilo, su adorado perro. Yo llevaba mi cuaderno de notas. Pedíamos el desayuno y nos poníamos a trabajar. Diana iba traduciendo el texto mientras yo seguía sus explicaciones y las transcribía casi literalmente a mi cuaderno. Cada tan-

---

2. Thatchenkery, T. y Metzker, C.: *Appreciative Intelligence.* Berrett-Koehler Publishers, San Francisco, 2006

to nos deteníamos a debatir lo que íbamos encontrando, no tanto cuestiones lingüísticas (aunque también), sino de fondo, de contenido. Nos quedábamos hasta el mediodía y el tiempo siempre nos parecía corto. Trabajábamos mucho, pero disfrutábamos la experiencia y nos enriquecíamos mutuamente. Yo era una mujer entusiasta y me encontraba en un momento de mi vida de plena transformación; Diana, una gran maestra ávida de seguir aprendiendo, de mostrar su enfoque, de profundizar en el estudio de Thatchenkery y Metzker a través de los ojos de una neófita. ¡Hacíamos un buen equipo!

Llevábamos ya varios meses de trabajo y en uno de nuestros encuentros conversamos sobre la posibilidad de dar un taller sobre el tema por primera vez en Argentina. Pasamos del verano al otoño, del otoño al invierno y luego llegó la primavera. Pasamos de las mesas del café de afuera a las de adentro, del jugo de naranja con hielo al café bien caliente. Llegó finalmente el día en que terminamos de traducirlo. Y, como un proceso natural, aquello fue el comienzo de un nuevo viaje: diseñar y concretar el primer taller de Inteligencia Apreciativa de nuestro país.

Armamos un esquema de trabajo y nos pusimos manos a la obra. Buscamos nuestros propios personajes e historias más conocidas, adecuando los contenidos a nuestra cultura. Diseñamos ejercicios y prácticas para cada cualidad y componente. Buscamos materiales como videos, libros y películas que nos ayudaran a transmitir a los participantes estos nuevos saberes. Nos rodeamos de otras amigas que nos permitieran ofrecer el taller con las máximas garantías de éxito, sabedoras de que la temática no podía pasar inadvertida.

Cuando reunimos todo el material y contenidos del taller, decidimos escribirle un mail a uno de sus autores, Tojo Thatchenkery. Diana tenía su correo porque unos años atrás ellos se habían conocido a través de una amiga en común. Sentimos que él tenía que conocer lo que habíamos construido con su libro y nuestra intención de dar un taller sobre el tema. Respetábamos mucho su trabajo y esperábamos haberlo enriquecido con nuestros aportes, pero no queríamos que de ningún modo ellos afectaran su esencia. Tojo se encontraba en Washington y difícilmente se habría enterado de lo que estaba ocurriendo en el otro extremo del mundo, en Buenos Aires, pero nos parecía necesario transmitírselo.

Diana le escribió un mail contándole nuestro proyecto y, a decir verdad, yo dudaba de que Tojo nos respondiera. Imaginaba que él recibía innumerables correos de lectores y tendría muchas ocupaciones como para detenerse a respondernos.

Para mi sorpresa, unos días después recibimos su mail. Tojo nos manifestaba su grata sorpresa con nuestro trabajo. Afirmó no haber conocido nunca antes a nadie que le hubiera puesto tanto tiempo y pasión a su libro. Y además, aseguró que sería la primera vez en el mundo en ofrecerse un taller de Inteligencia Apreciativa en español. Ya pueden imaginar la conmoción que nos provocaron sus amables palabras.

Personalmente, no podía creer que hubiera respondido y mucho menos que se mostrara tan contento y agradecido. Pronto le mandamos todo el material del taller y el *flyer* con la publicación del evento. Y unos días después, apenas recuperada de la sorpresa, casi me desmayo al recibir su segundo mail. Tojo nos había enviado un video filmado por su propia hija, en su oficina, dirigido a las personas que participarían en el taller. En él, Tojo nos reconocía por el profesionalismo y calidad de nuestro trabajo y manifestaba su apoyo al proyecto. Miraba el video una y otra vez y no podía dar crédito a lo que veía. ¡El mismo Tojo Thatchenkery era quien respaldaba nuestro trabajo! Me sentí orgullosa y al mismo tiempo responsable de transmitir mis conocimientos sobre la materia con la rigurosidad, el afecto y el respeto que merecían el tema y sus autores.

Así que el 21 de noviembre de 2009, en Buenos Aires, Argentina, se inició por primera vez en el mundo un taller de Inteligencia Apreciativa en español. Asistieron aproximadamente 50 personas y fue un gran éxito. Al cierre del taller despedimos a cada participante con una maceta, una bolsita de tierra fértil y una semilla de dama de noche, una enredadera de bonitas flores. Esperábamos que recordaran la metáfora de la Inteligencia Apreciativa: la capacidad de ver ya en la semilla a la floreciente planta.

En palabras de Tojo Thatchenkery, las personas con Inteligencia Apreciativa son capaces de ver "el roble en la bellota".

Pero, ¿qué es la inteligencia?

La palabra inteligencia deriva del latín *intellegere*: *intus* (entre) y *legere* (escoger). Inteligencia es entonces la capacidad de saber escoger. La inteligencia permite a las personas elegir las mejores opciones para resolver una cuestión.

El reconocido psicólogo e investigador Howard Gardner[3] define la inteligencia como "la capacidad de resolver problemas o elaborar productos que sean valiosos en una o más culturas". Y al mismo tiempo cuestiona las visiones tradicionales de la inteligencia según las cuales se trata de una habilidad simple presente en todos los seres humanos.

Él propone ver la inteligencia como un conjunto de inteligencias múltiples distintas y semiindependientes y postula en principio diez tipos de inteligencias presentes en todas las personas en diferente grado: lingüística, kinesté-

---

3. Gardner, H.: *Inteligencias múltiples. La teoría en la práctica.* Editorial Paidós Ibérica, Barcelona, 2011.

sica, espacial, musical, lógico-matemática, emocional, naturalista, interpersonal, espiritual y social.

Según Gardner, los individuos tenemos alguna o algunas de estas inteligencias más desarrolladas que otras, y es lo que comúnmente reconocemos en las personas como sus talentos y fortalezas. Lionel Messi no es más o menos inteligente que Pablo Picasso, o Stephen Hawking más que Steve Jobs. Ser exitoso en la ciencia o en los deportes requiere de inteligencia, pero en cada campo se utiliza un tipo distinto. Estos personajes se diferencian en la intensidad de esas inteligencias y en las formas en que recurren a ellas para afrontar los problemas y la vida en general.

Este autor considera que hay un tipo de metainteligencia que puede unir todas las inteligencias y movilizarlas con fines constructivos. Así es justamente como David Cooperrider define la Inteligencia Apreciativa, como a un tipo de inteligencia que no solo puede unirse a otras sino elevarlas y ampliarlas. Hay muchísimas personas a las que les reconoceríamos sus talentos pero que cuando observamos sus vidas no los encontramos manifestados en todo su esplendor. Personas que tocan maravillosamente bien un instrumento o que escriben textos magníficos que solo muestran a unos pocos. Científicos, médicos, profesores, cocineros, vendedores, artistas, oradores... con un enorme potencial que no han podido capitalizar para construir con él una vida con sentido y al mismo tiempo obtener logros profesionales y personales.

Estas personas claramente tienen gran talento para la música, la literatura o las ventas, pero lo más probable es que su Inteligencia Apreciativa, la que puede hacer elevar y desarrollar estas inteligencias, se encuentre por debajo de su nivel funcional. Es posible que la vida les haya presentado oportunidades que no han sabido reconocer; quizá no se han repuesto de un traspié y lo han vivido como un rotundo fracaso; tal vez una baja tolerancia a la incertidumbre puede haberlos llevado a tomar decisiones apresuradas, o simplemente una limitada autoconfianza en sí mismos redujo su perseverancia y abandonaron antes de tiempo.

Las posibilidades para explicar dicha situación son muchas y variadas. Si estas son algunas –suelen ser más de una, difícilmente se presentan solas– de las razones por las cuales tú crees que tu talento o habilidad no ha salido a la luz con todo su potencial y pujanza, entonces es buen momento de ponerse a trabajar para desarrollar tu Inteligencia Apreciativa.

Como también ocurre con otras habilidades, hay quienes desarrollan su Inteligencia Apreciativa con la práctica de manera inconsciente y quienes lo hacen de forma consciente e intencional.

Leyendo este capítulo seguramente te verás más reflejado en una de las dos posiciones anteriores, pero sea cual fuere el lugar en el cual te ubiques, la posibilidad de trabajar y desarrollar tu Inteligencia Apreciativa está allí presente. Siempre se puede tomar conciencia de ella y empezar a ampliarla intencionalmente, queriendo, a voluntad. Los talentos, las soluciones innovadoras y los productos nuevos abundan pero necesitan de la luz de una Inteligencia Apreciativa para germinar y florecer.

Imagina qué pasaría si pudieras, permanentemente, ver más allá de lo obvio, de lo evidente…, si pudieras ver el roble en la bellota. **¿Qué beneficios traería esto a tu vida?**

La Inteligencia Apreciativa es ver y notar todo lo que es digno de ser valorado. Apreciar lo positivo de hoy y conectarlo con la meta deseada. Es ver el futuro ideal entretejido en la textura de la realidad presente.

Es la habilidad de percibir el potencial generativo contenido en el ahora. "Es *ver* un producto, talento o solución que está latente en el momento actual, que aún no se ha manifestado, y *actuar* intencionalmente para transformar el potencial en resultados".[4]

---

4. Thatchenkery, T. y Metzker, C.: *op. cit.*

De acuerdo con Thatchenkery y Metzker, es realizar las acciones necesarias de tal modo que los resultados deseados puedan desplegarse a partir de los aspectos generativos de la situación presente.

La Inteligencia Apreciativa y el daiquiri

Cuando se llega a La Habana, tomar un daiquiri en El Floridita es casi obligado. No solo porque dicen que allí se toma el mejor del mundo, sino porque el mismísimo Ernest Hemingway iba allí por las tardes a degustarlo cuando vivía en La Habana. Se respira la esencia de Cuba, pero también de la literatura, de la vida. El daiquiri de El Floridita es como asomarse un poquito a la posteridad.

Cuando visité esta bonita ciudad me di el gusto de tomarme un daiquiri con mi amiga Cristina Zumpno y Ernest Hemingway –en su versión de bronce– en el rincón preferido por el escritor. Mientras degustaba la copa en ese lugar mágico, conocí por primera vez la receta y su historia.

Fue un norteamericano llamado Jennings Cox quien creó esta bebida allá por el año 1890. Jennings trabajaba en las minas de hierro en las cercanías de Santiago de Cuba y, según cuentan, ante la falta de ginebra, empezó a mezclar diferentes ingredientes hasta que llegó a la combinación ideal de ron, jugo de limón y azúcar. Fue su colega, el italiano Giacomo Pagliuchi, quien lo llamó "daiquiri", en honor a las minas donde trabajaba Cox. Los dos, tal vez empujados por una extremada exaltación etílica, llevaron la receta de su brebaje al bar Americano, donde se hizo popular y pasó rápidamente a La Habana. Allí llega a oídos de Constantino Ribalaigua, entonces propietario de El Floridita, quien le agrega algunas nuevas combinaciones y crea el famoso Daiquiri Frappé. Si bien se cree que hay más de veinte fórmulas distintas para preparar esta bebida, la receta del daiquiri clásico es: 60/70 cl de ron blanco, zumo de medio o un limón y azúcar al gusto. El punto de encuentro entre el daiquiri y la Inteligencia Apreciativa es precisamente esa fuerza combinada de sus tres componentes. Si quitamos uno de ellos o lo cambiamos, obtendremos otra cosa pero no daiquiri.

Lo mismo ocurre con la Inteligencia Apreciativa. Según Thatchenkery y Metzker, ella tiene tres componentes que deben estar presentes para que exista este tipo de inteligencia:

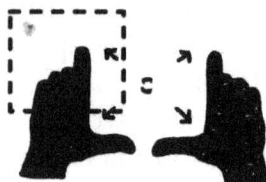

REENCUADRE

APRECIATIVIDAD

**VER CÓMO EL FUTURO SE DESPLIEGA
A PARTIR DEL PRESENTE**

La Inteligencia Apreciativa no puede sostenerse si falta alguna de sus tres patas. Al igual que si al daiquiri le quitamos uno de sus componentes, tendremos otra cosa: limonada, ron con azúcar, o ron con un toque de limón.

Primer componente: reencuadre

El encuadre es el proceso mediante el cual colocamos una persona, objeto o suceso en un determinado contexto o marco de referencia. Es lo que le da forma al cristal a través del cual observamos la realidad y el que nos provee los datos que guían nuestra toma de decisiones y nuestras inferencias. El encuadre es inherente a la percepción e involucra procesos de inclusión-exclusión y énfasis en diferentes aspectos de la realidad.

Hace años me ocurrió algo que creo que ilustra a la perfección este proceso. Cada vez que lo recuerdo no puedo dejar de reírme y sorprenderme.

Un mediodía resplandeciente de sol me dirigía hacia las oficinas de un cliente a entregar las facturas de un trabajo que habíamos realizado. Estacioné mi auto en la cuadra siguiente y caminé hasta el destino. Era importante que yo entregara el sobre porque los días para el pago comenzaban a correr a partir de la presentación de la documentación. Al llegar me encontré con la oficina de proveedores cerrada. Eran casi las 13 horas y no volvían a abrir hasta las 14:30. Leía el cartel y no podía creer que me estuviera sucediendo aquello. ¡Venía de muy lejos y tenía el tiempo justo para llegar a una reunión con un colega al otro lado de la ciudad! Deshice de nuevo el camino hasta mi automóvil pensando en cómo podía solucionar el problema. Era viernes y por otras cuestiones que no vienen al caso no podía regresar hasta el martes. Necesitaba entregar esas facturas aquel día, de lo contrario era un grave problema.

Pagué mi ticket en el estacionamiento y un joven del lugar me alcanzó el auto. Mi mente estaba totalmente enfocada en la factura. Acomodé el asiento, puesto que lo noté corrido y cambié el dial de la radio, también diferente del que yo usaba en aquellos tiempos. Me dije para mis adentros, molesta con el mundo, que siempre lo tocaban todo en esos estacionamientos. Manejé hasta el otro lado de la ciudad casi sin reparar en el camino, con mi mente absorta en el problema. Cuando llegué, saturada ya, le conté a mi colega mi gran preocupación. En el aire gravitaba la imposibilidad de concentrarme en cualquier otra cosa, mucho menos en el proyecto que traíamos entre manos. Me propuso volver juntos al lugar a entregar la factura y tener nuestra reunión en un bar cercano que él conocía. Sentí un gran alivio y le agradecí tanta comprensión y disposición. Ambos regresamos en el auto hasta el lugar tras casi 40 minutos de manejo. Al llegar opté por dejarlo en un estacionamiento que quedaba una cuadra antes del que había estacionado la primera vez. Mi colega se fue al bar a esperarme y yo fui a entregar mi factura.

Diez minutos más tarde estaba de vuelta en el bar con mi compañero de trabajo y me sentía feliz por haber resuelto la situación. Volvía a tener mi cabeza despejada para conectarme en la tarea. Aproximadamente una hora más tarde regresamos juntos al estacionamiento para retirar el auto.

Pagué mi ticket y esperamos que nos alcanzaran el vehículo. Mientras nos entreteníamos conversando de cualquier otra cosa, una vez resueltos los problemas laborales, se nos acerca el encargado del lugar:

—¿Cuál es la patente de su auto?

—658 —le respondo.

—¿Y el color?

—Negro.

El joven se retiró sin decir nada y nos dejó un poco descolocados. Volvió a los pocos minutos.

—Su auto no está acá. ¿Está segura de que es aquí donde estacionó?

—Por supuesto. —Notaba que el enfado acudía de nuevo a impregnar mi mente—. Acabo de pagar mi ticket.

—Pues no lo encontramos.

No entendía lo que estaba pasando. Uno de los empleados confirmó que nos había visto entrar y dejar el auto. Se acercó el encargado y comenzamos a buscar posibles respuestas.

—Deben de haber entregado mi auto a otra persona —dije yo.

—Tal vez alguien se lo robó —respondió el encargado—. Tendré que llamar a la policía.

Mientras esto ocurría uno de los jóvenes se acerca y me dice:

—Hay un auto estacionado aquí de la misma marca y color, pero con otro número de patente que no encuentro entre los registros de entrada. ¿Su auto tiene un golpe en el capó?

—No —le aseguré—. ¡Mi auto no tiene ningún golpe!

Había ya empezado a inquietarme con lo extraño de la situación. ¿Alguien habría robado mi auto o ellos lo entregaron por error a otro cliente?

—Pues aquí hay estacionado un auto muy parecido al suyo. Por favor, venga a verlo.

Me acerqué y claramente vi que no era mi auto. Había un sobre en el asiento de atrás que no era mío, no tenía los controles remotos de mi cochera y otros detalles que no respondían a mi auto.

—No es mi auto —insistí.

—¿Está segura?

—¿Usted cree que soy tonta? —le respondí ya algo alterada—. Conozco mi auto y este claramente no es.

Abrí la guantera y encontré un teléfono celular y la tarjeta del seguro pertenecientes a otra mujer.

—No habrán ustedes entregado… —inicié—. Permítanme que haga una comprobación.

Llamamos a los números que encontramos y logramos ubicar a la dueña del auto. Nos dijo que su marido lo estaba usando ese día, que no sabía nada, pero que le pediría que nos contactara enseguida.

Cuando colgué, el encargado insistía en que eso era difícil que sucediera: la persona se daría cuenta de que le estaban entregando un vehículo que no era el suyo.

El marido se comunicó a los cinco minutos, terriblemente enfadado.

—¿Dónde está mi auto? ¿A dónde lo llevaste?

—Yo no lo llevé a ningún lado. ¿Acaso será usted quien se llevó el mío? —Noté un silencio al otro lado de la línea telefónica. Luego pregunté—: ¿Dónde está?

—En el estacionamiento de Maipú 930. ¿Y tú?

—En el de Maipú 840... Estamos a una cuadra de distancia.

—Voy para allá —me dijo.

Todos salimos a la puerta y vimos a un hombre que se aproximaba con decisión hacia nosotros. Tras él, venía otro con una evidente angustia reflejada en su rostro.

—Perdón, perdón —me dice el hombre angustiado—. Soy el dueño del otro estacionamiento y hoy usted aparcó más temprano y cuando vino a retirar su vehículo le di por error el de este señor. Le pido disculpas. —En su voz daba muestras de un tremendo azoramiento—. No sé cómo pudo haber sucedido... Lo lamento muchísimo.

—¿Así que usted conocía su auto? —preguntó el encargado del otro estacionamiento con cierto tono de sorna.

—Lo que no comprendo —me dijo el dueño del vehículo, ahora ya más calmado— es que mi auto es de cuatro puertas... ¡Y el tuyo, de dos!

No podía creer lo que estaba ocurriendo. ¡Me habían dado en el estacionamiento un auto que no era el mío! Fui capaz de llevármelo y apenas había notado el asiento corrido y el dial de la radio cambiado. Y en mi estado de ofuscación, únicamente fui capaz de pensar que siempre lo tocan todo en estos lugares. Lo manejé durante casi dos horas, lo estacioné en dos lugares diferentes y nunca registré que no era mi auto. Ni tan siquiera reparé en que tenía dos puertas más que el mío. Y aun así, le porfiaba al encargado que yo conocía mi auto.

Esta historia es para mí el claro ejemplo de la diferencia entre los datos y lo que capta la mente, la manera en que ponemos marcos a la realidad. Incluyendo, excluyendo y poniendo énfasis en los distintos aspectos que nos llegan del exterior, modificando a nuestro antojo muy en dependencia con nuestro estado de ánimo.

Cada día, miles, millones de estímulos llegan a nuestra mente y forman datos de lo que ocurre a nuestro alrededor. Nuestros sentidos los reciben como una estimulación fisiológica que nuestra mente interpreta y selecciona, de manera que solo nos alcanzan aquellos que están entre nuestros intereses; excluye a otros y resalta solo algunos.

Al estar preocupada por lo ocurrido, mi mente no se detuvo en los detalles, solo me importaba llegar al encuentro para resolver lo antes posible mi problema. Capté el color –correcto– y noté el asiento corrido, así como el cambio del dial de la radio, y construí rápidamente interpretaciones que me permitían continuar con mi objetivo y que, además, coincidían y reforzaban mi estado de ánimo. Puse énfasis solo en aquello que me ayudaría a alcanzar lo que deseaba: entregar la factura.

A todo lo anterior, por supuesto, y como habrás podido adivinar, es necesario sumar que los autos no son un punto de interés para mí. Armé un marco de realidad que hizo que me llevara un auto que no era el mío y hasta que no pude ampliar dicho marco no fui capaz de ver otro auto. Además, estaba convencida de que mi marco era el correcto.

Me gusta recordar esta historia para no olvidarme de que siempre mi realidad estará encuadrada dentro de un marco. Un marco que construyo con mis estereotipos, mis intenciones, mis expectativas y presunciones, y también mis deseos. Y no olvidar, sobre todo, que este marco determinará mis interpretaciones y futuras acciones, y por consiguiente será el que también determine los resultados que obtendré.

Tomar conciencia de nuestros procesos de encuadre nos permite intencionalmente buscar otros marcos posibles desde donde interpretar la realidad.

Esta habilidad distingue a los individuos con un alto grado de Inteligencia Apreciativa, ya que son capaces de cambiar sus marcos de manera natural, automática, y lo hacen en busca de marcos que les abran nuevas posibilidades. De acuerdo con Thatchenkery y Metzker, estos individuos son capaces de **reencuadrar** la realidad para ver los componentes del paisaje más que distinguir únicamente un paisaje de fondo.

Van cambiando sus enfoques buscando percibir personas, situaciones, productos o ideas que puedan conducirlos a la meta deseada.

Levi Strauss fue capaz de ampliar su marco de percepción y ver que aquella tela tan resistente podía tener un uso más allá de las tiendas de campaña. Alejandro Campos, el creador del fútbol de mesa, pudo ampliar el marco con el que mayoritariamente las personas enmarcamos el fútbol e incluyó las manos, en las que descubrió un potencial generativo. En su mente, sacó el juego del estadio y lo trasladó a una pequeña cancha de mesa.

Las personas con Inteligencia Apreciativa reencuadran a las personas y las situaciones para poder captar todo lo que es digno de ser valorado en ellas. Tienen la habilidad de reencuadrar en vista de un gran futuro.

Biró se enfrentó a numerosos obstáculos hasta lograr fabricar su bolígrafo. Cuando los inversores le retiraron su apoyo por la demora en los tiempos él no se quedó con el marco de fin de un proyecto o un fracaso. Reencuadró la situación y pudo ver que el dinero no era lo único con lo que podía lograr su objetivo. Al ampliar su marco vio que sus trabajadores aún estaban motivados y dispuestos a hacer un esfuerzo extra para ayudarlo a finalizar el proyecto. Reconoció el potencial del presente y, teniendo clara la imagen del bolígrafo que deseaba, pudo dirigir una serie de acciones que lo llevaron al logro.

La vida nos exige que tomemos decisiones y estas dependen, en grado sumo, de cómo encuadramos e interpretamos la realidad. Algunas son pensadas y otras son tan automáticas que no solo no nos damos cuenta de cómo llegamos a encontrarnos en determinadas situaciones sino que creemos que han sido producto de fuerzas extrínsecas ajenas a nosotros o sobre las que sentimos que no teníamos ningún tipo de control.

En muchas ocasiones no estamos alerta a lo que pasa a nuestro alrededor o solo lo percibimos como un escenario de fondo. Perdemos muchas oportunidades que están entre nosotros y la habilidad de reencuadrar –deshacer el encuadre y proporcionar un nuevo marco– que distingue a las personas con Inteligencia Apreciativa permite aumentar las posibilidades de descubrirlas y apreciarlas.

Encuadrar algo en términos de pérdidas o de ganancia, de escasez o de abundancia puede afectar a nuestra disposición a tomar riesgos y, por lo tanto, a nuestras decisiones. El vaso está medio lleno o medio vacío según quien lo mire. La cantidad de agua es la misma, el encuadre es distinto. A mí me gusta incluso un marco diferente para la apreciatividad: el vaso está siempre lleno, 50% de agua y 50% de aire.

En las empresas usamos la metodología de contar historias de éxito y descubrir los talentos y buenas prácticas que las hicieron posibles para luego pedirles a los participantes que imaginen de qué modo este potencial redescubierto puede ser usado en el futuro para alcanzar el objetivo que están buscando. Muchas veces no sabemos que los conocimientos que ya tenemos y nos fueron útiles en otro momento o situación pueden ser aplicados con éxito en otros dominios.

Los diálogos apreciativos utilizan la técnica del reencuadre buscando datos en historias exitosas del pasado y proyectándolas a posibles escenarios futuros. También permiten que las personas amplíen sus marcos al inducirlas a indagar más profundamente en sus relatos para percibir el potencial entramado en la historia y pasar de lo mejor que fue o es, a lo que podría ser.

Segundo componente: apreciar

Sin ningún género de dudas, ayudarte a conseguir que aprecies mejor el entorno que te rodea, querido lector, es el objetivo de este libro, con lo cual la manera de afrontar ese cambio de perspectiva está entreverada a lo largo de las diferentes páginas que lo conforman. Pero en este apartado trataré de establecer algunas distinciones para aclarar ciertos aspectos que suelen confundirse respecto de la apreciatividad.

Los diálogos apreciativos, la Inteligencia Apreciativa y la apreciatividad tienen puntos en común pero no son lo mismo.

Los **diálogos apreciativos** son una metodología. Etimológicamente, metodología viene del griego *methodos* ("método") y *logos* ("estudio de"). A su vez, *methodos* está formado por la raíz *meta* ("más allá") y *hodos* ("camino" o "viaje"). Por lo tanto, metodología es el estudio del conjunto de operaciones y procedimientos racionales y sistemáticos utilizados para llegar a un fin.

Hacer diálogos apreciativos es utilizar diferentes técnicas e instrumentos de indagación apreciativa para llegar a un objetivo.

La **Inteligencia Apreciativa** es una metainteligencia que, en mayor o menor medida, todos tenemos y que puede desarrollarse y aumentarse con la práctica y el aprendizaje conscientes. Permite enaltecer y amplificar las fortalezas y habilidades de los individuos y la concreción de sus objetivos. Considero que se trata de una capacidad que flota por encima de todas, que las sobrevuela, las nutre y las ensalza, las lleva de la mano para que seamos capaces de obtener nuestra máxima expresión. Cualquiera que sea de entre nuestras inteligencias múltiples antes mencionadas la que resalte por encima de las demás, la inteligencia apreciativa es la que nos permitirá destacar, alcanzar aquello que observamos en algunas personas como un toque de genialidad.

Y la **apreciatividad** es la capacidad de ver y rescatar lo valioso y significativo de las personas, los sucesos y las cosas. Es la observación deliberada de lo mejor, lo preciado y sentir una conexión emocional con ello, y es una de las características de los individuos con alta Inteligencia Apreciativa.

A partir de estas tres ramas, podemos construir toda una serie de mecanismos que nos permiten acceder al desarrollo de nuestras potencialidades. Con ellas podemos iluminar nuestro paso por la vida como si de una antorcha se tratase. No conseguiremos con ellas eliminar de un plumazo lo que nos estorba, nos invade o nos impide un mayor desarrollo personal; es un proceso que requiere tiempo y esfuerzo, pero estas tres ramas ayudan a las personas a profundizar en su propia psique y a practicar la apreciatividad con mayor asiduidad.

Tercer componente: ver cómo el futuro se despliega a partir del presente

¿Qué hace que las personas exitosas puedan ver realidades extraordinarias? ¿Cómo logran ellos sus objetivos a pesar de los obstáculos?

A partir de los aspectos generativos de la realidad actual, las personas con un alto grado de Inteligencia Apreciativa prevén finales positivos en proyectos donde otros ni siquiera ven un comienzo. En la Inteligencia Apreciativa, el logro no está solo en reencuadrar y ver el potencial del presente sino en cómo puede utilizarse ese potencial para construir el mejor de los futuros posibles. La acción es una parte muy importante de la Inteligencia Apreciativa.

Para ver cuánto eran capaces las personas de "ver el roble en la bellota" y de conectar el potencial generativo del presente con el futuro se me ocurrió hacer un ejercicio en mis talleres. ¿Cuántas semillas contiene una manzana? ¿Cuántas manzanas contiene una semilla?

Reuníamos a personas en grupos de cuatro y les entregábamos una manzana y un cuchillo. Les preguntábamos quiénes podrían decirnos cuántas semillas contenía su manzana. Podían tomarse su tiempo en escarbarla y usar el cuchillo para hacerlo. No queríamos que lo hicieran, solo que nos dijeran si podían responder a nuestra inquietud. Algunos dudaban porque buscaban dónde estaba la trampa. Pero no había trampa; solo queríamos saber si podían hacerlo. Cuando todos respondían que sí, les pedíamos que cada grupo cortara su manzana y nos dijera exactamente cuántas semillas contenía.

Allí descubrí que las manzanas no tienen siempre la misma cantidad de semillas. Algunos encontraban dos, otros más. Les pedía luego que cada uno de los integrantes del equipo tomara una semilla en sus manos y la observara atentamente por unos instantes, y que luego compartiera con su compañero la experiencia y sus observaciones. ¿Qué vio en la semilla? Algunos encontraban sorprendente el color, otros destacaban el brillo o podían distinguir algunas vetas. La mayoría se refería a lo obvio y pocos eran capaces de ver más allá. Solo unos pocos decían ver en la semilla un manzano con sus frondosas ramas. Si no podemos ver cómo las posibilidades del presente pueden ser encaminadas hacia el futuro no hemos desarrollado nuestra Inteligencia Apreciativa.

A continuación les preguntaba si podían decir cuántas manzanas contenía esa semilla. Eso era algo que no podían responder. Y en realidad, resulta imposible precisarlo; no hay forma de saber cuántos manzanos y manzanas contiene una semilla, del mismo modo que no podemos precisar el potencial de una persona o el de las circunstancias que se nos presentan. Hay muchos e infinitos futuros posibles. Una vez, una persona fue incluso capaz de sorprenderme. Tenía antepasados austríacos y afirmó, con una rotundidad incontestable, que en aquella semilla habitaba un delicioso *strudel* como los que hacía su madre.

Como dice el folleto de la escuela Delaware Valley Friends School, un colegio de enseñanza secundaria para alumnos con problemas de aprendizaje, "esto trata sobre convertirte en la persona que ya eres". Y el paso clave para desplegar el futuro del presente implica la puesta en acción de las posibilidades como opuesto al accionar desde las limitaciones. Desde las limitaciones dejamos de intentar aun antes de empezar. Fracasamos en pasar a la acción, no en la acción misma. Recordemos que la acción es uno de los pilares de la Inteligencia Apreciativa. Como me dijo una vez una profesora, las buenas ideas se venden a un dólar, a cien en el mercado. Las ideas abundan y no tienen gran valor de no haber alguien que decida llevarlas a la práctica.

Hace un tiempo, en un documental, vi la escena en que dos hombres miraban una carrera de atletismo entre jóvenes de un pequeño y humilde pueblo. Estos hombres estaban sentados juntos en las gradas. Uno de ellos era un viejo entrenador que alentaba a su muchacho y, a su lado, el otro, un espectador que contemplaba la carrera. Al ver que todos pasan por la línea de llegada y el muchacho alentado por el entrenador es el último, el espectador le dice a este:

—Qué pena; llegó último.

El entrenador se lo queda mirando y, antes de responder, deja brotar una extraña sonrisa.

—¿Último? Últimos llegamos nosotros, que estamos sentados acá —responde por fin.

La Inteligencia Apreciativa es acción. Es la puesta en actos de las posibilidades. Cuando accionamos desde el marco de las limitaciones y lo que no hay, el resultado es la inacción que justificamos con la duda o fantaseando obstáculos y barreras que convertirán la acción en algo imposible de llevar a cabo. Estas dudas y fantasías, incertidumbres en realidad, se convierten en las verdaderas restricciones que nos llevan a fracasar al pasar a la acción y no mientras actuamos. Si no actuamos, no podemos testear ideas ni habilidades, y esto socava nuestra autoestima y autoeficacia al retroalimentar una predisposición al encuadre negativo que incrementa la tendencia a dejar de intentar incluso antes de empezar.

MacGyver

No creo que Lee David Zlotoff, el creador de la serie estadounidense *MacGyver*, supiera de la existencia de la Inteligencia Apreciativa, sin embargo, su personaje es un buen ejemplo de esta eficaz metainteligencia.

MacGyver, el agente al servicio de la Fundación Phoenix, siempre resolvió todos los problemas usando su capacidad intelectual. Era capaz de improvisar las soluciones más ingeniosas y efectivas a partir de elementos simples como cables, clips, latas o chicles. En definitiva, era capaz de reencuadrar las cosas para encontrar en ellas nuevas posibilidades de uso que lo ayudaran a alcanzar su meta.

Si se encontraba preso en un sótano siempre tenía la habilidad de mirar alrededor en busca de aquello que podía servirle y serle útil (apreciar), luego imaginaba un uso infrecuente, diferente del habitual (reencuadrar) y con su navaja suiza lo transformaba en un elemento que le permitía alcanzar su objetivo (el presente generativo y el futuro se integran).

Con elementos comunes y corrientes transformaba la realidad. Era capaz de ver el potencial generativo donde otros no lo veían.

Poner a MacGyver como un ejemplo de Inteligencia Apreciativa puede parecer caricaturesco, pero cuando lo usamos en las capacitaciones podemos observar el cambio instantáneo que esta imagen provoca en los participantes. Ellos traen rápidamente a sus mentes escenas de la serie y pueden ver con facilidad los tres componentes de la Inteligencia Apreciativa propuestos por Thatchenkery y Metzker reflejados en el personaje, quizá producto de la misma exageración hollywoodense. En muchas de nuestras capacitaciones dejamos como *souvenir* elementos que tienen la imagen del personaje porque sabemos que, al verlo, las personas volverán a conectarse con la Inteligencia Apreciativa, y eso ayuda a la sustentabilidad de la práctica.

Las cuatro cualidades

Thatchenkery y Metzker han observado en sus investigaciones que las personas que tenían Inteligencia Apreciativa también mostraban cuatro cualidades:

PERSEVERANCIA

RESILIENCIA

TOLERANCIA A LA INCERTIDUMBRE

CONVICCIÓN DE QUE SUS ACCIONES PUEDEN HACER UNA DIFERENCIA

Estas cualidades no son estrictamente necesarias para que exista la Inteligencia Apreciativa. No están siempre y todas presentes en igual grado en las personas, pero las investigaciones han mostrado que, cuando lo están, ayudan a potenciar esta metainteligencia. Como también ocurre con un daiquiri, hay cualidades que podemos potenciar que impactarán en su calidad. No es lo mismo usar un ron de buena calidad que uno malo, ni servirlo en un vaso descartable que en una copa de cóctel de cristal, ni es lo mismo tibio que batido con hielo picado. Lo mismo ocurre con la Inteligencia Apreciativa, cuanto mayor perseverancia tenga la persona, cuanto más pueda nadar en la incertidumbre, cuanto mayor sea su capacidad resiliente frente a las adversidades y mayor sea su convicción de que sus acciones importan, mayor será su nivel de Inteligencia Apreciativa.

Identificar y separar estas cualidades, como lo han hecho Thatchenkery y Metzker, es de mucha utilidad ya que nos permite reconocer los niveles que cada uno de nosotros tenemos de cada cualidad y proponernos prácticas concretas para su desarrollo. Veamos cada una de ellas.

Cualidad 1: Perseverancia

"En las formas de arte compuestas o escritas hay dos clases de tiempo: el momento de la inspiración en el que el artista recibe una intuición directa de la belleza o la verdad; luego la lucha a menudo laboriosa por retenerla el tiempo suficiente para poder llevarla al papel o a la tela, a la película o a la piedra. Un novelista puede tener un momento (literalmente un *flash*) de iluminación interior en el que se le revele el nacimiento, el significado y el propósito de un nuevo libro; pero puede llevarle años escribirlo."[5]

Todos sabemos que hay una enorme diferencia entre imaginar un proyecto y llevarlo a cabo, y la perseverancia es una de las habilidades que hacen dicha diferencia.

---

5. Nachmanovitch, S.: *Free Play.* Paidós, Buenos Aires, 2004.

También hay una gran diferencia en el modo en que las personas vivimos este atributo. Como un esfuerzo y sacrificio, una especie de trance agónico pero necesario para alcanzar algo que deseamos y queremos mucho, o disfrutando del camino y aprendiendo mientras se avanza. La manera en que vivimos la perseverancia en las acciones puede ser uno de los motivos por los cuales abandonamos o continuamos. Por muy bueno que sea el premio futuro, un proceso plagado de angustia y estrés no es algo que elijamos sostener demasiado tiempo.

Una imagen de futuro positiva nos mueve a acciones positivas y es importante ser capaces de disfrutar del camino mientras se actúa, y estar presentes en él mientras lo transitamos. El modo de vivirlo tiene consecuencias en nuestro bienestar y en las posibilidades o no de alcanzar la meta. Aquellos que encuentran obstáculos mientras avanzan hacia su meta y pueden afrontarlos de manera saludable, retroalimentarán su autoconfianza, y por consiguiente tendrán más perseverancia. Como dice una frase que leí hace un tiempo, "Yo estoy aquí para cruzar el charco y no para pelearme con los cocodrilos". Las personas perseverantes van hacia su meta y no se enmarañan en una lucha estéril con los obstáculos. Buscan cómo sortearlos y continúan avanzando aún más fortalecidos.

Cuando las personas con Inteligencia Apreciativa sienten que sus acciones se vuelven aburridas o tediosas, no abandonan pero tampoco las soportan; buscan maneras de transformarlas en actividades que los motiven a continuar. Así como fabricamos nuestro aburrimiento o drama, también podemos fabricar fascinación y juego.

Al brillante Lewis Carroll, autor de *Alicia en el país de las maravillas*, le encantaba inventar palabras. *Galumphing* es una de sus creaciones. Se cree que tiene su origen en *gallop* y *triumphant* (galope y triunfante). *Galumphin* es andar por la vida dando saltos en lugar de caminar, tomar el camino más pintoresco en lugar del más corto, interesarse por los medios más que por los fines. Incluso es crear obstáculos voluntariamente en el camino y divertirse superándolos. Esta actitud es propia de las personas con inteligencia apreciativa. Ellos son capaces de vivir los procesos de manera saludable, con bajos niveles de estrés, y hasta se atreven a someterse a nuevos desafíos mientras van avanzando hacia la meta deseada.

Si bien la perseverancia en acciones es parte importante para obtener nuestros logros, su exceso la transforma en tozudez. Pero ese no es un problema para las personas con Inteligencia Apreciativa, puesto que saben cuándo abandonar y son buenos leyendo los datos de la realidad.

Hay momentos en los que por diferentes circunstancias detenemos nuestras acciones por un tiempo, pero, a pesar de detener la acción, la idea sigue presente en nosotros, como esperando el momento indicado para volver a actuar. Esto es lo que se conoce como **perseverancia cognitiva**. Las personas no descartan la idea sino que la mantienen latente, incluso durante años, esperando el día de poder accionar. Muchas mujeres, por ejemplo, dejan sus carreras para dar prioridad a la crianza de sus hijos, pero apenas sienten que han cumplido este objetivo, el viejo sueño reaparece con fuerza dispuesto a consumarse. Otras mujeres que no han podido sostener su perseverancia cognitiva resignan sus sueños y recuerdan con melancolía a aquella joven soñadora que fueron tiempo atrás.

Tanto la perseverancia en acciones como la perseverancia cognitiva son habilidades muy presentes en quienes poseen Inteligencia Apreciativa. Esta cualidad es una de las principales responsables de que la conexión del presente generativo y el futuro deseado se manifiesten.

Cualidad 2: Tolerancia a la incertidumbre

Si nos preguntan, somos capaces de afirmar lo que podría suceder mañana o dentro de un minuto, pero no podemos conocer con exactitud lo que sucederá. Si lo pensamos bien, no nos equivocaremos en mucho, seguro, pero en ningún caso disponemos de la certeza absoluta. Esta ausencia de certeza no es fácil de sostener y nos inquieta. La incapacidad de tolerar y abrazar la incertidumbre nos lleva muchas veces a decisiones apresuradas, a aniquilar la creatividad y la innovación por buscar respuestas antes de tiempo. También nos conduce a sentimientos de angustia y a buscar la seguridad con tal de no sentir el vacío del no saber.

Sin tolerancia a la incertidumbre no hay creatividad y se restringe la posibilidad de que aparezcan nuevas y brillantes ideas. Detenernos en la pregunta, dispuestos a nuevas preguntas, puede ser mucho más productivo que buscar una rápida respuesta. Sostener el desconcierto y el aparente caos que provoca la incertidumbre permite a las personas con Inteligencia Apreciativa no abandonar sus proyectos antes de tiempo, ni tampoco cercenarlos y contentarse con logros más pequeños de lo que el potencial existente les permitiría alcanzar.

Aceptar y tolerar la incertidumbre es una de las habilidades que distingue a los líderes con Inteligencia Apreciativa. No solo son capaces de lidiar con ella, sino que ayudan a los demás a tolerarla mejor. Sus discursos y proyecciones futuras no tienen respuestas certeras de lo que ocurrirá pero transmiten un gran entusiasmo, confianza y optimismo, y reducen los temores de quienes los acompañan. Pueden percibir dentro del aparente caos aquello que es mejor y crear un plan de acción con pasos concretos para poder alcanzar lo que desean.

Daniel Kahneman, Premio Nobel de Economía, nos dice en su libro *Pensar rápido, pensar despacio*,[6] que la mayoría de nuestros juicios y acciones son apropiados la mayor parte del

---

6. Kahneman, D.: *Pensar rápido, pensar despacio.* Random House Mondadori, Buenos Aires, 2012.

tiempo, pero no siempre. Estar abiertos a identificar errores en juicios y decisiones, en otros y en nosotros, puede reducir el daño que pueden causarnos los malos juicios y las malas elecciones. Nos muestra cómo los atajos simplificadores del pensamiento intuitivo nos llevan a respuestas erróneas que violan las reglas de la elección racional. Cuando la respuesta es difícil y la incertidumbre es grande, porque no se tiene una solución adecuada, la respuesta que proporciona la intuición no es una respuesta al problema original. A una inquietud difícil, por ejemplo: ¿en qué debo invertir mi dinero?, la sustituimos por una pregunta más simple: ¿confío en el dólar?, y es esta respuesta la que determina nuestra decisión. Cuando nos vemos frente a una cuestión difícil, a menudo respondemos a otra más fácil.[7]

El pensamiento automático nos lleva a pensamientos y certezas buenas para nuestra supervivencia, pero también a cometer grandes errores, y es allí cuando el pensamiento lento puede ayudarnos, entre otras cosas, a observar nuestros juicios y decisiones. Si me gusta el dólar seguramente pensaré que sus beneficios son altos y optaré por esta posibilidad de inversión dejando de ver otras eventuales inversiones, incluso tal vez mejores.

Las personas con un alto grado de aversión a la incertidumbre tienden a necesitar reglas y especificaciones claras, además de tener una tendencia al orden y a necesitar de normas y leyes. En cambio, aquellos que muestran una mayor tolerancia y aceptación soportan mejor la ambigüedad, son más abiertos y flexibles y pueden accionar sin tanto orden y pautas. Son capaces de aventurarse a lo desconocido sin mapas precisos pero firmemente acompañados por su autoconfianza.

Manejar dos ideas aparentemente contradictorias entre sí al mismo tiempo, sin saber la respuesta, y ser incapaz

---

7. *Ibidem.*

de predecir lo que puede ocurrir, suele generarnos mucho desconcierto. Algunas personas no llegan a tolerar bien esta situación. El proceso de resolver situaciones contradictorias puede llevarnos a la incomodidad, pero también tiene sus beneficios: creatividad, innovación, desarrollo de nuevas ideas y productos, apertura a nuevos aprendizajes, mayor disponibilidad de datos... Si nos detenemos en esas ventajas, tal vez empecemos a echar otra mirada a las dificultades, los retos que nos impulsan a apelar a nuestra inteligencia.

Alfred Sloan, de General Motors, decía que si surge una idea innovadora en una reunión, entonces debía suspenderse hasta el día siguiente. Las respuestas bajan la angustia de la incertidumbre pero también anulan sus beneficios.

En las empresas, la mayoría de los directivos buscan la estabilidad y actúan desde el paradigma de resolución de problemas con la creencia de que esa es la mejor manera de evitar los riesgos y el fracaso, pero la ausencia de riesgos significa ausencia de innovación, y la ausencia de innovación muchas veces es el camino directo al fracaso.

Las personas con Inteligencia Apreciativa muestran una mayor capacidad para afrontar escenarios inciertos. Sus reacciones emocionales y conductas muestran confianza y seguridad, son optimistas con respecto a lo que es posible que ocurra, sin negar que existen factores que pueden afectar a sus resultados, muestran un alto grado de autoeficacia que los empodera frente a los obstáculos y, aunque saben que no existe la posibilidad de control total, confían en que sus acciones no son inocentes y pueden tener impacto en los acontecimientos futuros.

La incertidumbre interfiere tanto en los pensamientos como en las emociones y conductas, con lo cual la tolerancia a la incertidumbre es una cualidad primordial para alcanzar logros y conseguir el bienestar.

El mundo no es estructurado ni desestructurado. Nosotros proyectamos estructuras sobre él que más tarde se transforman en rutinas y así construimos un entorno de certezas. Nos rodeamos de la sensación de seguridad: vamos a un cirujano que nos recomendó un amigo porque eso nos da cierta garantía y reduce los fantasmas que alimentan nuestra incertidumbre. Si al llegar al consultorio el cirujano nos dijera que va a probar algo nuevo con nosotros, una técnica que está aprendiendo, lo más probable es que si no notamos convincente su propuesta, nuestra seguridad se desplome y acudan en masa los pensamientos negativos.

Pero en muchas ocasiones el inconveniente de la incertidumbre no es solo no saber lo que va a ocurrir. Se nos presenta además el temor a no adoptar la mejor decisión. Eso despierta en nosotros una tendencia a la preocupación que nos aleja del presente y nos sume en un mar de dudas, un estado casi permanente en busca de la respuesta perfecta.

Sin embargo, las personas con alta tolerancia a la incertidumbre buscan lo desconocido, asumen riesgos, lidian con la incomodidad e incluso se sienten cómodos en ella. Los retos, en general, no las asustan.

Cualidad 3: La convicción de que nuestras acciones importan

Hace unos años realizamos un diálogo apreciativo en una empresa de seguros médicos e invitamos a participar de la jornada, además de al *staff* de la empresa, a algunos de sus proveedores. Creíamos que desde su propio enfoque tendrían mucho que aportar a la construcción del futuro de la compañía. Cuando llegó el día de la jornada, entre otras cosas, pedimos que cada participante aportara a su equipo una visión apreciativa de la organización a dos años vista. Un participante que había venido en representación de uno de los proveedores invitados, se me acercó algo incómodo y me dijo que no tenía nada para aportar porque no pertenecía a la empresa. Estaba convencido de que si no formaba parte de la organización sus opiniones no tenían valor ni serían relevantes para diseñar su futuro. A pesar de nuestros ánimos y el ambiente participativo general, este prejuicio le impidió compartir el entusiasmo de su grupo, y de este modo también perdió la posibilidad de influir positivamente en la construcción de la realidad.

Cuando creemos que nuestras acciones no son importantes y pueden hacer una diferencia en el mundo, la inacción se apodera de nosotros y muchas veces también los sentimientos de resignación y resentimiento.

Las personas que tienen Inteligencia Apreciativa creen que tienen un cierto grado de control sobre las circunstancias y el medio. El medio no es visto como algo que está ahí afuera, sino que también es creado por sus acciones. Esas personas se sienten parte de una red y entienden las conexiones entre ellos y el mundo a su alrededor. Pueden ver que el mundo no es estático y que las acciones de los individuos pueden tener un impacto en el medio y en el futuro.

Quienes poseen Inteligencia Apreciativa crean haciendo, en lugar de sentarse a esperar. Participan activamente e interactúan en el medio a través de la acción. Crean nuevas posibilidades al conectar las capacidades del presente con los sueños de mañana.

Autoeficacia

Albert Bandura introdujo el concepto de **autoeficacia**. Consiste en la confianza que una persona tiene en sus propias habilidades y contribuye a determinar lo que hará con los conocimientos y habilidades que posee. Todos tenemos opiniones y creencias con respecto a nuestras capacidades, y son ellas las que nos llevan a determinadas acciones, más que la capacidad real. Nos comportamos de acuerdo con las creencias y opiniones que creamos sobre nuestras capacidades.[8]

Cuando mi hijo Guido tenía 11 años y estaba cursando su sexto grado, tuvo que estudiar y preparar un examen en el que tenía que sacar la nota máxima, 10. Si quería aprobar la materia y no tener que estudiar durante el verano debía obtener 7 de promedio, y había obtenido un 6 y un 5 en sus exámenes anteriores.

Estaba muy preocupado y no se creía capaz de sacar un 10 por mucho que estudiara. Me dijo:

—Mamá, en la escuela el único que saca 10 es Cristóbal.

—¿Qué tiene Cristóbal que no tengas tú? —le pregunté.

—Es muy inteligente y además estudia mucho —me respondió.

—Tú eres muy inteligente también. ¡Si te comprometes a estudiar puedes sacarte un 10! —continué diciendo—. ¿Qué pasaría si en los próximos días estudiaras mucho?

—Es difícil que pueda sacarme un 10… Nadie es tan inteligente como Cristóbal. Yo deseo sacarme 10. ¡Quiero ir a la pileta con mis amigos en verano!

—Bueno, pues hagamos un plan de estudio. Yo te ayudo —le dije.

Los siguientes días estudió mucho y lo acompañé tomándole la lección cuando regresaba de mi trabajo. Su actitud y su lenguaje mostraban una alta desconfianza en su capacidad para obtener la nota que necesitaba.

La noche anterior al examen le había dicho que se fuera a dormir temprano, que era importante que su mente estuviera descansada.

Cuando entré en su cuarto para saludarlo, me llevé una enorme sorpresa. Mi hijo estaba sentado en el piso rezando, rodeado de una gran cantidad de estatuillas de vírgenes y estampitas del día de su comunión.

---

8. Bandura, A.: *Autoeficacia*, Desclée De Brouwer, Bilbao, 2009.

—¿Qué estás haciendo?

—Le estoy pidiendo a la virgen para que la profesora me ponga un 10 —me respondió.

Nunca olvidaré esa escena, su carita angelical llena de temor por algo malo que podía suceder en su examen. Podía casi ver cómo su autoeficacia y la esperanza conversaban en ese instante.

¿Guido tenía fe en sí mismo? ¿Confiaba en su propio poder? ¿Creía que era capaz de aprender lo que necesitaba aprender y hacer lo que necesitaba hacer para conseguir un 10?

Yo no albergaba ninguna duda sobre su capacidad y había sido testigo del esfuerzo y de los resultados obtenidos, pero su autoeficacia estaba jugándole una mala pasada. Y una duda estaba presente en él: ¿seré capaz? Creo que, en parte, esa era la razón por la cual esa noche pedía a todas las vírgenes que lo ayudasen. No tenía fe en sus capacidades, aunque no había perdido las esperanzas de que un milagro ocurriera.

La confianza en nuestras capacidades en parte suele emerger de nuestros diálogos internos, de las historias que nos contamos a nosotros mismos. No sé dónde he leído que, aerodinámicamente, las abejas no están preparadas para volar, pero por suerte ellas no lo saben. Nuestros diálogos internos muchas veces nos impiden volar y nos quitan la convicción de que nuestras acciones son importantes y pueden hacer una diferencia. Ver a una avutarda en su proceso de remontar vuelo es un ejemplo de que a esta ave de algunas regiones de la península ibérica y Europa central no parecen preocuparle sus aparentes impedimentos aerodinámicos. Para levantar vuelo debe efectuar un largo carreteo antes de comenzar a volar. Resulta tremendamente ridícula su desesperada carrera por la llanura, aleteando como una gallina hasta que alcanza cierta velocidad y despega. Para ser sincera, antes de verla en el cielo, no apostaría mi dinero por el vuelo de la avutarda.

La autoeficacia es activa y, de algún modo, predice lo que las personas son capaces de lograr. Digamos que funciona casi como una profecía autocumplida. Si no creo que con mis habilidades y capacidades puedo impactar en el medio no accionaré y probablemente el medio continúe más o menos igual, lo que de algún modo reconfirmará mi creencia de que haga lo que haga nada va a cambiar.

Las personas con alta autoeficacia no están exentas de tener fracasos, pero se relacionan con ellos de manera más efectiva. Cuando no logran lo que buscan, sus diálogos internos les dicen cosas como "puedo hacer algo más", "puedo adquirir una nueva habilidad o conocimiento" y vuelven a intentarlo. En cambio, quienes tienen baja autoeficacia, frente a un fracaso u obstáculo se dicen cosas como "no tengo posibilidades de lograrlo" y abandonan.

Las personas con alta autoeficacia aprenden que pueden ser exitosas y también que pueden experimentar fracasos. Algo muy importante para el ejercicio de roles directivos y gerenciales. Para estos individuos, el monstruo del posible fracaso es como la espada de Damocles que pende directamente sobre su cabeza apenas sostenida por una delgada crin de caballo. Se han acostumbrado a la creencia de que no tienen permitido experimentar fracasos y esto los lleva a aumentar sus conductas para evitarlos más que a incrementar sus conductas de acercamiento al éxito. No darnos el permiso para fracasar nos aleja de la posibilidad de alcanzar el éxito. Que las cosas no salgan como esperamos es algo que nos ocurre a todos a lo largo de la vida, innumerables veces. Es importante habilitarnos a nosotros mismos a experimentar fracasos y tratarnos con compasión frente a ellos. Sin eso, la posibilidad de reencuadre y el aprendizaje que pueda dejarnos la experiencia se tornan remotas posibilidades.

Las expectativas

Cuando comienzo un taller les pregunto a los participantes sobre sus expectativas. ¿Qué esperan llevarse? ¿Qué desean que ocurra en el tiempo que vamos a compartir? Aprender algo nuevo, adquirir nuevas herramientas, interactuar entre todos o pasar un grato momento son algunas de las cosas que los participantes suelen responder. Todos traen deseos sobre lo que les gustaría que ocurriera y también una imagen de lo que creen sucederá.

Al observar su participación y posturas corporales podemos anticipar quiénes tendrán una actitud más cooperativa y activa pero, la mayoría, inconscientemente, adoptan una postura de espera: quieren que yo les provea de algo que vinieron a buscar. Creen que el éxito de la actividad dependerá exclusivamente de mis habilidades como oradora, de mi capacidad para generar interés y participación. Si bien en cierto modo esto es real, hay una parte que la mayoría de ellos no pueden observar y es que sus acciones son importantes y pueden hacer una diferencia en la jornada.

Les pregunto entonces si ellos quieren darme todo el poder a mí de que se cumpla o no lo que ellos vinieron a buscar, y que todo dependa exclusivamente de cómo yo me desempeñe o, por el contrario, prefieren no darme la exclusividad de ese poder y pasar a ser activos constructores de lo que desean.

El siguiente ejercicio consiste en pensar dos acciones y actitudes que ellos pueden adoptar durante la jornada y que aumentarán las posibilidades de alcanzar lo que esperan.

Aquí la cosa cambia y los participantes cobran poder. Los invito a que puedan probar por sí mismos que sus actos no son inocentes y que tienen el poder de crear aquello que desean. No hay un 100% de garantías de que ello ocurra, pero aumenta significativamente las posibilidades.

Las personas con Inteligencia Apreciativa confían que pueden hacer una diferencia con sus actos y saben que, más allá de las circunstancias aparentemente adversas, existen posibilidades de influir en el medio. Nelson Mandela, Mahatma Gandhi, Luther King y tantos, tantos otros nunca dudaron de que sus actos podían cambiar la realidad; es más, sabían que ese era el modo de hacerlo, actuaron con la firme convicción de que su labor era importante y diseñaron un plan para lograrlo.

Recordar nuestros éxitos

Toda práctica que reviva nuestros éxitos es altamente recomendada para mantener viva la imagen del poder de nuestras acciones. En las prácticas de diálogos apreciativos hacemos una profunda indagación acerca de los talentos y buenas prácticas que hicieron posible nuestros éxitos pasados. Esto permite que las personas se apoderen del éxito y vean que no ha sido producto de la magia. Observar retrospectivamente que nuestras acciones han sido un factor importante en el logro nos empodera y nos alienta nuevamente a la acción.

Recomiendo al lector la práctica de contar historias de éxitos propios e indagar profundamente en ellos para encontrar las acciones que fue capaz de realizar y que le permitieron alcanzar sus logros. Posteriormente hacer un listado lo más extenso posible, sin juzgarlas. Lo ideal es una tormenta de ideas, anotando todas las acciones que vengan a su mente. Cuando considere que la lista es suficiente, divídalas según dos características: una con las acciones que considere primordiales, aquellas imprescindibles sin las cuales el éxito no habría sido posible, y otra con las que considere secundarias, las que aportaron color y riqueza, pero cuya ausencia no debería haber impedido la ocurrencia de los hechos.

Luego, vuelva a mirar estas dos listas y seleccione aquellas que podría repetir en el presente y lo ayudarían a alcanzar las nuevas metas que hoy está buscando.

Esta práctica es muy reveladora para muchas personas ya que la mayoría de las veces no somos conscientes del poder de nuestros actos. Podemos detenernos a observar dicho poder y conscientemente apoderarnos de él. Mantenernos atentos al reconocimiento de las acciones positivas que llevamos a cabo no solo puede sernos de mucha utilidad al momento de diseñar nuestro futuro, sino que será el néctar y la ambrosía que mantendrán con vida nuestra autoeficacia y autoestima.

Un ejemplo

El Instituto del BienEstar, de cuya sede argentina soy miembro fundadora, junto con la escuela de negocios de la Universidad Adolfo Ibáñez, de Chile, lanzaba por primera vez en Latinoamérica la diplomatura en Felicidad Organizacional. Quería hacer la diplomatura, pero era presencial, lo que implicaba viajar a Chile un fin de semana al mes y algunas veces hasta dos. El curso era costoso y tenía que sumarle además el valor de ocho vuelos y el hospedaje. Pero algo en mi interior me empujó a buscar hasta agotar todas las posibilidades de asistir, así que decidí actuar y solicité una beca a la escuela de negocios de la universidad. Lo intenté con varias personas pero no la obtuve. Me apenó la noticia pero no abandoné, lo reencuadré como un obstáculo en el camino pero no el final de mi sueño.

Pensé que podía hacer algo más. Así que pedí a los directores del IBE Chile si podían conseguirme ellos la beca. A los pocos días recibí un mensaje de Wenceslao Unanue notificándome el otorgamiento ¡de una beca del 80%! No podía creerlo. Había obtenido la beca y por un costo que podía pagar. Acepté y me inscribí rápidamente. Llamé a Carolina, compañera y también miembro fundadora del IBE Argentina, para contárselo, y ella también se sumó. Ahora no iría sola y podíamos compartir la experiencia. Busqué y confirmé los vuelos para los siguientes ocho meses y conseguí una promoción especial en seis de los pasajes.

No podía creer que tuviera tanta suerte. Pero existía un problema. Un grave problema, en realidad: debía pagarlos en una vez. Después de todo el esfuerzo hasta llegar allí me quedé algo desanimada, pero precisamente por eso mismo, no podía detenerme. Las posibilidades acudieron a mi mente. Y de entre ellas, una me pareció que podía funcionar. Le pedí a una de las empresas para las que trabajo si ellos podían financiarme los viajes. Al otro día tenía el dinero de los pasajes depositado en mi cuenta.

Estaba realmente contenta y ya no veía posibilidad de mejorarlo. Iba a hacer el curso que ansiaba, por un precio realmente reducido y ya no debía preocuparme por los viajes. A los pocos días, Daniel Martínez, amigo y director del IBE Chile, y su esposa Jacqueline, nos ofrecen a Carolina y a mí su casa para hospedarnos mientras cursamos la diplomatura. ¡Resultaba que ahora, además, contaba con hospedaje!, y no solo eso representaba un beneficio para mi economía sino que me permitía compartir más tiempo con queridos amigos.

El 17 de marzo de 2015 recibí mi diploma en Felicidad Organizacional y, junto a Carolina, fuimos las primeras argentinas en obtener este título. Como colofón, tuvimos el honor de presentar nuestro trabajo final en el IV Encuentro de Bienestar y Relaciones Saludables, en Santiago de Chile. Y por si esto fuera poco, fui elegida para dar el discurso de graduación en nombre de todos los alumnos diplomados ese año en los diferentes cursos. El día de la entrega de diplomas me sentía radiante y el discurso fue un éxito. Alumnos, familiares y profesores se arrimaron a felicitarme por mis palabras, incluso el decano de la universidad se acercó personalmente y me contó cuánto lo habían impactado mis palabras y entusiasmo.

Y algo más inesperado aún sucedió unos meses después. Entre el 4 y el 6 de noviembre de 2015 en la ciudad de Paro (Bután) se realizaría la International Conference on Gross National Happiness, coincidente con el cumpleaños número 60 del legendario cuarto rey Jigme Singye Wangchuck (padre del actual rey Jigme Khesar Namgyal Wangchuck) quien adoptó desde principio de los 70 el concepto de un índice de Felicidad Nacional Bruta en reconocimiento de la supremacía de la felicidad nacional por encima del tradicional Producto Bruto Interno (PBI). Siempre promulgó que los pasos de una sociedad han de decidirse más allá de su rendimiento económico, sopesando si este conduce o no a la felicidad y el bienestar de las personas.

Y por gestión de Wenceslao Unanue, amigo y profesor de la Universidad, fuimos invitados a participar de la conferencia por ser los primeros diplomados en Felicidad Organizacional de Latinoamérica. Unos meses después de haberme diplomado estaba con Carolina y algunos de los profesores en el Himalaya, en el país pionero por su compromiso político con los índices de GNH (Gross National Happiness) escuchando las conferencias de especialistas de más de 15 países del mundo, formando parte de los privilegiados invitados y ¡conociendo personalmente al rey! Mirando retrospectivamente nuestras historias podemos conectar los puntos que las hicieron posibles, como mencionó Steve Jobs en su discurso de Stanford y ya les conté al inicio de este libro. Muchos de estos puntos son precisamente nuestras acciones, las artífices de nuestro presente. Cuanto más conscientes seamos de ello más deliberadamente actuaremos y más efectivos y precisos serán nuestros actos.

La firme convicción en el poder de nuestras acciones construye una enorme diferencia en nuestra vida. No siempre se tratará de grandes actos; también es importante poder distinguir aquellas pequeñas cosas hechas en lugares estratégicos que causan un gran impacto. Es bien conocido ese aspecto de la teoría del caos que asegura que el aleteo de una mariposa en Australia puede provocar un huracán en otra parte del mundo. Nunca hay que subestimar los pequeños actos, los pequeños impulsos sumados de cada día.

Si bien creo que las cuatro cualidades son relevantes, en mi opinión la convicción de que nuestras acciones pueden hacer una diferencia en el mundo es la más poderosa. Nos empodera, nos hace protagonistas de nuestra propia vida y del mundo a nuestro alrededor, alimenta nuestra sana ambición y nos abre la posibilidad de trascender con nuestros actos más allá de nosotros mismos. Alguna vez leí una frase que se le atribuye a Bruce Barton: "nada espléndido se ha alcanzado excepto por quienes se atreven a creer que algo dentro de ellos era superior a las circunstancias". Esta máxima a mí me llevó hasta el Himalaya, ¡me compré un traje típico butanés (que aún sigo usando para lucirme en alguna reunión) y cené con quien fuera el Ministro de Felicidad y sus colaboradores junto al grupo de amigos latinoamericanos en una de las casas más antiguas de Timbu –la capital de Bután– convertida en un típico restaurante. Una experiencia que jamás olvidaré.

Cualidad 4: Resiliencia

¿Qué hace que una persona sobreviva saludablemente ante un hecho traumático mientras otras se desmoronan ante una misma adversidad? ¿Cómo es posible que muchos individuos, sometidos a la misma presión –campos de concentración, trincheras, abusos–, respondan de manera tan diversa?

Según la RAE, la resiliencia es la capacidad humana de asumir con flexibilidad situaciones límite y sobreponerse a ellas.

Proviene del latín *resilio*: volver de un salto o rebotar. La física la usa para identificar la calidad de los materiales que son capaces de volver a su estado original luego de ser sometidos a altas presiones o choques.

La psicología toma este concepto para describir a aquellos individuos que tienen la aptitud y actitud para transitar las situaciones adversas de la vida en forma positiva y salir transformados por ellas, porque tienen la capacidad de recuperarse y fortalecerse con la experiencia.

La famosa frase atribuida a Friedrich Nietzsche, "lo que no nos mata nos fortalece", no es una máxima aplicable a todas las personas. Muchas no son capaces de transitar situaciones adversas, y mucho menos de aprender o salir fortalecidos de ellas. No son pocas a las que un hecho de la vida no las mató pero les dejó un trauma difícil de superar. Personas que por su poca capacidad resiliente no pueden continuar efectivamente con su vida.

La resiliencia permite a las personas una mayor resistencia a las desgracias y tragedias y, además, las hace capaces de reconstruirse sobre sucesos adversos. Tienen la capacidad de armar nuevamente sus vidas con los pedazos que tienen, como cuando hacemos bricolaje y nos las arreglamos con el material que tenemos a mano. En mi casa, con los restos de las lanas que sobraban se tejían hermosas y coloridas mantas. Era un arte saber combinar los colores y mezclar las texturas; recuerdo que mis abuelas tomaban los ovillos de lana y los agrupaban antes de tejerlos, no rejuntaban los hilos sin más, sino que era un proceso estudiado intencionalmente para alcanzar el mejor resultado.

Pero no se debe confundir la resiliencia con la perseverancia. Perseverar es sostener acciones o pensamientos hasta lograr el objetivo. Resiliencia es la cualidad de no amedrentarse frente a las dificultades y retornar a un estado de fortaleza a pesar de las circunstancias que nos rodean.

Las personas con Inteligencia Apreciativa son capaces de

superar los obstáculos y adversidades, y distinguir, a medida que avanzan, aquellos recortes que les son útiles y buenos para reconstruir su vida. Pueden diseñar planes de acción claros cuyos retales combinan de forma inteligente para tejer con ellos una nueva realidad, muchas veces incluso mejor que la que tenían.

Características de las personas con resiliencia

- Saben cuáles son sus fortalezas y debilidades y se trazan metas con los recursos existentes.
- Son capaces de reconocer las tragedias, pero también de transformar esas experiencias dolorosas en algo útil y valioso.
- Confían en tener el potencial para seguir adelante y están abiertos a aprender nuevas prácticas y sumarse a otros para complementarse efectivamente.
- Asumen las dificultades como desafíos y oportunidades para crecer.
- Son capaces de ver y agradecer las pequeñas y grandes cosas valiosas que les presenta la vida, y tienen una gran capacidad para seguir asombrándose con ellas a lo largo de los años.
- Tienen un optimismo inteligente que les permite ver la vida con objetividad y confiar en que sus acciones pueden conducirlos a un cambio positivo.
- Son expertos en mantener vínculos saludables y rodearse de personas con actitud positiva. Crean una amplia red de relaciones que es de suma utilidad en momentos adversos.
- Son flexibles y pueden adaptarse a los cambios modificando sus planes sin aferrarse tercamente a ellos. Suelen manejar varias opciones y pueden sacar un as de su manga cuando las circunstancias lo requieren.
- El sentido del humor es uno de sus pilares. Pueden

reírse de sus propios errores y esto les permite ser más compasivos con ellos y con los demás frente a los aparentes fracasos. La risa es su gran compañera.
- No se consideran superhéroes que todo lo pueden; saben cuándo pedir ayuda y recurrir a otros para salir de situaciones complejas.

No me gustaría acabar este apartado dedicado a la resiliencia sin hablar de Victor Frankl, como también lo hicieron Thatchenkery y Metzker.[9] Imagino que muchos conocerán su historia como prisionero en los campos de concentración nazis. En ellos se dedicó, en colaboración con la rabina Regina Jonas, a confortar a los prisioneros y evitar el alto índice de suicidios. Su vida fue un ejemplo de superación, de búsqueda de sentido en mitad de la absurdidad más absoluta, en medio de, sin duda, la mayor atrocidad cometida por el ser humano. Allí, en ese universo de frío, ruina y miseria moral, Frankl fue capaz no solo de encontrar un resquicio para su propio optimismo, sino que en un acto de suprema entrega, lo compartió con los demás y lo convirtió en su balsa de náufrago, el mástil flotante al que agarrarse y no hundirse.

La resiliencia no es una cualidad innata que nos viene dada, es una actitud. No somos resilientes sino que respondemos de manera resiliente a las situaciones que se nos presentan. Esta actitud es algo que todos podemos desarrollar a lo largo de la vida. Con práctica sostenida podemos adquirir una mayor disposición a actuar de forma resiliente. Las personas resilientes no nacen, se hacen, lo cual significa que han tenido que enfrentar situaciones adversas y que les ha tocado sentir el amargo sabor del fracaso. Pero han sabido continuar. La resiliencia está relacionada con el desarrollo y el crecimiento humano.

---

9. Thatchenkery, T. y Metzker, C.: *op. cit.*

Los estudios realizados en el mundo acerca de los niños que han vivido en entornos altamente negativos muestran que quienes han logrado un desarrollo positivo y saludable, a pesar de las circunstancias, tenían en su haber una relación afectiva cercana con un adulto significativo –familiar o no–. Había alguien que los apreciaba, los valoraba y los aceptaba de manera incondicional, cualquiera fuera su aspecto físico o condición social. Esto da cuenta de la importancia del entorno y los afectos como predictores de esta capacidad. La resiliencia es producto de las cualidades que el individuo posee y su interacción con el entorno.

Necesitamos contar con alguien y al mismo tiempo sentir que nos reconocen por nuestros esfuerzos y capacidades. Cuando somos apreciativos con los demás, estamos alimentando sus capacidades resilientes. El afecto y el reconocimiento de nuestros seres significativos son un factor importantísimo para desarrollar esta capacidad. Y esto no se reduce a la infancia sino que es algo relevante a lo largo de nuestra vida. Nuestras relaciones, parejas, amigos y jefes seguirán, o no, ayudándonos a promover nuestra actitud resiliente hasta nuestro último día.

Quienes poseen Inteligencia Apreciativa muestran actitudes resilientes a lo largo de su ciclo vital. Alejandro Campos, el inventor del metegol, mostró una reacción resiliente frente a las adversidades en el hospital de campaña durante la guerra, que le permitió no solo continuar viviendo sino además tener éxito en un medio insano.

El etólogo Boris Cyrulnik, quien amplió el concepto de resiliencia, ha mostrado en sus investigaciones cómo las circunstancias adversas pueden producir un estrés en la persona que dé lugar a algún sufrimiento o, en casos saludables, producir en el individuo una actitud resiliente que lo ayuda a superar la adversidad. Como pueden ver, consiste en algo más que salir indemne de la adversidad; es salir transformado por ella, dotándola de sentido de vida. El fútbol de mesa puede parecernos tan solo un juego, pero su origen nos habla de algo más profundo, nos muestra cómo "el ser humano sabe hacer de los obstáculos nuevos caminos, porque a la vida le basta el espacio de una grieta para renacer".[10] Algunos autores sugieren que el término resiliencia muestra el retorno homeostático al equilibrio y regresa a la persona a su estado anterior. Otros lo presentan, especialmente los autores afines a la psicología positiva, como un florecimiento de la persona, algo que no solo la transforma sino que es capaz de enriquecerla y hacer que aparezca su potencial.

El método Grotberg

El gran desafío es encontrar formas de desarrollar esta capacidad. Edith Henderson Grotberg,[11] muy conocida por sus estudios sobre resiliencia infantil, propone observar tres puntos:

Yo tengo (mi apoyo exterior): personas que me quieren, una familia, buenos vecinos, un trabajo.

Yo soy (mi fuerza interior): buena persona, optimista, competente en mi trabajo, colaborador, persistente en mis acciones.

Yo puedo (mis capacidades): aprender de mis errores, comunicar efectivamente mis ideas, trabajar en equipo, disfrutar de lo que hago.

Este análisis es altamente apreciativo ya que se enfoca en encontrar y poner en primer plano el potencial de la persona. Trabajar estos tres puntos nos permite reconocer el potencial generativo que tenemos en el presente y prepararnos para enfrentar la adversidad, atravesarla y aprender de ella.

---

10. Sabato, E.: *La Resistencia*. Editorial Planeta, Buenos Aires, 2000.
11. Henderson Grotberg, E.: *La resiliencia en el mundo de hoy*, Gedisa, Barcelona, 2009.

Las personas con Inteligencia Apreciativa no olvidan detenerse a mirar retrospectivamente los sucesos y hacen un análisis minucioso de los aprendizajes y beneficios que la experiencia les dejó. Se preguntan qué aprendieron sobre los demás, sobre ellos mismos, y qué pueden replicar de estos nuevos saberes en la situación actual. No hacen como si nada hubiera pasado evitando volver a mirar sus historias trágicas, sino que pueden volver a recordarlas para encontrar lo que han tenido de valiosas. Son capaces de ver entretejidas en la desgracia las acciones y capacidades que hicieron posible superarlas, sentirse orgullosos de ellos mismos y poder decirse: "¡Lo logré!". Esto es un gran nutriente para su autoestima, su autoeficacia y su actitud resiliente.

En palabras de Henderson Grotberg, "La resiliencia se activa cuando experimentamos una adversidad que necesita ser enfrentada y superada. La secuencia de respuestas ante una posible adversidad es prepararse para, sobrevivirla mediante y aprender de. Sin embargo, algunas adversidades llegan sin avisar y no hay tiempo para prepararse, y entonces hay que centrarse en reducir los daños al mínimo". Me parece sumamente importante poder observar aquí tres actitudes que todos podemos poner en práctica:

- **Prepararnos para la adversidad**. ¿Qué sucederá? ¿Cómo puede afectarnos? ¿Qué beneficios puede también traer?
- **Atravesarla, superarla**. ¿Cuál es la situación actual? ¿Qué recursos tengo? ¿Qué hay en mi área de influencia y qué puedo hacer?
- **Aprender de ella**. ¿Qué aprendimos sobre nosotros y sobre otros? ¿Cómo puede serme útil de aquí en adelante?

Una vez acabado el capítulo y antes de dejarlo con las preguntas del cierre que abre, me gustaría recordar una frase de Mahatma Gandhi. Es importante en su caso enmarcarla dentro de su historia, de su filosofía de vida austera y a la vez tremendamente digna, constante y muestra de su extrema humildad: "Casi todo lo que realice será insignificante, pero es muy importante que lo haga".

Un cierre que abre: Inteligencia Apreciativa

Llegó el momento del juego de preguntas.

Como ya te he dicho, no hay respuestas correctas a estas preguntas, la que vale es la que te sirva a ti para capitalizar aún más los conocimientos de cada capítulo. Ahora repitamos el ritual que ya has venido haciendo desde el capítulo anterior:

- Detén tu marcha por un instante.
- Toma conciencia de tu respiración con dos inspiraciones y exhalaciones.
- Captura el momento presente haciendo un "vuelo de pájaro" atento sobre el lugar donde te encuentras.
- Ve por un instante a tu interior y registra cómo te sientes en este momento. No juzgues tus sentimientos y emociones, solo obsérvalos.

¡Ahora estás nuevamente listo para comenzar nuestro juego de preguntas!

- ¿Qué personaje de ficción, además de MacGyver, tiene atributos de Inteligencia Apreciativa?

_____

¿Cuáles son y en qué se los observas?

_____

- ¿Qué invento conoces, además de los mencionados aquí, que en tu opinión haya sido producto de la inteligencia apreciativa de alguien?

  _____

  ¿Qué conoces de esa historia y de su inventor que te haga creer eso?

  _____

- Piensa en un día de la semana. ¿Cuál crees que sea el que puede despertar más tu Inteligencia Apreciativa? ¿Por qué?

  _____

  Y si fuera un mes del año, ¿cuál sería?

  _____

- Menciona dos aprendizajes o aportes que te haya dejado este capítulo.

  _____

CAPÍTULO 6

APRECIATIVIDAD CON NOSOTROS MISMOS

Quererse a uno mismo es considerarse digno de lo mejor, fortalecer el autorrespeto y darse la oportunidad de ser feliz por el solo hecho y sin más razón que la de estar vivo.

Walter Riso

¿Problemas de humildad?

La capacidad de apreciarnos a nosotros mismos es algo en cierto modo polémico. Incluso podemos llegar a creer que no está socialmente bien considerado reconocernos públicamente por nuestros talentos y fortalezas, como si solo pudiéramos sentirnos orgullosos de nosotros mismos en privado. Si bien esta actitud, la de reconocernos en la intimidad, es un nutritivo alimento para nuestra autoestima, poder decirles a otros en voz alta el aprecio que nos tenemos y las cosas por las que nos valoramos es algo también muy enriquecedor. Esta práctica suele ser poco corriente, y la mayoría de las veces es catalogada como falta de humildad o como narcisismo.

Recuerdo que una vez, en una cena con compañeros de la secundaria a quienes hacía más de veinte años que no veía, uno de ellos, luego de conversar un rato sobre nuestras carreras profesionales, me preguntó abiertamente:

—¿Eres buena en lo que haces?

—Sí —le respondí—, soy muy buena en lo que hago.

Me miró sorprendido.

—Me extraña tu respuesta. Lo normal es que la gente diga cosas como "no tanto, creo que aún me falta…", o "he crecido mucho, pero debo seguir esforzándome...". ¡Pensé que me darías una respuesta más humilde!

Ahora era yo quien lo miraba asombrada. Tenía toda la razón del mundo. Qué poco hablamos bien de nosotros mismos. Enseguida se nos etiqueta de soberbia o egocentrismo o nosotros mismos nos autocensuramos pensando que pecamos de falta de humildad.

La humildad requiere reconocer nuestros puntos débiles, pero esto no significa negar o dejar de celebrar nuestros talentos y fortalezas.

La fanfarronería no tiene nada que ver con la autoestima alta; justamente, es todo lo contrario. Las personas arrogantes y presumidas suelen ser personas de muy baja autoestima. Montan una coraza de aparente autoestima creyendo que esto no dejará traslucir sus verdaderos temores y angustias.

Esconder nuestro lado más brillante por pensar que se nos juzgará de fanfarrones o por creer que es lo culturalmente correcto tiene más contraindicaciones que beneficios.

Nuestro nivel de autoestima depende de factores tanto internos como externos. Los internos son creados por nosotros mismos: nuestras ideas, patrones de pensamiento y también nuestros hábitos y prácticas. Los externos, en cambio, son los mensajes que recibimos de nuestro entorno explícita o implícitamente. Nuestros seres significativos, padres, amigos, maestros, son co-constructores importantes de nuestra autoestima. Me ocuparé en este capítulo de los factores internos y desarrollaré los factores externos en el capítulo de "Apreciatividad con otros".

La autoestima funciona en nosotros todo el tiempo y podemos ser conscientes o no de ella. Si no lo somos, probablemente paguemos un precio muy alto por ello. Detenernos a observarla nos permite hacernos cargo y tomar las riendas para conducirla por caminos que la enriquezcan y la fortalezcan.

Nathaniel Branden, un estudioso de la autoestima, nos dice que "una autoestima alta busca el desafío y el estímulo de unas metas dignas y exigentes. Al alcanzar dichas metas nutre la autoestima positiva. Una autoestima baja busca la seguridad de lo conocido y la falta de exigencia. El limitarse a lo familiar y a lo fácil contribuye a debilitar la autoestima". [1]

A veces somos demasiado duros con nosotros y no nos damos cuenta del impacto negativo que eso tiene en la calidad de nuestra vida. La apreciatividad hacia nosotros mismos es uno de los principales pilares de nuestra autoestima porque nos conduce por un camino de conocimiento de nuestro lado más brillante. La capacidad y la habilidad de reconocernos a nosotros mismos, valorarnos y poder decirlo sin pudor y con mucho orgullo es algo que hemos de practicar para fortalecer nuestra autoestima.

Recuerdo que cuando estudié coaching con Joseph O'Connor estábamos en un bonito hotel y ya llevábamos varios días de curso, así que ya habíamos interactuado bastante entre los participantes. Un día, luego del receso del almuerzo, Joseph nos preguntó de sopetón:

—¿Qué conversaciones les impiden avanzar?

A pesar de estar algo aletargada por los efectos del almuerzo, levanté mi mano y contesté.

—Siempre creo que me falta un poco más.

Joseph me escuchó atentamente y continuó con la reflexión y las respuestas de otros participantes. Cuando ya no hubo más aportaciones, se dirigió a mí y me preguntó si quería pasar al frente junto con él para trabajar juntos en lo que entendí sería una muestra de una intervención de coaching.

Por supuesto, acepté su invitación. Frente a la audiencia me pidió que relatara con más detalle qué significaba aquello de "siempre creo que me falta un poco más".

---

1. Branden. N.: *Los siete pilares de la autoestima.* Espasa Libros, Madrid, 2011.

Le conté que me esforzaba por aprender cosas nuevas y que tenía muchos conocimientos, pero cuando había avanzado lo suficiente en algún proyecto y estaba casi listo para manifestarse, aparecía el gusanillo de la perfección y empezaba a castigarme por todo lo que aún me faltaba y lo lejos que estaba de alcanzar lo perfecto para no fallar. Entonces iba en busca de nuevos aprendizajes para arreglar mis carencias. Una carrera loca que nunca podía ganar porque, como dice el refrán, siempre siento que me faltan cinco para el peso –para los que no lo sepan, la de cinco centavos es la moneda más pequeña en Argentina, la que siempre se pierde–.

Joseph me pidió que escribiera en el papelógrafo: "Cuando sea perfecta me voy a sentir bien y voy a poder hacer las cosas sin fallar".

Me preguntó qué valoraban los demás de mí y de mi trabajo. Le respondí que confiaban en lo que yo hacía y me reconocían por cumplir mis compromisos y la calidad de mis trabajos.

Me hizo ver que la excelencia era una de mis virtudes y que la permanente búsqueda de la perfección me impedía valorar y reconocer todo lo que esta habilidad aportaba a mi vida. Era importante que me ocupara de ella y le sacara aún más brillo. Y, por supuesto, que dejara de preocuparme tanto por aquello que aún me faltaba.

Después de esa reflexión, me pidió que escribiera una frase que sintiera que me ayudaría a avanzar y a recordarme mi virtud. Tomé el marcador y escribí: "Lo que estoy haciendo ahora es lo mejor por el día de hoy, mañana puede ser mejor. Por hoy, es excelente".

Ese día aprendí la diferencia entre excelencia y perfección.

Me di cuenta de que podía seguir creciendo cada día y también de que cada día tenía lo suficiente y necesario para poder hacer y avanzar en mis proyectos. Las personas no somos perfectas y vivimos en una búsqueda frenética de ese imposible. Estamos todo el tiempo intentando completar lo que nos falta y creemos que este es el mejor modo de avanzar en la vida. Nada más lejos de la realidad. Si creemos que este es el modo, sufriremos mucho porque nunca llegaremos a conseguirlo. Es una fantasía creer que podemos tener todos los atributos y virtudes existentes para alcanzar la perfección, que eso no es más que una utopía, un modelo imaginario, una proyección mental de todas las virtudes juntas.

La manera más saludable de avanzar en la vida es enfocándonos en sacarles cada vez más brillo a nuestros talentos y desarrollar las fortalezas alineadas a ellos. Frente a nuestras debilidades es recomendable preguntarnos si son algo que no nos permite vivir con plenitud o simplemente nos enojan y nos fastidian. Y usar, además, el criterio de utilidad; ¿es necesario mejorarlas? ¿Hasta qué punto detienen mi desarrollo? ¿Hay alguno de mis talentos que si lo potencio puede hacer irrelevante esta debilidad?

Tiger Woods y las trampas de arena

Un claro ejemplo para ilustrar esto es el caso de Tiger Woods, quien, en los comienzos de su carrera, estaba sumamente angustiado y preocupado por las dificultades que tenía para sacar las pelotas del búnker de arena. Si bien su preocupación era razonable por estar en este punto muy por debajo del nivel de otros jugadores, su entrenador consideró que, debido a la facilidad que el deportista tenía en el *swing*, era más conveniente dedicar el 90% del tiempo de entrenamiento a su fortaleza, el *swing*, y solo el 10% del tiempo a mejorar el rescate de las pelotas al búnker de arena, su debilidad.

A Tiger le preocupaba mucho esta baja aptitud suya, pero su entrenador, Butch Harmon, le aseguraba que debían ocuparse de trabajar su fortaleza más grande, el *swing*, y solo se ocuparían de alcanzar niveles aceptables en las trampas de arena. Harmon tenía en mente hacer crecer lo mejor de Tiger, su mayor habilidad, y lo logró. Tiger llegó a ser número uno del mundo y muy pocas personas conocen que ocupaba el puesto número 61 del *ranking* en el búnker o trampas de arena.

Rescato aquí la actitud del entrenador, quien puso el foco en las características sobresalientes de Woods, y al trabajar codo a codo con él para reforzarlas logró llegar al punto en que era muy poco probable que sus tiros dirigieran las pelotas al búnker de arena y se viera expuesto a tener que sacarlas de allí. Esta anécdota demuestra que cuando les sacamos brillo a nuestros talentos y nos esforzamos en desarrollar las fortalezas alineadas a ellos, nuestras dificultades o carencias pierden protagonismo.

Las personas nos volvemos mejores no solo por tener un determinado talento que nos viene dado en nuestros genes, sino que nos volvemos mejores porque nos hemos entrenado y esforzado en adquirir prácticas que los potencian.

Parábola de los talentos

Cuando hablamos de talento nos referimos a nuestro potencial, nuestro mayor tesoro. Es algo en lo que somos buenos y que hacemos desde siempre. Lo hacemos con facilidad y nos conecta al placer.

Antiguamente se llamaba talento a diferentes monedas que circulaban en varias ciudades del mundo helénico, y luego también adquirió el significado de tesoro.

El diccionario etimológico de Joan Corominas presenta la hipótesis de que el cambio de sentido de esta palabra puede deberse a una antigua parábola del Evangelio de San Mateo, la de los talentos:

Un hombre que se iba al extranjero llamó a tres de sus capataces y les encomendó su hacienda: a uno le dio cinco talentos (una moneda de curso legal de la época), a otro dos y a otro uno, a cada cual según su capacidad; y se marchó de viaje. Enseguida, el que había recibido cinco talentos se puso a negociar con ellos y ganó otros cinco. Igualmente, el que había recibido dos ganó otros dos. En cambio, el que había recibido uno se fue, cavó un hoyo en la tierra y escondió el dinero de su patrón.

Al cabo de mucho tiempo, regresó el dueño de la hacienda y se reunió con sus capataces. El que había recibido cinco talentos, presentó otros cinco, diciendo: "Señor, cinco talentos me dejó; aquí tiene otros cinco que he ganado". Su jefe le dijo: "¡Bien, muy bien! Te pondré al frente de la hacienda". El de los dos talentos dijo: "Señor, dos talentos me entregó, aquí tiene otros dos que he ganado". Su jefe le dijo: "¡Bien, muy bien! También estarás al frente de la hacienda". El que había recibido un talento dijo: "Señor, sé que usted es un hombre duro, que cosecha donde no sembró y recoge donde no esparció. Por eso me dio miedo, y fui y escondí en la tierra su talento. Mire, aquí tiene lo que es suyo. Lo cuidé y lo escondí para que no se perdiera ni nadie lo robara". Su jefe lo miró y le dijo: "Los talentos no son para esconder, son para multiplicarlos. Cuando somos beneficiados con talentos es nuestro deber acrecentarlos y hacerlos fructificar. Esconderlos y taparlos solo nos garantiza mediocridad, la riqueza está en quienes hacen buen uso de ellos".

Debemos mostrar y multiplicar nuestros talentos y capacidades en lo que hagamos a diario porque eso nos permite incrementar nuestros logros y, además, son nuestros mejores aliados para alcanzar mayor bienestar y felicidad.

La invitación de esta parábola a manifestar y multiplicar nuestros talentos es la propuesta principal de la apreciatividad con nosotros: el autoconocimiento de nuestro lado más brillante y la práctica sostenida de su desarrollo.

¿Cuál es tu sello personal?

Para poder fortalecer los talentos primero debemos identificarlos. Esto se consigue, en principio, definiendo qué son.

No es lo mismo talento que fortaleza. Las fortalezas son rasgos de la personalidad a los que otorgamos un valor moral positivo, como la justicia y la amabilidad, y pueden entrenarse y mejorarse. Los talentos, como por ejemplo cantar muy bien, son innatos. Aunque se pueden desarrollar y mejorar, tiene que existir una base. Ya nos vienen dados y, además, no son fácilmente adquiribles. Los talentos son relativamente automáticos, mientras que en las fortalezas la clave es la voluntad. Prácticamente cualquier persona puede obtener, con el tiempo, esfuerzo y determinación suficientes las fortalezas personales, mientras que los talentos no pueden adquirirse por medio de la voluntad.

Existen variados tests altamente validados para medir cuáles son las fortalezas que caracterizan a una persona. Quizá el más reconocido es el cuestionario VIA (*Values in Action Institute*) de fortalezas personales, que ha sido desarrollado por los psicólogos Martin Seligman y Christopher Peterson.

Ellos identificaron 24 fortalezas presentes en las personas, y una de ellas es "el aprecio de la belleza y la excelencia (asombro, admiración, fascinación): saber apreciar la belleza de las cosas, del día a día, o interesarse por aspectos de la vida como la naturaleza, el arte, la ciencia". Si bien el concepto de apreciatividad que aquí planteo es más amplio y abarca, por ejemplo, a nosotros mismos y a otros, es adecuado decir que la apreciatividad es una fortaleza y, como tal, puede mejorarse e incrementarse con la voluntad y la práctica sostenida a lo largo del tiempo.

Para ilustrar lo que he tratado de explicar en las líneas anteriores, les voy a poner un ejemplo con mi propia persona. Mi talento es la comunicación oral, y mi fortaleza son las conferencias y los entrenamientos.

Conozco mi talento y lo entreno y desarrollo en áreas donde llegue a ser una de mis mayores fortalezas. Podría haber sido periodista o locutora de televisión. Esa no es hoy mi fortaleza, sin embargo, mi talento sigue siendo la comunicación oral y la palabra. Tengo un talento, y si bien este se presenta de manera casi automática en mí y me sale sin esfuerzo, cuando lo desarrollo y potencio en un dominio en particular voy construyendo una fortaleza.

FFRPR

Tal vez el título de este subapartado te parezca un trabalenguas. Enseguida lo aclaro. Hay maneras de identificar nuestros talentos por medio de autoevaluaciones. FFRPR es la sigla (por factibilidad, facilidad, reproducción, placer y reconocimiento) del método que propone Xavier Cornette de Saint Cyr.[2] Su propuesta es que nos detengamos a observarlos y someterlos a una precisa indagación, de modo que podamos identificar si contienen los requisitos necesarios para ser un talento.

El primer paso es hacer una lista de nuestros talentos. Como ya hemos explicado que muchas veces nos cuesta hablar de nosotros mismos, una buena técnica es hacerlo a partir de la mirada de un ser significativo para nosotros. Si le preguntas a una persona que te aprecia y te valora cuáles son los talentos que distingue en ti, ¿qué te diría y por qué?

Anótalos y luego toma cada uno de esos talentos y analízalos según las preguntas del método FFRPR:

- ¿Es algo que siempre ha estado en mí?
  Factibilidad. Es algo que siempre supe hacer. No es aprendido, sino innato. Puedo haberlo descubierto hace poco, pero ya lo tenía.

---

2. Cornette de Saint Cyr, X.: *Cuaderno de ejercicios para descubrir tus talentos ocultos.* Terapias Verdes, Barcelona, 2010.

- ¿Me sale fácil?
  Facilidad. Lo hago bien y sin esfuerzo.
- ¿Lo sé reproducir?
  Reproducción. No es algo aislado. Tengo muchos ejemplos de ello.
- ¿Me conecta con el disfrute?
  Placer. La energía que requiere hacerlo no me debilita, sino que me entusiasma y me da satisfacción.
- ¿Es algo que los demás me reconocen y ven en mí?
  Reconocimiento. Es algo que los otros aprecian en mí.

Si tu respuesta ha sido afirmativa a cada una de las preguntas, entonces se trata de un talento que debes atesorar. Y, por supuesto, encontrar el modo de desarrollarlo y emplearlo aún más en tu vida.

Alberto, mi coach, me contó que acostumbraba a desplazarse a menudo en bicicleta y, cuando ya llevaba tiempo montando, se dio cuenta de que si quería evitar los baches era mucho mejor mirar por dónde debía pasar en vez de mirar el obstáculo que quería evitar. Estamos muy habituados y nos han enseñado más a distinguir nuestros errores que a descubrir nuestros talentos. Los sistemas de calificación de las escuelas históricamente se centraron más en marcarnos lo que estaba mal (generalmente con tinta roja) que en resaltarnos lo que nos salía muy bien. Los jefes se ocupan más de sancionar que de felicitar. Muchos padres también han "comprado" la creencia de que el modo de educar a sus hijos es marcándoles sus puntos débiles.

En los entrenamientos les pido a las personas que compartan con un compañero dos de sus talentos. Es interesante ver cómo a muchos les cuesta, no solo hablar respecto de sus talentos sin sentirse incómodos, sino que incluso a algunos les resulta difícil hasta identificarlos. Si hacemos una lista de talentos y fortalezas y otra de debilidades, la mayoría de nosotros escribiría más fluido y con más datos y detalles la enumeración de las impotencias. El problema de la mayoría de las personas no es la ausencia de algunos talentos, sino la incapacidad de identificar y hacer crecer aquellos que sí tienen y con los que han sido bendecidos.

Es evidente que la presencia o ausencia de algunos atributos en nuestros genes tiene beneficios y desventajas para nuestra vida, pero fuera de eso, la mayoría de nosotros estamos muy lejos de conocer nuestro máximo potencial. A veces no somos capaces ni de ver nuestras propias semillas, como ya anticipé en el ejercicio de las manzanas; otras veces solo somos capaces de ver las semillas pero incapaces de imaginar el potencial que contienen y mucho menos de crear los mejores entornos para facilitar su expansión. Los genes nos garantizan el punto de partida, pero por sí solos no determinan de ningún modo en quién nos convertiremos. Es la multiplicación de la genética y el entorno (GxE), y su interacción dinámica la que nos convierte en quienes somos. Los contextos por sí solos no determinarán en quiénes nos convertiremos, así como la información contenida en nuestros genes tampoco se manifestará con independencia del entorno. Nuestros rasgos se desarrollan en un proceso dinámico entre ambos.[3] Y es esta misma interacción la que hará o no que desarrollemos las competencias necesarias para hacer crecer nuestro lado más brillante.

La discusión de si se trata de genética o de adquisición de nuestros dones ya ha quedado superada, y la mayoría de las personas hoy están de acuerdo en que somos producto de la interacción entre ambas. En el capítulo de "Apreciatividad con otros" desarrollaré con más detalle cómo nosotros, siendo parte del entorno de otros, influimos en el desarrollo de su potencial. El talento y nuestros dones son un proceso que se amplía, tanto desde nuestro interior, con nuestros pensamientos y actitudes, como desde el exterior, con la mirada de nuestros seres significativos y la calidad de nuestros entornos.

---

3. En Shenke, D.: *El genio que todos llevamos dentro*. Editorial Planeta, Barcelona, 2011.

El éxito: talento + práctica

Uno de los atributos de las personas exitosas es su capacidad de reconocer y apoyarse en sus talentos para avanzar hacia sus metas. No pierden el tiempo en sus debilidades. Saben que por mucho que le saquen brillo a una moneda de cobre nunca llegará a ser de oro. Le sacan tanto lustre a *su oro* que brilla por encima del resto. Nuestras limitaciones genéticas existen, pero no tienen que tenernos atados como lo hicieron los liliputienses con el gigante Gulliver; debemos saber que además contamos con infinidad de capacidades que están a la espera de ser desatadas y liberadas para poder extenderse.

Si solo usamos nuestros talentos de manera mediocre y no nos ocupamos de desarrollarlos cada día más, corremos el riesgo de que nuestras debilidades tomen mayor protagonismo. El secreto de las personas exitosas es justamente este: llevar a su máximo exponente su lado brillante. Esas personas no usan sus talentos como divanes donde relajarse y descansar, sino que los potencian y los utilizan como trampolines para impulsar sus vidas. La mediocridad es más común en la mayoría de nosotros, y pocos nos tomamos nuestros talentos en serio y les dispensamos tiempo y esfuerzo para su crecimiento. Se dice que se necesitan aproximadamente diez mil horas de práctica en un período de diez años para alcanzar la cima de alguna especialización.

Esto muestra que el talento por sí solo no es el único atributo necesario para alcanzar logros extraordinarios. Ni tampoco que la sola práctica de diez mil horas puede permitirnos alcanzarlo. Lo logran aquellos que se conectan con su propio potencial y desafían sus límites, porque tienen la firme convicción de que pueden aumentar sus capacidades si se esfuerzan y practican, practican y practican. La Inteligencia Apreciativa de estos individuos juega un rol muy importante en este proceso ya que durante él se verán enfrentados a obstáculos, pérdida de motivación, sensaciones de fracaso y tentación de abandonar, que pueden ser superados por su perseverancia y resiliencia o cualquiera de las otras cualidades que poseen las personas con altos niveles de Inteligencia Apreciativa (Ver Capítulo 5). Siento que muchas personas reconocen mis talentos, pero también admiten que mi éxito es en parte producto de mi capacidad de trabajo y perseverancia, de mi gran pasión por lo que hago y de mi motivación constante por avanzar y crecer en aquello que quiero desarrollar. La gente me reconoce por ello y cuando obtengo un logro en cierta manera no les sorprende porque ya me han visto trabajar para ampliar mis capacidades y poner muchas horas de mi vida para alcanzarlo. Cuando le decimos a alguien "te lo mereces" es precisamente porque consideramos que se ha esforzado mucho para lograr sus resultados.

Nuestras capacidades no son fijas, y gracias a la neuroplasticidad de nuestro cerebro, que interacciona con el entorno, podemos mejorarlas y desarrollarlas. Pero también la ciencia ha demostrado que aumentar aquellas capacidades que son las más naturales en nosotros tiene mayores beneficios para nuestra vida. Su práctica nos sale más fácil y por lo tanto aprendemos a mayor velocidad, disfrutamos mientras las hacemos, estamos más motivados a ejercitarlas, nos resulta más cómodo replicarlas, tienen gran impacto en nuestros niveles de felicidad, y nos producen menor estrés y angustia. Gastamos mucha energía para superar nuestras debilidades y se llega menos lejos. Poseemos la idea de que no tenemos que preocuparnos por lo positivo: si ya está bien, ¿para qué cambiarlo? Y quien dice cambiarlo, dice entrenarlo, potenciarlo, mejorarlo...

Resulta interesante, por ejemplo, detenernos a observar cuánto utilizamos nuestros talentos y fortalezas en el trabajo y procurar buscar estrategias que nos ayuden a tenerlos más presentes. Podemos, por ejemplo, hacernos preguntas del tipo: "¿Cómo puedo con mis talentos y fortalezas hacer lo que hago de manera diferente? ¿De qué modo puedo enriquecer mi trabajo con ellos?

No se trata de repetir cada vez más lo que ya sabemos hacer bien, eso no es desafiante ni conduce a un gran crecimiento. Es hacer cosas nuevas, disruptivas, en las que nuestros talentos puedan manifestarse.

Si bien no tenemos total control sobre el mundo y nuestras vidas, contamos con el poder de intervenir e impactar en ellas mucho más de lo que comúnmente imaginamos. Tenemos infinidad de posibilidades y, en general, pocas veces las distinguimos y aprovechamos.

También es cierto que tenemos limitaciones; no todos poseemos los atributos necesarios para jugar al básquet o habilidad para la pintura. Tener limitaciones es parte de nuestra propia imperfección como seres humanos. Este no es el problema. El problema está cuando perdemos nuestra capacidad para conectarnos con nuestro verdadero valor y potencial. No se trata de esconder la cabeza como el avestruz para no ver nuestras limitaciones. Es mejor reconocerlas y aceptarlas, y también es importante no etiquetarnos con ellas con tanta firmeza que lleguemos a creerlas inamovibles. No nos detendremos a sacarles brillo, pero muchas veces puede que el criterio de utilidad nos recomiende mejorarlas. Cuando esto ocurre, es aconsejable usar el enfoque apreciativo también con nuestras limitaciones.

Esto significa, por ejemplo, no castigarnos cuando no avanzamos en su mejoría, tener una actitud autocompasiva e incluso poder reírnos de nosotros mismos. Sabernos imperfectos pero modificables, y apalancarnos en aquellos talentos y fortalezas que también pueden convertirse en un recurso cuando necesitamos trabajar nuestras debilidades.

He de reconocer que, desde lo corporal, siempre me han costado las demostraciones de afecto, no soy de mucho abrazo y arrumaco. Siempre ha sido así, el uso de la palabra me resulta mucho más sencillo, pero el contacto físico no es una fortaleza en mí. Con los años lo he ido mejorando, porque sé que no hacerlo tiene un impacto negativo en mis relaciones significativas. Es una de mis limitaciones y seguramente nunca será lo que más brille de mí, pero sabiéndolo, siendo consciente de ello, he podido, con esfuerzo y perseverancia, alcanzar niveles aceptables que redujeron su impacto negativo y además he compensado este desequilibrio dándoles más brillo a algunos de mis lados brillantes. Por ejemplo, mi capacidad de escucha. Escuchar al otro y tener una palabra de aliento y compasión es una fortaleza que me ha sido muy útil para nutrir mis relaciones significativas y compensar mis lados más débiles.

Algunos puntos a tener en cuenta para practicar apreciatividad con nosotros mismos implica:

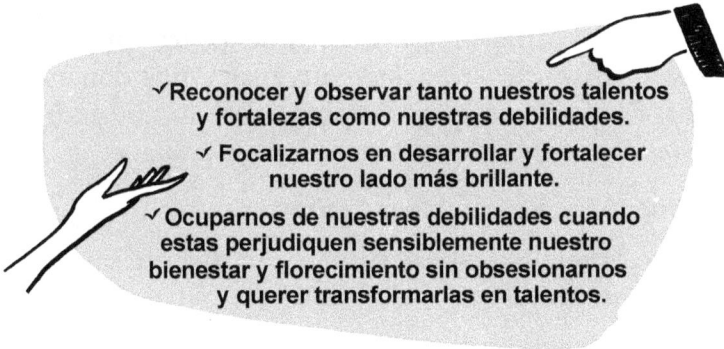

✓ Reconocer y observar tanto nuestros talentos y fortalezas como nuestras debilidades.

✓ Focalizarnos en desarrollar y fortalecer nuestro lado más brillante.

✓ Ocuparnos de nuestras debilidades cuando estas perjudiquen sensiblemente nuestro bienestar y florecimiento sin obsesionarnos y querer transformarlas en talentos.

La *vocecita* interior

No diré nada nuevo si afirmo que conversamos con nosotros mismos todo el tiempo. Sin embargo, es muy poco probable que mientras lees este libro estés teniendo conciencia de tus diálogos interiores, al menos hasta este instante.

La cantidad de pensamientos y conversaciones contigo mismo que has tenido ha sido inmensa, aunque en su gran mayoría no haya sido registrada de forma consciente. De todos ellos, seguramente muchos han sido juicios y opiniones sobre ti mismo.

Es importante que podamos amplificar, como con una gran lupa, nuestros diálogos internos para observar cuánto aprecio y valoración contiene ese trato con nosotros mismos. ¿Me trato con respeto y compasión o me castigo y reprendo la mayor parte del tiempo? La forma de saberlo es detenernos y observarlos.

Debemos saber escuchar qué nos decimos, porque esto determina en gran medida nuestro futuro y bienestar. Los diálogos interiores definen patrones de conducta difíciles de olvidar. Una persona que se dice a sí misma 20 opiniones negativas por cada una positiva, es difícil que pueda ver sus propias fortalezas.

Voy a tomar la idea del médico y psicoterapeuta gestáltico, el doctor Norberto Levi, acerca de los tres protagonistas que dialogan entre sí en las conversaciones con nosotros mismos: El que **hace**, el que **opina** sobre lo que se hizo y el que intenta **cambiar o conservar** lo que se hace.

El que hace: Reprueba el examen.

El que opina: No sabes estudiar. ¡Te dije que no salieras y que estudiaras más!

El que intenta cambiar: Desde mañana estudio tres horas más al día.

El que hace: No puedo, me aburre.

El que intenta cambiar: Eres un vago, así nunca vas a recibirte.

El hacedor que reprobó el examen tiene un primer momento de rechazo y desagrado. Es inevitable y necesario que lo tenga, ya que es lo que pone en marcha la posibilidad de corregir y aprender. El problema ocurre cuando el que opina emite un juicio sobre lo ocurrido y sobre el hacedor, y lo hace con desprecio o crítica.

Para aprender y crecer nos viene mejor un evaluador apreciativo; es decir, un evaluador que tenga una actitud compasiva hacia nosotros, pero no por ello condescendiente. Que pueda mostrar que su función no es castigarnos, sino ser nuestro mejor aliado para nuestro crecimiento y bienestar.

Además de observar qué nos decimos es importante que observemos si nuestro *yo que hace* tiene la posibilidad de expresarse y qué dice cuando lo hace. ¿Cómo se siente frente a lo que escucha del que opina? ¿Qué emociones le despierta? ¿Angustia, desánimo, incomodidad, confianza? ¿Se siente energizado o desanimado por la opinión? Es de mucha ayuda poder observar cuál es el impacto que le produce la crítica al lado nuestro que hace y procurar que este pueda además expresar y pedir cuál es el trato que desea recibir.

Luego tenemos además el rol del que intenta cambiar o conservar lo hecho por el realizador.

Es como un jinete que con sus riendas va marcándole al caballo qué hacer y qué no hacer. Qué mantener y qué cambiar. Pero nunca escucha la opinión del caballo.

Es el que dice saber cómo han de hacerse las cosas, pero no se interesa por conocer los sentimientos del realizador. No busca conocer cuál es el trato que necesita el realizador para avanzar. La manera en la que nos hable el lado nuestro que intenta cambiar es determinante para alcanzar o no la transformación. El modo en que lo haga puede provocar que mejore o que empeore nuestra manera de hacer. No podemos dejar de tener diálogos interiores y estos son muy importantes para poder corregir y aprender. El problema ocurre cuando estos diálogos en lugar de hacernos florecer nos dificultan la vida.

Por eso, resulta necesario que nuestros diálogos internos estén impregnados de admiración y confianza hacia nosotros mismos y que esto no sea producto de una fantasía, de un pacto ficticio, sino de nuestra capacidad de detectar y focalizarnos en nuestros recursos y potencialidades. Una actitud benevolente es una gran aliada a la hora de dialogar con nosotros mismos.

Yo a usted lo conozco y lo valoro

El autoconocimiento es un proceso cognitivo y reflexivo importante para nuestro crecimiento, es el proceso de aprendizaje donde vamos aprendiendo o desaprendiendo. Aunque es evidente que el autoconocimiento proviene de las respuestas que proporcionamos, el conocimiento final será más satisfactorio dependiendo de la calidad de las preguntas.

¿Qué tenemos que conocer? Es importante que las preguntas que guíen nuestro autoconocimiento tengan mayoritariamente un enfoque apreciativo, porque, de lo contrario, podemos caer en la tentación muy habitual de iluminar solo aquellas áreas que menos nos gustan de nosotros mismos. Los procesos de observarnos a nosotros mismos son complejos ya que, como dice el proverbio tibetano, "El ojo no ve la pupila". Contemplarnos a nosotros mismos requiere bastante de contorsionismo.

Entonces, ¿cómo conocerse? ¿Qué tenemos que conocer?, y aún más importante: ¿para qué conocerse?

Alfried Längle, presidente de la Sociedad Internacional de Logoterapia y Análisis Existencial, propone cuatro condiciones fundamentales para una existencia plena del ser humano.[4] Tomé las cuatro condiciones y, también, el atrevimiento de hacerles unos cambios. Procuré centrarlas más en un enfoque apreciativo para distinguir la presencia que

---

4. Längle, A: *Las cuatro condiciones fundamentales para una existencia plena.* Ed. Suess-Gasse 10. A-1150 Viena, 1998.

los talentos, cualidades y fortalezas tienen en cada una de ellas. Te invito a dedicarte unos minutos a ti mismo a modo de autoconocimiento y que respondas a cada uno de los siguientes bloques de preguntas que he rediseñado de cada una de las cuatro condiciones fundamentales para nuestra existencia plena propuestas por Längle:

- **Yo soy**, pero ¿tú eres? ¿Tú puedes ser? Es decir, ¿tus talentos y fortalezas se pueden expresar y mover? ¿Tienes un lugar donde sentirte protegido y aceptado para expresarlos? ¿Tienes apoyo interior y exterior para mostrarlos?
- **Estoy vivo**, pero ¿te gusta vivir? ¿Estás en armonía con el mundo y contigo mismo y así puedes sentir la profundidad de la vida? ¿Vibras con la vida? ¿Eres capaz de apreciarla? ¿Estás conectado con lo que es valioso en ti? ¿Agradeces tenerlo y vivir con ello?
- **Me siento libre para poder ser yo mismo** ¿o estás condicionado para serlo? ¿Quién ve realmente tus talentos? ¿Quién considera tus talentos y respeta tus debilidades? ¿En qué eres apreciado? ¿De qué manera te valoras a ti mismo?
- **Yo estoy acá**, pero ¿para qué es bueno que tú estés acá? ¿Hacia dónde vas con tus virtudes? ¿Hay un lugar donde sientas que se necesitan tus fortalezas y donde puedes ser productivo? ¿Qué podrías aportar con tus talentos? ¿Hay algo que tú creas que aún debe ser realizado con ellos?

No hay respuestas correctas o incorrectas, pero si has respondido con sinceridad y compromiso con la tarea seguramente encontrarás mucha y valiosa información en tus contestaciones que puedes capitalizar para tu florecimiento y crecimiento. Descubrimientos y/o reconfirmaciones que te muevan a transitar caminos de cambio y transformación.

Tomar distancia

Si no nos damos un espacio –y un tiempo– para mirar la vida que estamos viviendo, nadie lo va a hacer por nosotros. Tomarse un tiempo, como el que acabas de dedicar, de autoconocimiento, puede ser de mucha utilidad para la vida.

A veces, imagino que a todos nos ha pasado. Llegamos a lugares sin saber muy bien cómo lo hicimos; hemos sido poco o nada conscientes de lo ocurrido en el trayecto. Lo hemos hecho de forma automática y casi seguramente por los caminos que nos resultan más conocidos. Salvo que algo se interponga en el fluir natural de nuestra vida, no nos detenemos a observar nuestro tránsito.

El problema de no detenernos a observar es que se nos pierde información muy valiosa para nuestra vida. Una de las estrategias para aumentar la apreciatividad con nosotros mismos es tomar distancia del camino, y con actitud benevolente observar cómo y cuánto nuestras actitudes, capacidades y talentos han dado origen a muchas de las cosas buenas que han ocurrido. Seguramente te preguntarás qué hacer con las malas; como ya he dicho, no has de taparlas sino observarlas, reconocerlas y buscar el modo de reducir su impacto en el futuro. Si eres como la mayoría de las personas, seguramente tendrás lo malo bien identificado y es muy probable que tus diálogos internos se hayan ocupado de criticarte y juzgarte por ello. Detenerte a observar tus propios comportamientos y actitudes apreciativamente es un ejercicio que recoge el néctar y la ambrosía que alimentan tu autoestima y autoconfianza, que, de otro modo, se perdería sin dejar huella.

Si conducimos por una ruta conocida y, de repente, distinguimos a lo lejos la vibración luminosa de algo metálico que llama nuestra atención y al acercarnos comprobamos que son unas vías de tren, sabemos que en aquel lugar debemos actuar con precaución. Aminoraremos la marcha hasta casi detener el vehículo, asomaremos su parte delantera hasta comprobar que ningún tren se acerca. E incluso nos detendremos si no estamos seguros, miraremos varias veces a ambos lados y luego, cuando estemos muy seguros de que no pasa el expreso de las 12, continuaremos nuestra marcha. Sería una imprudencia no hacerlo. Pues con nuestra vida de algún modo también lo es. Es una imprudencia andar por la vida a toda velocidad sin aminorar nuestra marcha y detenernos cada tanto a capturar todo lo maravilloso que ella posee y cuanto de eso valioso ha sido producido por nosotros mismos, por nuestros talentos y capacidades. No debemos dejar que el tren de la vida nos pase por encima y se lleve a su paso valiosa información que enriquecería nuestra existencia.

Permíteme recomendarte, querido lector, que cada tanto busques de forma intencional lugares donde estacionarte. Fantasea periódicamente con pasos a nivel en tu camino, con el único objetivo de detenerte a autoobservarte apreciativamente. Detente, mira lo mejor de ti, llena tus maletas con todo lo bueno que encuentres, y continúa tu viaje.

Un cierre que abre: apreciatividad conmigo

Llegó el momento del juego de preguntas. Como ya te he dicho, no hay respuestas correctas a estas preguntas, la que vale es la que te sirva a ti para capitalizar aún más los conocimientos de cada capítulo. Ahora repitamos el ritual que ya has venido haciendo desde los capítulos anteriores:

- Detén tu marcha por un instante.
- Toma conciencia de tu respiración con dos inspiraciones y exhalaciones.
- Captura el momento presente haciendo un "vuelo de pájaro" atento sobre el lugar donde te encuentras.

- Ve por un instante a tu interior y registra cómo te sientes en este momento. No juzgues tus sentimientos y emociones, solo obsérvalos.

¡Ahora estás nuevamente listo para comenzar nuestro juego de preguntas!

- ¿Cuáles son las tres primeras palabras que vienen a tu mente cuando piensas en apreciatividad con uno mismo?

  _____

- ¿Qué personaje de la historia sientes presente en este capítulo?

  _____

- ¿Qué es lo que más te gusta de él/ella que tú también tienes?

  _____

- Piensa en un color que le siente bien a la apreciatividad con uno mismo... ¿Cuál sería?

  _____

- ¿Por qué?

  _____

- Menciona dos aprendizajes o aportes que te haya dejado este capítulo.

  _____

CAPÍTULO 7

APRECIATIVIDAD CON OTROS

Ahora me doy cuenta de una enorme omisión en mi psicología. El principio más profundo de la naturaleza humana es la necesidad de ser apreciado.

William James

De estatua a persona

¿Pueden nuestros comportamientos verse afectados a partir de las opiniones que nuestros seres significativos tienen sobre nosotros? ¿Una imagen positiva de un padre, un maestro o un jefe puede llevarnos a alcanzar logros más allá de lo esperado? ¿Es esto posible?

Algunas disciplinas han elaborado teorías apoyadas en lo que se conoce como "Efecto Pigmalión". Denominan así a las acciones que emprendemos a partir de las expectativas que otros tienen en nosotros.

Su nombre proviene de una antigua leyenda griega. Según cuenta, Pigmalión, un importante rey de Chipre cuya afición era esculpir estatuas, un día creó la figura de una hermosa mujer. Cuanto más contemplaba la estatua más se enamoraba de ella. Entonces decidió ponerle de nombre Galatea y pedirles a los dioses que le dieran vida para poder casarse con ella. Tal fue su insistencia que los dioses acabaron por acceder a su petición y le dieron vida, convirtiendo a Galatea en una de las mujeres más hermosas de Chipre.

Como muchas leyendas clásicas, las adaptaciones han sido innumerables. Una de ellas dio origen y nombre a una de las obras cumbre del célebre escritor George Bernard Shaw,[1] que luego fue llevada al cine con el título de *My fair lady* (*Mi bella dama*, en español). En ella, el profesor Higgins convierte a Eliza Doolittle, una muchacha analfabeta de clase baja, en una dama de alta alcurnia, para luego terminar enamorándose de ella. Seguro que todos los que hayan visto la versión doblada al español recuerdan a la gran Audrey Hepburn repitiendo hasta la saciedad aquella frase de "La lluvia en Sevilla es una maravilla"; un reto para cualquier hablante argentino, que diría algo así como "La yuvia en Seviya es una maraviya".

A partir de esta leyenda y sus variaciones, Robert Merton designó con el nombre de "Efecto Pigmalión" a sus estudios sobre las consecuencias que tienen en una persona las expectativas y creencias de los demás acerca de ella. Y los psicólogos Robert Rosenthal y Leonore Jacobson,[2] en los años sesenta, hicieron un estudio al que denominaron "Pigmalión en el aula" (daré más detalles de este estudio un poco más adelante) sobre la influencia que la imagen del maestro tiene sobre el alumno en su desempeño y rendimiento.

"Somos el resultado de la imaginación y la mente humana. Cada uno de nosotros está hecho e imaginado en los ojos de otro. Hay una total inseparabilidad del individuo del contexto social y de la historia del proceso de proyección."[3]

Somos sensibles a lo que nuestros seres significativos esperan de nosotros.

Este es el poder del Efecto Pigmalión. Las expectativas que proyectamos respecto del potencial de las personas no son inocentes, crean realidades. Cuando estas expectativas

1. Shaw, G. B.: *Pigmalión*. Ediciones Cátedra, Madrid, 2016.
2. Rosenthal, R. y Jacobson, L.: *Pigmalión en el aula*. Marova, Madrid, 1980.
3. Srivastva, S. y Cooperrider, D: "Positive Image, Positive Action: The Affirmative Basis of Organizing", *Appreciative Management and Leadership*, Rev. Euclid, OH, Lakeshore Communications: 91-125

son positivas, ellas refuerzan la autoconfianza de la persona, lo que amplía su visión de posibilidades y lleva a un cambio en su comportamiento que hace que se cumpla la profecía.

Cuando alguien importante para nosotros pone foco en lo que tenemos de valioso y confía en nuestro potencial, nos sentimos más seguros y motivados, y eso alimenta la sensación de sentirnos vivos. Tal cual Pigmalión hizo con Galatea y el profesor Higgins con la señorita Doolittle, una proyección positiva de nuestros seres significativos hacia nosotros nos lleva muchas veces a transformarnos de inmóviles estatuas en personas aladas.

Mermelada de cerezas

En una cocina de la década del cincuenta una madre cocinaba en su olla de presión un almíbar con 30 latas de cerezas. No quería conseguir una rica mermelada sino una pasta pegajosa de color rojo que pareciera sangre.

Su hijo deseaba la insignia al mérito en el cine. Su padre le había comprado una filmadora súper-8 y él soñaba con hacer una película de terror, para lo que necesitaba que una pasta pegajosa de aspecto sangriento chorrease por los armarios de la cocina de su casa. Su madre contó mucho tiempo después que durante años continuó limpiando mermelada de cerezas de sus armarios.[4]

Creo que de haber sido yo su madre, es probable que Steven Spielberg no hubiera llegado a ser cineasta. Sinceramente, dudo de que mi afán por la limpieza hubiera permitido que la cocina de nuestra casa se convirtiera en un set de cine donde chorreara una pegajosa mermelada por las alacenas. Alguna vez leí que la mayoría de nosotros no creció en un medio que pudiera crear genios. Entonces simplemente

---

4. En Goleman, D.: *El espíritu creativo.* Ediciones B, Argentina, 2000..

creemos que nosotros no somos genios. Sin lugar a dudas, Spielberg creció en un medio que fomentó su genialidad.

Casi todas las personas que han llegado lejos han tenido algún ser significativo que les dio apoyo y confianza, y muchas veces esa misma persona fue también quien se ocupó de crear los entornos necesarios para hacer florecer su potencial más allá de lo esperado. Emil Ludwig explica en su biografía de Napoleón que este fue convencido desde muy temprano por su madre de que podía realizar cosas extraordinarias.

Sin embargo, la mayoría de los niños de hoy están recibiendo más mensajes del tipo "no lo hagas" que estímulos para producir una película de terror en la cocina de su casa.

Es primordial para el desarrollo saludable de nuestros hijos hacerles saber nuestra admiración y reconocimiento, y procurar mantener con ellos un mayor porcentaje de diálogos positivos en nuestra interacción con ellos.

Ser apreciativos con nuestros hijos no implica recompensar sus faltas de talento o decirles que sí a todo. Significa tener un buen ojo para reconocer su verdadero potencial. He aquí un gran desafío porque la mayoría de las veces caemos en la tentación de ponerles las cualidades que a nosotros como padres nos gustaría que tuvieran más que en aceptar y reconocer su verdadero potencial.

Diseñando envases aprendí muchas y variadas cosas. Una de ellas es que las semillas del maíz para *popcorn* ya vienen genéticamente prescritas con diferentes posibilidades de expansión, de 10 hasta más de 40 veces su tamaño original. Pero ningún grano de maíz se expande sin la influencia del medio; necesitan de la temperatura apropiada para que se pongan en funcionamiento los procesos que, combinados entre sí, hacen que se expanda el almidón que contienen hasta su máxima expresión.

De algún modo, todos somos como el *popcorn*. Tenemos un potencial que necesita de un medio adecuado para llegar a su máxima expresión. Como padres tenemos la enorme responsabilidad de crear entornos enriquecidos para el florecimiento de nuestros hijos, y ser buenos alentadores de su lado más brillante. Eso hace una diferencia significativa en lo que serán capaces de lograr en su vida.

Ratas tontas o ratas brillantes

Rosenthal, quien junto con Jacobson iniciaron el experimento de "Pigmalión en el aula",[5] quiso probar el impacto de las proyecciones sobre las personas a través del estudio del comportamiento de ratas de laboratorio.

Tomó a un grupo de estudiantes y les dio seis ratas elegidas de forma aleatoria. Sin embargo, les aseguró que habían sido elegidas especialmente de un grupo de animales seleccionados por haber demostrado capacidades extraordinarias para recorrer con éxito el laberinto en busca del queso.

Tomó a otro grupo de estudiantes y les entregó otras seis ratas también elegidas al azar. A ellos les dijo que se trataba de animales normales pero que genéticamente podrían tener problemas para lograr encontrar el camino correcto en el laberinto.

A partir de varios experimentos con laberintos y queso, Rosenthal confirmó sus predicciones a los pocos días. Las ratas del grupo consideradas "brillantes" encontraron el 51% más de caminos correctos y aprendieron un 29% más rápido que las "mediocres". Algunas ratas del grupo catalogado por Rosenthal como genéticamente con problemas ni siquiera empezaron el recorrido del laberinto.

Pero los resultados de este experimento estaban más relacionados con los alumnos que con las capacidades de los

5. Rosenthal, R. y Jacobson, L.: *op. cit.*

pequeños animalitos. Algo que Rosenthal confirmó cuando se centró en la observación del comportamiento de los estudiantes. El resultado de sus observaciones fue el siguiente:

Los alumnos "que creían" tener…

Ratas más listas   Ratas más tontas

Eran entusiastas. Pasaban más tiempo trabajando en el laboratorio.

Se mostraban desmotivados. Las descuidaban y olvidaban estimularlas.

Mostraban mayor simpatía y les hablaban más positivamente.
—¡Tranquila, que vas a poder!

Hablaban prioritariamente con contenido negativo.
—¡Nunca lo vas a lograr!

Tenían menos exabruptos.
—No pasa nada, estás aprendiendo.

Se enojaban con facilidad y les proferían insultos.
—Idiota, ¡tonta!

Eran más cálidos y relajados. Acariciaban más a los animales y jugaban más con ellos.

Se mostraban tensos y casi no tenían acercamiento afectivo con los animales.

Eran persistentes. Hacían intentos una y otra vez.
—Ok, ¡volvamos a intentarlo!

Se resignaban y dejaban de intentarlo ante los fracasos.
—Basta, ¡es inútil insistir!

Propiciaban el aprendizaje por pequeños pasos, les daban recompensas y estímulos a medida que avanzaban.

Se focalizaban en la meta final y no distinguían ni celebraban los pequeños avances positivos.

Este estudio evidencia que el comportamiento de una persona, o en este caso incluso de un animal, se verá afectado por las proyecciones manifestadas a través del trato y la actitud que tengamos hacia ella. Trato que despertará en quien lo recibe un modo de comportamiento que lleva a la confirmación de las expectativas proyectadas sobre él. Una profecía autocumplida es una expectativa que incita a las personas a actuar de tal manera que hacen que la expectativa se vuelva una realidad.

Los niños no tenían ni idea del potencial de las pequeñas ratas, fueron inducidos a hacer una proyección positiva o negativa sobre ellas y eso fue lo que determinó el modo en que las trataron y su actitud frente a ellas. Si miramos las dos columnas podemos ver también reflejados allí el comportamiento de algún jefe, padre, pareja o maestro, y también de nosotros mismos. Estos comportamientos son producto de las proyecciones que todos hacemos sobre otros.

Una mirada apreciativa sobre una persona puede cambiar significativamente nuestras proyecciones sobre ella y en consecuencia nuestro trato y actitud.

Pigmalión. ¿Positivo o negativo?

Lo que los demás esperan de nosotros puede desatar un conjunto de acciones que nos lleven mucho más allá de lo que podemos imaginar, para bien o para mal.

El proceso mediante el cual las creencias y expectativas de una persona respecto de otro individuo afectan de tal manera a su conducta que el segundo tiende a confirmarlas se conoce en psicología como Efecto Pigmalión.

Efecto Pigmalión positivo, cuando produce un aumento de la autoestima de la persona y del aspecto positivo sobre el cual se actúa.

Efecto Pigmalión negativo, cuando produce una disminución en la autoestima de la persona y aumenta el aspecto negativo sobre el cual se actúa, haciendo que el aspecto positivo disminuya o incluso desaparezca.

El experimento de los investigadores Robert Rosenthal y Leonore Jacobson en una escuela californiana, conocido como "Pigmalión en el aula" antes mencionado, fue publicado en 1968. Consistió en proporcionar información falsa a los maestros respecto del potencial de los alumnos de sus clases. La misma línea usada en el experimento con las ratas de laboratorio. Se les dijo de determinados alumnos que habían sido sometidos a rigurosos tests y que su coeficiente intelectual era elevado y que se encontraban en el momento de su mayor crecimiento. Esto era falso ya que los alumnos habían sido elegidos al azar. El objetivo de los investigadores era ver si la opinión que el maestro se forma sobre el alumno tenía impacto en el rendimiento escolar.

Los resultados mostraron que aquellos alumnos sobre los que los profesores tenían mayores expectativas de éxito respecto de su aprendizaje mostraron mejores calificaciones que el resto de los alumnos. En conclusión, las expectativas insufladas a los profesores sobre determinados alumnos y el comportamiento que tuvieron con ellos producto de estas expectativas fueron la causa de que los alumnos obtuvieran un mayor crecimiento intelectual. Cuando las expectativas positivas del maestro se sostienen de manera continuada a lo largo de varios meses, los alumnos consiguen mejores resultados escolares y más altas calificaciones en los exámenes.

Los cuatro principios del Efecto Pigmalión positivo

Cuando tenemos una expectativa positiva de las posibilidades de aprendizaje de alguien, hay conductas que claramente respaldan el crecimiento de la persona. Rosenthal agrupó los resultados de las observaciones de las conductas de los participantes de sus estudios en cuatro principios:

- Se establece con la persona un clima socioemocional más cálido y optimista.
- Se ofrece información sobre lo que se espera de la persona, el punto en donde se encuentran y la manera de alcanzar el objetivo.
- Se aceptan mejor sus fallas, pero se les exige que perseveren hasta el logro.
- Se les da más oportunidades de preguntar y consultar.

Estos principios definen el entorno en el que las personas se desarrollan. Digamos que delimitan el tamaño del estanque en el que nadan.

Un pez koi, esos peces de vivas tonalidades naranjas que vemos habitualmente en los estanques, puede llegar a medir hasta más de un metro de largo. En 1938 Ludwig von Bertalanffy (1901-1972), biólogo de origen austríaco, creó una ecuación de su crecimiento que aún hoy es utilizada por su gran precisión. Según la tabla confeccionada por él, un koi alcanza el 50% de tu tamaño final a los 24 meses de vida, un 95% a los 10 años y un 99% a los 14 años.[6]

Sin embargo, su crecimiento depende muy directamente del medio en el que se encuentre. Si un pez koi se desarrolla en una pequeña pecera, puede que no supere algunos centímetros, pero puesto en un gran estanque puede llegar a medir hasta más de un metro de largo. Importan, además, la calidad del agua y del alimento, si hay o no sobrepoblación, etc. Todas estas son causas que afectan al desarrollo o no de su potencial. Este pez no es diferente de nosotros en cuanto al impacto del entorno. Los cuatro

---

6. Bertalanffy von, L.: *Teoría general de los sistemas. Fundamentos, desarrollo, aplicaciones*. Fondo de Cultura Económica, México, 1976.

principios del Efecto Pigmalión son relevantes para el crecimiento de las personas, ya que limitan su vida a "pequeñas peceras" o les permiten desarrollarse con mayor libertad y espacio como si se tratara de promisorios estanques.

Los seres humanos "nadamos" en entornos que impiden o facilitan nuestro crecimiento, y las personas somos arquitectos que diseñamos y construimos con nuestras propias proyecciones los estanques en los que otros nadan. Lamentablemente, no siempre nos resulta visible y claro cómo el impacto de nuestras proyecciones respecto del potencial de las personas afecta a sus vidas, creemos que su tamaño tiene más que ver con ellos que con nosotros. Además, está mucho más instalado culturalmente atribuir a la genética la responsabilidad de quiénes somos y en quiénes nos convertimos. Está popularmente instalada la idea de "se nace o no se nace genio".

Esto me recuerda un viejo programa en el que Enrique Almada, un reconocido humorista de la televisión uruguaya, interpretaba a un profesor de buenos modales y cultura que tenía que instruir a Toto Paniagua. Este se comportaba de forma grosera y con poca formación cultural, muy bien interpretado por Ricardo Espalter. El profesor intentaba una y otra vez instruir al alumno, pero este no solo no avanzaba, sino que le discutía y rechazaba sus enseñanzas. Cuando Paniagua se iba, el profesor quedaba visiblemente extenuado y cerraba el *sketch* siempre con la misma frase:

—No hay nada que hacer, el que nace para pito nunca llega a corneta.

Una respuesta que dejaba en evidencia la opinión que este profesor tenía de su alumno: nunca se convertiría en un genio. Lo que el profesor no notaba era que esta proyección lo llevaba a comportarse de un modo que no propiciaba un buen estanque donde Toto Paniagua pudiera desarrollar su potencialidad. El educador se mostraba desmotivado y resignado a no obtener buenos resultados con sus enseñanzas y se enojaba fácilmente ante los errores de su alumno. Estaba visiblemente tenso y no mostraba ningún tipo de afecto hacia Toto.

Construir imágenes de futuro positivas con respecto a las posibilidades de las personas depende en gran parte del cristal desde el cual las observemos. Mirar prioritariamente y a menudo las fallas, debilidades, errores y defectos de una persona nos llevará directo a convertirnos en un Pigmalión negativo que indefectiblemente atascará su desarrollo y crecimiento.

Una buena práctica para afinar nuestra apreciatividad con otros es, premeditadamente, ocuparnos de distinguir, resaltar y priorizar los talentos y recursos que las personas poseen. Es decir, transformarnos en buenos buscadores de su potencial y crear con ello los mejores espacios para que puedan crecer, expresar y manifestar su genialidad. Creemos espacios donde nuestros seres significativos puedan moverse, no solo física, sino mental y espiritualmente; espacios donde su potencial latente pueda aflorar.

Hace un tiempo escuché a Adriana Macías, una abogada mexicana que nació sin brazos y que utiliza su experiencia de vida para inspirar a otros por medio de libros y conferencias, contar cómo sus padres la apoyaron siempre, aunque sin darse cuenta de que al mismo tiempo estaban muy focalizados en lo que a Adriana le faltaba y trabajaron incesantemente hasta conseguir las prótesis que suplieran a sus brazos.

—Mis padres me pusieron lo que me faltaba —asegura Adriana Macías—, pero no pudieron ver que yo era feliz con lo que tenía. Así que me quité las prótesis.

Los padres de Adriana hicieron lo que la mayoría de las personas hacemos: buscar reparar las fallas. Esto se transforma a veces en el centro de nuestra vida impidiéndonos ver y capitalizar lo que sí funciona.

Adriana había entrenado sus pies maravillosamente y

había aprendido a hacer con ellos las mismas cosas que el común de las personas solo somos capaces de hacer con nuestras manos. Los seres humanos no somos perfectos y es impensable pensar que solo existan los beneficios y nos falte lo perjudicial; nuestro mayor desafío es ser felices en la infelicidad.[7]

—Mis papás me ayudaron a aprender y poner en práctica la magia de la actitud —continúa Adriana.

Y esta es, a mi entender, una clara evidencia del Pigmalión positivo que sus padres sí ejercieron sobre ella. Por suerte no solo pensaron en conseguirle sus prótesis, también se ocuparon de abonar el terreno donde aflorara su genialidad, con sus perfecciones e imperfecciones, como todos los seres humanos.

Aquí es muy oportuna la maravillosa frase de Al Pacino en la película *Perfume de mujer*: "No hay prótesis para un espíritu amputado".

Otro claro ejemplo de Pigmalión positivo que marcó una diferencia favorable en la vida de una persona es la historia de Helen Keller.

Helen había sido afectada a los dos años de edad por una enfermedad que la dejó ciega, sorda y muda. Sus padres evitaron llevarla a una institución para ciegos, y en la búsqueda de una maestra para su hija consultaron al famoso Alexander Graham Bell, el inventor del teléfono, que además era un reconocido instructor de sordos. Él les recomendó a una entusiasta, temperamental e idealista joven principiante: Anne Sullivan.

Anne en cierta medida se apartaba de las maneras tradicionales de educación, y como autodidacta encontró un modo de comunicarse con Helen cercano y experiencial, enseñándole a deletrear a través de los dedos. Decidió hablar a la palma de la mano de Helen como se habla al oído

---

7. En Marquard, O.: *Felicidad en la infelicidad*. Katz Editores. Buenos Aires, 2006.

de un bebé. "Haré todo lo que pueda para interesarla y estimularla al máximo... y luego esperaré los resultados".[8] Helen tenía muchas y evidentes carencias que Anne podía observar en ella, pero eligió centrarse y trabajar sobre su potencial, que también tenía, y que Anne había podido descubrir.

Tal fue el impacto positivo de Anne en la vida de Helen que logró alcanzar cosas impensadas para muchas personas, no solo de su época sino aun años después de su muerte. Helen fue a la Universidad de Radcliffe y se graduó con honores. Luego de escribir a sus 55 años el libro *Teacher*, Helen les manifestó a sus amigos que se dedicaría a estudiar otros idiomas, arqueología y filosofía. Su maestra le había inyectado una profunda confianza en sí misma y en sus capacidades, lo que la marcaría durante el resto de su vida. "Estaba encantada de confirmar mi fe en que podía romper mis límites y escuchar sinfonías divinas en silencio. Me asaltó una certidumbre gozosa de que la ceguera y la sordera no eran una parte esencial de mi existencia. Ellas no formaban parte de mi mente inmortal."[9]

Aún hoy, casi cien años después de su muerte, Anne Sullivan sigue siendo uno de los grandes referentes del Efecto Pigmalión positivo.

Dos grandes responsabilidades

Cuando entendemos las consecuencias del Efecto Pigmalión quedan a la luz dos grandes responsabilidades que todos tenemos en la vida, las de:

---

8. En Álvarez de Mon Pan de Soraluce, S.: *Desde la adversidad*. Pearson Educación, Madrid, 2003.
9. *Ibidem*.

Ser pigmaliones de otros

Rodearnos de pigmaliones positivos

Pocas veces somos conscientes de estas dos responsabilidades, así como de la diferencia que provocan en nuestra vida y en la de nuestros seres significativos apropiarnos de ellas y ejercerlas con compromiso y dedicación.

Cuando las menciono en las conferencias y talleres observo en las personas una expresión de asombro. Llama la atención que algo que ocurre a diario en nuestras vidas y que provoca muchos de los resultados que obtenemos pase por delante de nuestras propias narices sin ni siquiera notarlo.

Detenernos periódicamente a preguntarnos si estamos siendo pigmaliones positivos de nuestros hijos, parejas y amigos, y buscar formas de alimentar y nutrir esta actitud en nosotros es un acto de amor hacia los demás.

Además, procurar rodearnos de personas que impulsen y alienten nuestro florecimiento es un acto de amor hacia nosotros mismos.

Con el amor no basta

El amor que sentimos por nuestros hijos, pareja, amigos o padres suele venir acompañado de miedos. Por lo que muchas veces el amor por sí solo no es capaz de despertar en nosotros al Pigmalión positivo que nos gustaría ser.

A veces, como dice el título del libro del profesor Aaron T. Beck *Con el amor no basta*,[10] con él no llegamos a frenar al Pigmalión negativo que todos llevamos dentro y que se nos aparece disfrazado de guardián bueno y protector.

Otro libro con título significativo e ilustrativo de lo que intento explicar es el de Deborah Tannen, profesora de Lingüística de la Universidad de Georgetown: *¡Lo digo por tu bien!*[11] En él, la autora plantea la importancia de separar el significado de las palabras en los mensajes, de los significados del corazón o metamensajes ocultos. A veces, detrás de un Pigmalión negativo hay mucho amor, lo que hace más difícil romper su maleficio.

Solemos alentar los talentos y fortalezas que están alineados con nuestros modelos mentales y con la cultura en la que estamos inmersos, mientras que alentamos mucho menos aquellos atributos que se alejan de ellos. Para ponerlo en un ejemplo, la mayoría de los padres no dudaría en apoyar y proyectar positivamente la carrera de un hijo que deja entrever su habilidad con los números. En cambio, si lo que se vislumbra es su habilidad para las acrobacias, salvo que seamos artistas de circo, lo más probable es que lo invitemos a pensar en alguna otra profesión que le asegure un poco más su futuro y que alimentemos su habilidad acrobática solo para que la cultive como un divertido pasatiempo.

Muchas veces vemos el talento en la persona –un amigo, un hijo, una pareja–, pero su sueño de convertirse en estrella o genio nos parece utópico frente a la realidad y a la reducida cantidad de personas que lo logran. Es allí donde somos atrapados por el temor y la desconfianza, y enarbolando la bandera de que se lo decimos por su bien y por el amor que

10. Beck, A. T.: *Con el amor no basta*. Editorial Paidós, Barcelona, 2008.
11. Tannen, D.: *¡Lo digo por tu bien!* Editorial Paidós, Barcelona, 2002.

les tenemos, pecamos de un exceso de cuidado que nos lleva a convertirnos en los peores de los pigmaliones negativos.

Leyendo esta mañana el diario, justamente, encontré un reportaje a un gran humorista argentino, Antonio Gasalla, donde cuenta que al tomar la decisión de ser actor tuvo que luchar con su padre, quien quería un hijo universitario, un médico, concretamente. Empezó en la Facultad de Odontología y, en paralelo y en secreto, por supuesto, en la Escuela de Arte Dramático. En tercer año ya no pudo continuar con la odontología y tomó la decisión de abandonar su carrera universitaria.

—Cuando dije en mi casa que dejaba la facultad, eso generó un conflicto familiar y mi papá dejó de hablarme… tenía un hijo al que no entendía —concluye Antonio Gasalla en el artículo.

Nuestros modelos mentales, temores y muchas veces también nuestros propios sueños no cumplidos, impiden que nos transformemos en poderosos pigmaliones positivos de las personas que amamos.

¿Cuál es el punto saludable entre el cuidado y la sobreprotección? ¿Pueden nuestros propios temores desvirtuar nuestra proyección respecto del potencial de las personas? Si mi padre tiene 80 años y me preocupa en todo momento que se caiga y se lastime, seguramente no seré un buen Pigmalión para ayudarle a cumplir su sueño de bailar salsa. No quiero decir que cuidar a nuestros seres queridos esté mal, pero sí afirmo que nuestros propios temores pueden transformarse en sobrecuidados disfuncionales para el florecimiento de la vida de otros.

Nos guste o no, el Efecto Pigmalión ocurrirá igual, con o sin nuestro consentimiento. La responsabilidad de ser pigmaliones positivos de nuestros seres significativos implica sabernos co-creadores de sus vidas y hacernos cargo de responder con habilidad a este gran desafío. Como sugiere David Cooperrider, esta capacidad es un don humano ex-

traordinario y un poderoso agente creativo en la construcción de la realidad.

Dime con quién andas y te diré si florecerás

Quiénes somos y en quiénes nos hemos convertido ha sido
en parte producto de las proyecciones que personas significativas de nuestro entorno han construido sobre nosotros.
Si bien es cierto que no elegimos a nuestros padres, abuelos
o hermanos, también es cierto que podemos decidir con
quiénes compartir nuestro tiempo y nuestra vida.

No podemos convertir a otros en nuestros pigmaliones
positivos salvo que ellos mismos decidan hacerlo, pero sí
tenemos el poder de elegir cuánto tiempo e intimidad compartir con las personas. La calidad de nuestra vida y lo lejos
que lleguemos en ella dependerá en parte del uso eficiente
de este poder.

A veces creemos que la gente a nuestro alrededor es producto de la casualidad de la vida y no podemos ver que las
decisiones que hemos tomado fueron construyendo nuestros
círculos de relaciones. Es cierto que no elegimos nuestro
punto de partida, pero somos activos co-constructores de
nuestro entorno y las personas que incluimos en él.

¿Te rodeas de personas que tienen proyecciones positivas sobre ti, personas que creen en tu potencial y tus posibilidades? ¿O más bien tu círculo cercano tiende a "desin-
flarte"? Las respuestas a estas preguntas han de recordarte
tu responsabilidad de rodearte de personas que te ayuden
a co-construir una vida floreciente. Se trata de una responsabilidad que debes asumir con compromiso y dedicación,
porque la cantidad de pigmaliones positivos que nos ro-
deen a lo largo de la vida depende mucho más de nuestras
elecciones que de la deriva de la vida.

El jefe

Los jefes no están exentos del Efecto Pigmalión, y esta proyección tiene implicaciones en sus colaboradores y en los logros de la organización.

La imagen que el jefe construya sobre un colaborador determina la manera en que lo tratará y las oportunidades que le brinde para su desarrollo. Lo más importante es que esa imagen es percibida por el colaborador, aunque el jefe no se la comunique. Cuando es positiva las cosas irán bien, pero cuando sea negativa muchos aspectos laborales se verán perjudicados: la confianza, el trabajo en equipo, el involucramiento o la calidad de las comunicaciones sufrirán sus consecuencias.

Muchos jefes ven cumplida su profecía y hacen comentarios del tipo "sabía que no podría con esta tarea", sin darse cuenta de que esta profecía ha sido en parte co-construida por ellos a partir de los comportamientos que han tenido con sus colaboradores.

El reconocido entrenador de fútbol Pep Guardiola tiene el mérito de que los jugadores que fueron entrenados por él al año siguiente valieran más. Es una estadística real que pone en evidencia cómo el jefe puede ayudar a otros a crecer y es claramente co-constructor de la vida de sus colaboradores.

Aquí algunos *tips* para ayudarte a construirte como jefe apreciativo:

- Observa a tus colaboradores en su totalidad, reconoce sus debilidades y fortalezas, y luego elige deliberadamente focalizarte en su lado más brillante. Asume una actitud benevolente con ellos, coloca lo mejor por delante.
- Cuando distingas en tus colaboradores capacidades que ellos aún no han podido descubrir de sí mismos,

evidéncialas y crea el contexto más favorable para su desarrollo.

- Pregúntate qué es lo que más aprecias de tu colaborador. Busca algo que consideres valioso y díselo.
- Rescata las fortalezas y mejores prácticas de tus colaboradores. Hazlas públicas en conversaciones con colegas, proveedores, clientes, inversores, etc.
- Detente periódicamente a observar las proyecciones que tú mismo tienes respecto de tus colaboradores y analiza si estas potencian el máximo desarrollo de cada uno de ellos.

Como dice Benjamín Zander, el laureado director de la Boston Philarmonic Orchestra, "El director de orquesta no produce ningún sonido. Mi foto aparece en la portada del CD, pero el director no hace ningún sonido. Su poder depende de su habilidad de hacer poderosas a otras personas... Me di cuenta de que mi trabajo era despertar posibilidades en los otros".[12]

Este es uno de los roles más significativos de los jefes y líderes: despertar posibilidades en sus colaboradores. Una manera de comprobar si están haciendo bien su trabajo es hacer como propone Zander: mirar a los ojos. Si los ojos de la persona están brillando es porque lo estás consiguiendo. Nuestro éxito como jefes podemos verlo en la cantidad de ojos que brillen a nuestro alrededor.

Aprecio y reconocimiento = néctar y ambrosía

En una de nuestras entretenidas y largas charlas sobre apreciatividad con mi amiga colombiana Juanita Liévano, ella me contó que una vez un jefe le dijo que no le entregaría el

---

12. Zander, B. y Stone Zander, R.: *El arte de lo posible.* Ediciones Paidós Ibérica, Barcelona, 2001.

informe sobre su desempeño porque el CEO de la empresa quería hacerlo personalmente para manifestarle su reconocimiento. A los pocos días el CEO la citó en su oficina y cuando estuvo frente a ella le dijo: "Bien, Juanita, y tú ¿qué piensas? ¿Cómo ves que ha salido todo?".

—Me desilusioné —me dijo apenada—. Yo sabía que él quería felicitarme y manifestar que apreciaba mi trabajo, ¡pero no pudo expresarlo con palabras!

Luego continuó:

—Aquí en Argentina se ve mucho esto. La gente tiene un buen concepto de las personas, pero no pueden decírselo. Al volver a Colombia me di cuenta del valor de esta práctica y cuán importante es manifestar con palabras el aprecio y el reconocimiento ¡Hay que decirlo con todas las letras!

Parte del entrenamiento en apreciatividad implica romper con muchas de las barreras que nos impiden enunciar nuestra valoración y reconocimiento. La apreciatividad con otros aumenta su impacto cuando además de sentir aprecio lo decimos. Con ello ayudamos a reforzar la autoestima y autoconfianza de quien la recibe, además de contribuir a consolidar el vínculo.

Si queremos tener maestría en aprecio y valoración hacia otros el mejor modo de hacerlo es con:

ACTITUDES + PALABRAS

Un estudio realizado en la Universidad Estatal de Florida[13] mostró los beneficios de expresar el aprecio entre amigos y compañeros de cuarto de una escuela. La hipótesis de este estudio es que el aumento de la frecuencia y la regularidad de expresar el aprecio de forma verbal o escrita

13. Lambert, N. M.: "The Role of Appreciation in Relationships. A Journal Study" (2008). *Electronic Theses, Teatrises and Dissertations*. Paper 3306.

hacia un amigo o compañero de cuarto se correlaciona con una mayor consideración positiva hacia el amigo.

Al primer grupo se le pidió que durante tres semanas hicieran algo que normalmente no hacían: expresar verbalmente o por escrito cuánto aprecian y valoran a su amigo (por ejemplo, escribir un correo electrónico, una nota amable que dijera cuánto aprecia algo específico que él/ella hace).

Al segundo grupo se le pidió que en las siguientes tres semanas se concentraran en pensar en sus actividades diarias. Que pensaran en algo sucedido y se aseguraran de grabar o recordar lo que hicieron.

Al tercer grupo se le pidió que en las siguientes tres semanas pensaran en algo que apreciaban de su amigo o compañero de cuarto. No que se lo dijeran a su amigo, solo que pensaran en ello.

Y al cuarto grupo se le pidió que recordaran algún suceso agradable ocurrido con este amigo o compañero de cuarto y lo compartieran con él/ella personalmente, por teléfono o por correo electrónico.

Los resultados mostraron una mayor consideración positiva por el amigo en los del primer grupo, que habían expresado su aprecio verbalmente o por escrito en comparación con los del tercer grupo que solo habían pensado en aquello que valoraban de su amigo pero no se lo habían dicho. Un mayor crecimiento de la valoración también tuvieron los del primer grupo que los participantes del cuarto grupo, que solo habían compartido y conversado sobre un grato recuerdo.

Algo que también mostró el estudio es que expresar aprecio incrementó la comodidad de los participantes al expresar sus preocupaciones o disgustos con la relación. Quiero resaltar este dato, ya que son muchas las veces que las personas me preguntan si ser apreciativos es no hablar de los conflictos, mientras que estos resultados no solo muestran que la apreciatividad no pretende que nos evadamos de la realidad sino que su práctica sirve para aumentar la comodidad y la confianza en el momento de expresar las diferencias y los problemas de las relaciones. El aprecio hace que las personas se abran a conversar sobre temas conflictivos de un modo más saludable porque confían en que el otro no se aprovechará de sus vulnerabilidades. Se trata de algo muy importante: si expresamos nuestro aprecio verbalmente o por escrito aumentamos nuestra percepción de valor hacia la persona apreciada; es decir, si te aprecio y te lo digo, mi valoración por ti aumenta, y además crea un contexto que facilita la apertura a tratar de manera constructiva los problemas de la relación.

Este estudio, focalizado en los beneficios del acto de apreciar, refuerza los resultados de otros estudios, como el de "Pigmalión en el aula", en cuanto al impacto de ser apreciados. Estas líneas de investigación han demostrado que la apreciatividad mejora la calidad de las relaciones, aumenta la percepción positiva del otro, facilita espacios propicios para el diálogo y para expresar las desavenencias de manera constructiva, genera mayor confianza y cercanía, y moviliza el potencial generativo positivo de las personas.

Tarjeta roja para el 9

Una vez escuché decir a Elizondo, un reconocido árbitro de fútbol internacional, que en la cancha utilizaban la estrategia de no llamar a los jugadores por su nombre sino por el número de su camiseta. Despersonalizarlos de su nombre lo ayudaba a dejar de lado los afectos y poder sacar tarjeta roja y expulsar a los jugadores cuando correspondía sin sesgos afectivos que le impidieran un buen desempeño en el arbitraje.

En las empresas en que la cercanía con las personas es escasa y donde los empleados no se sienten valorados puede escucharse la expresión "Acá eres un número", refiriéndose a que habían sido despersonalizados y solo se habían convertido en un legajo.

En el Holocausto los hombres y mujeres fueron despojados de todo. De sus pertenencias, de sus familias e incluso de sus nombres. A aquellos que eran capaces de trabajar se les tatuaba un número en el antebrazo izquierdo y se anotaban su nombre y apellidos en los libros de registro del campo. Ya no eran personas, se convertían literalmente en números sin derecho a nada.

Estos ejemplos muestran claramente cómo la despersonalización facilita desde la sanción más simple, como es una tarjeta roja en mitad de un juego, hasta la mayor de las crueldades de las que es capaz la humanidad, como el Holocausto.

Prueba con recordar el nombre de la cajera del supermercado o el del portero del edificio de un amigo. Cuando te encuentres con ellos diles "Hola, Alicia, ¿cómo estás?" o "Buenos días, don Arturo, qué bonito día hoy ¿verdad?". El solo hecho de recordar el nombre de las personas es un acto de reconocimiento y aprecio que provoca un impacto positivo en quien lo recibe, incluso muchas veces provoca sorpresa por lo inesperado.

La despersonalización nos aleja de la posibilidad de apreciar y valorar a otro. Facilita las vías para ignorarlo y/o despreciarlo, y nos lleva a edificar buenas razones para hacerlo.

Cuando mi hijo mayor, Ezequiel, tenía 18 años estuvo en Hazleton –una ciudad de Pensilvania, Estados Unidos– durante tres meses para practicar su inglés. Había conseguido un trabajo en las pistas de esquí y compartía su casa con otros seis jóvenes brasileños, lo que fue una gran sorpresa porque no solo practicaría inglés sino que se encontró aprendiendo un nuevo idioma, el portugués. Su padre y yo le habíamos pagado el viaje y le habíamos dado algo de dinero para su comida y hospedaje, pero él debía ganarse el dinero para sus extras. Quería ir a Nueva York y ver un partido de la NBA, lo que como mínimo significaba gastos de pasaje y entrada. Su trabajo consistía en ayudar a las personas a subir y bajar de la aerosilla de ascenso y descenso de la pista de esquí. Era un trabajo duro porque llegaba a haber temperaturas de varios grados bajo cero y estaban a la intemperie en turnos de cuatro horas. No había medias ni calzado que mantuviera sus pies calientes, y sus orejas y manos se resquebrajaron por el frío.

Pero nada logró resquebrajar su voluntad y tesón para conseguir su objetivo. Se dio cuenta de que cuanto mejor trataba a las personas más propina recibía, y en un momento notó que la diferencia con sus compañeros de trabajo era significativa: él había recibido más del doble en propinas que el resto de los jóvenes. Había encontrado una estrategia: al subir les preguntaba a los niños su nombre y procuraba recordar sus rostros. Luego, cuando descendían de esquiar él los recibía con una sonrisa y les decía: "Hola Robert, ¿cómo te ha ido esta tarde en la pista?". Los niños se sentían especiales y se mostraban sorprendidos de que los reconociera, pero quienes más apreciaban este gesto eran los padres. Cuando veían que su hijo recibía un trato especial y alguien lo recordaba y lo llamaba por su nombre, su orgullo aumentaba a la par de la propina. Consiguió ir a Nueva York y ver el partido, y ese dinero lo había ganado gracias a hacer que las personas se sintieran especiales, regalándoles una sonrisa y llamándolas por su nombre.

Maestros de las relaciones

En un reportaje a John Gottman, un periodista le preguntó:
—¿Hay algunas personas que son naturalmente buenas para las relaciones?
—Sí —respondió él—. Yo las llamo "maestros de las relaciones". Tienen ese hábito mental por el cual buscan cosas

para apreciar. Buscan cosas para poder decir "gracias". En el otro extremo, los "desastres de las relaciones" se focalizan en los errores de su pareja. Escudriñan para encontrar lo que el otro está haciendo mal.

John Gottman es reconocido por su trabajo en terapia familiar y de pareja y por su análisis de la estabilidad matrimonial. Ha sido reconocido en 2007 como uno de los 10 terapeutas más influyentes del último cuarto de siglo. Él y su segunda esposa, la doctora Julie Schwartz Gottman, fundaron el Instituto Gottman y el Instituto de Investigación de las Relaciones de Pareja de Seattle. A través de ambos institutos continúan sus investigaciones para permitir el desarrollo de herramientas, programas y métodos que ayuden a las parejas a construir relaciones más fuertes y felices.

Gottman es un experto en observar el comportamiento de las parejas. En lo que ha llamado el "Laboratorio del amor", las parejas conversan sobre algún tema en conflicto como si estuvieran en la intimidad de su casa. Durante un par de horas se observarán sus palabras, el contenido del discurso, los movimientos corporales, los gestos y hasta los más mínimos cambios fisiológicos detectados por sensores que les han sido conectados. El propósito es poder medir el grado de sentimientos como disgusto/aprobación, desprecio/admiración, indiferencia/reconocimiento en ese período.[14] Para Gottman, los niveles de estos indicadores tienen estrecha relación con la conectividad de la pareja y sus posibilidades o no de continuar juntos y felices en los próximos años. A Gottman se le atribuye el mérito de tener un 91% de asertividad en predecir si una pareja va a continuar junta en los próximos tres años solo con verlos y escucharlos conversar durante cinco minutos sobre un tema en que estén en desacuerdo.

---

14. Gottman, J.: *Siete reglas de oro para vivir en pareja.* Random House Mondadori, Barcelona, 2014.

Ha identificado cuatro mecanismos en las relaciones de pareja que son dañinos e ineficaces a los que ha llamado "Los cuatro jinetes del Apocalipsis":

- Defensividad.
- Indiferencia.
- Crítica destructiva.
- Desprecio.

Cuando estos jinetes se han instalado en la pareja como modos habituales de relacionarse, su continuidad está en peligro si no se toman acciones concretas y específicas para revertir estos mecanismos. Mecanismos que suelen pasar inadvertidos o no son tratados como el nudo de la cuestión a resolver.

Si bien uno de estos jinetes es el desprecio, en mi opinión los cuatro están atravesados por él, y este es justamente el motivo que los hace tan perjudiciales y peligrosos para las parejas. La falta de aprecio es la que está presente.

La apreciatividad y valoración existen siempre en las parejas que se mantienen juntas a lo largo de los años y se reconocen como parejas felices.

¿Cuál es tu idea del ser humano?

Permíteme que lleve un punto más allá las teorías de Gottman. "Los cuatro jinetes del Apocalipsis" muestra a las claras lo que las personas han de eliminar de su estructura de pareja si lo que desean es continuar juntos y felices. La sociedad y la cultura nos van entrenando en la búsqueda de las cosas negativas, pero yo, guiándome por lo que vengo promoviendo desde el inicio de este libro, preferiría que nos centráramos en las cosas positivas; no vamos a buscar los errores para evitarlos, sino a encontrar lo positivo para robustecerlo. Así que me voy a tomar el atrevimiento de hacer un listado de los cuatro jinetes que las personas necesitamos ver cada día más en nuestras parejas y a los que voy a llamar "Los cuatro jinetes de la felicidad".

De ningún modo se trata de una crítica a Gottman, todo lo contrario; soy una gran admiradora de su trabajo. Y creo que su método contiene un claro enfoque apreciativo, solo que he visto en la práctica que dicho enfoque muchas veces se desvirtúa. Si observamos detenidamente el trabajo de Gottman no hay dudas de que está focalizado en hacer crecer lo positivo, pero muchos lectores de sus libros o incluso terapeutas de pareja que utilizan sus enseñanzas interpretan que la solución está en buscar reducir e incluso eliminar el problema: los cuatro jinetes del Apocalipsis. Dedican su tiempo y esfuerzo a identificarlos, analizar las causas que los provocan y a buscar posibles soluciones que devuelvan el equilibrio a la pareja, siempre focalizados en disolver lo que no funciona. Esta interpretación no es casual, es lo que hemos aprendido. Vamos escuchando a lo largo de nuestra vida "si tienes un problema pon manos a la obra y busca resolverlo". Vimos esto anteriormente en el gráfico de 0 a 10 (ver página 57) y las implicancias que ello tiene en los resultados que obtenemos. Muchas veces se logran cambios significativos trabajando de esa manera, pero otras solo se consigue reducir la tensión, que no es lo mismo que hacer florecer el amor.

Mi propuesta es que te mantengas atento a la presencia de cualquiera de "Los cuatro jinetes del Apocalipsis" en tu pareja. Y una vez que hayas logrado identificarlos y reconocerlos, pases a la lista de "Los cuatro jinetes de la felicidad" y lleves adelante prácticas que aumenten su presencia.

Los cuatro jinetes del Apocalipsis

DISMINUIR

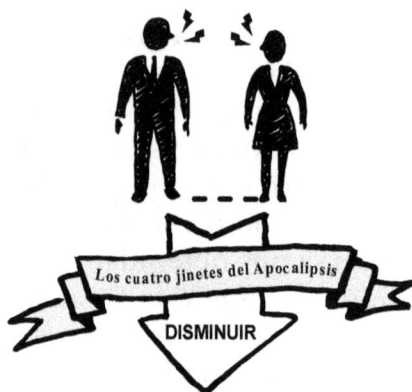

DEFENSIVIDAD:
Actitud que niega la responsabilidad propia en el conflicto, y por lo tanto, no se asume la parte de aprendizaje o cambio para solucionarlo.

INDIFERENCIA:
Ignorar el problema y al otro, como si no importara.

CRÍTICA DESTRUCTIVA:
Forma irrespetuosa de expresar desacuerdo o queja por algo que hace la otra persona, emitiendo hacia ella juicios descalicativos y reproches.

DESPRECIO:
Gestos, palabras, insultos, amenazas, ofensas, burlas y humillaciones que implican una actitud de superioridad por parte del que desprecia.

Los cuatro jinetes de la felicidad

AUMENTAR

RESPONSABILIDAD:
Participar activamente en la búsqueda conjunta del florecimiento de la pareja. Asumir una actitud protagonista para el crecimiento mutuo.

RECONOCIMIENTO:
Los temas en disputa son de los dos, y se reconocen y se enfrentan focalizándose en la valoración mutua y en el núcleo positivo de la pareja para encontrar maneras conjuntas de trascenderlo.

RECLAMO CONSTRUCTIVO:
Poder expresar lo que se siente y hacer pedidos efectivos con respeto, compasión y tolerancia.

APRECIO:
Gestos y palabras que muestren afecto, humildad, reconocimiento y respeto que implican una actitud benevolente que sabe ver y reconocer las debilidades pero pone, deliberadamente, lo mejor en primer plano.

En lugar de enfocarte en lo que no deseas ver más en tu pareja concéntrate y esfuérzate en desarrollar y potenciar lo que deseas ver crecer en ella.

A primera vista puede parecer que ambas listas tratan de las mismas cosas, y nos llevarán al mismo destino solo que por caminos diferentes. Pero si nos detenemos a analizarlas podemos observar dos importantes diferencias. Primero, las palabras no son inocentes y despiertan estados emocionales. No es lo mismo decirle a nuestra pareja "vamos a procurar insultarnos menos", que "vamos a tratarnos con más respeto". No es lo mismo decir "vamos a dejar de criticarnos cuando dialogamos", que decir "vamos a pedirnos las cosas de buen modo". Cada una de las palabras contenidas en estas sentencias provocará reacciones emocionales diferentes.

La segunda diferencia es que el enfoque desde el cual miramos la realidad nos lleva a caminos de acción muy diferentes. Por ejemplo, si estamos procurando insultarnos menos, entonces ya estaré feliz cuando logre al menos bajar a un insulto por semana; si en cambio nuestro objetivo como pareja es instalar el respeto en nuestra relación, reducir un insulto a la semana será sustancial pero no suficiente para lograr este objetivo y necesitaremos, además, llevar adelante otro tipo de acciones.

Es importante que los integrantes de la pareja puedan sentir que están trabajando en hacer crecer lo bueno y no en una carrera sin fin para eliminar las actitudes que los llevan a las catástrofes y el desastre. Gottman lo tiene claro, pero, como ya he dicho, puede que muchas personas que utilizan su modelo, terapeutas especializados o incluso aquellas parejas que lo hacen de manera autodidacta, cometan el error de concentrarse en evitar los aspectos negativos más que en dar un salto cualitativo en la búsqueda de adquirir nuevos hábitos positivos.

Aunque sea un buen principio, no es lo mismo no despreciar a alguien que apreciarlo; no es lo mismo no adoptar una posición defensiva ante una discusión y escuchar al otro que asumir la responsabilidad de la búsqueda conjunta del crecimiento de la pareja. Ser apreciativo con la persona que elegimos para compartir la vida es mucho más que no despreciarla. Requiere prácticas claras y explícitas de aprecio y valoración en nuestra interacción cotidiana con ella.

Cuidar la pareja es cuidar la salud

Cuanto más ejercitemos el músculo de la apreciatividad en nuestra pareja, más estaremos promoviendo su desarrollo y florecimiento. La apreciatividad es muy necesaria para poder resolver de manera efectiva los conflictos a los que está expuesta toda pareja. Dado que todos somos diferentes, el conflicto es parte de nuestra vida en la relación con otros. El problema no está específicamente en el conflicto, sino en el modo en que lo enfrentamos. Las parejas felices tienen conflictos, pero, apoyados en una robusta base de aprecio y valoración mutua, son capaces de transitarlos y salir airosos de ellos, y hasta enriquecidos.

La falta de aprecio es una de las principales razones que, según la mayoría de los terapeutas, lleva a las personas a mantener relaciones extramatrimoniales. No es el sexo su principal motor, sino la búsqueda de atención, aprecio, cariño y respeto. En un estudio realizado en California por las doctoras L. Gigy y J. Kelly,[15] el 80% de las personas divorciadas sostiene que su matrimonio naufragó porque su pareja se fue distanciando poco a poco, o porque no se sentían amados y apreciados. Solo entre un 20 y un 27% afirmó que parte de la causa fue una relación extramatrimonial.

Las parejas felices tienen lo que se conoce como "preponderancia de sentimiento positivo". Una vez que el sentimiento positivo se instala en la pareja y toma fuerza, se necesitarán niveles de negatividad más elevados para poder desestabilizarla o dañar la relación. La mayoría de las parejas comienzan sus relaciones con un alto grado de sentimientos positivos, pero con el tiempo sus niveles van disminuyendo y si no lo detienen pasarán pronto a tener mayor preponderancia los sentimientos negativos. Una vez alcanzado este punto es más difícil volver a construir el lazo que los unió. Ejercitar el músculo apre-

---

15. *Ibidem.*

ciativo en la pareja aumenta los niveles de preponderancia de los sentimientos positivos y es una manera de impedir que los sentimientos negativos se instalen en la relación.

Según Gottman, "una de las razones más tristes por las que un matrimonio fracasa es que ninguno de los cónyuges reconoce su valor hasta que es demasiado tarde".

Las relaciones son fuente importante de felicidad y bienestar en las personas, y el matrimonio no está exento de ello. Las personas casadas en un buen matrimonio dicen ser más felices, tienen mejor respuesta inmunológica y viven, de media, cuatro años más que quienes no lo están. Por lo tanto, si la apreciatividad es fuente de nutrientes para las parejas felices, podemos decir que la práctica de habilidades apreciativas aumenta los niveles de felicidad de las personas y su bienestar, impactando además en su salud y longevidad.

Gottman también plantea que la mayoría de las personas no duda en dedicar parte de su tiempo a hacer ejercicio como un hábito saludable para vivir mejor y más años, pero lo que pocos entusiastas del ejercicio saben es que si dedicaran un 10% de ese tiempo a cuidar su matrimonio en lugar de su cuerpo, su salud se vería mucho más beneficiada. Aquí agrego que si dedicamos el 10% del tiempo que usamos en hacer ejercicio en entrenar nuestra apreciatividad, obtendríamos muchos de los beneficios que buscamos encontrar con la actividad física: emociones positivas, salud, bienestar, longevidad, calidad de vida y serenidad, entre otros.

Lo último que quiero decir

Hay algo que flota en la cultura que muchas veces hace difícil la práctica de la apreciatividad con otros. Se trata de la idea de que los seres humanos se mueven por una naturaleza intrínsecamente egoísta y que debemos cuidarnos de los demás. Esta creencia, fomentada por una sociedad básicamente competitiva y no colaborativa y promovida durante siglos, dificulta mucho la posibilidad de indagar y buscar en el otro su núcleo positivo. Hemos de abrirnos a escuchar e incorporar la postura de otros modelos menos difundidos en nuestra cultura que proponen un concepto basado en un ser humano de naturaleza altruista. No reconocen la postura de otros modelos menos difundidos en nuestra cultura que proponen un concepto basado en un ser humano de naturaleza altruista.

La idea que tenemos cada uno de nosotros respecto del ser humano en general impactará en las proyecciones que seamos capaces de hacer de las personas con las que interactuamos. Puede que seamos capaces de distinguir cosas valiosas y preciadas de las personas, pero si en el fondo vivimos con la sospecha de que el ser humano es un ser intrínsecamente egoísta la práctica de la apreciatividad se verá ahogada por esta creencia.

Así que permíteme que te haga una pregunta: ¿qué concepto tienes tu del hombre?

Retomando a Zander, me gustaría compartir contigo, querido lector, una anécdota que le escuchara contar a este brillante director de orquesta en una conferencia en TED.

En una oportunidad conoció a una mujer que le contó una historia. Ella había llegado a Auschwitz a los quince años. Su hermano tenía ocho y habían perdido a sus padres. Cuando estaban en el tren yendo, sin saberlo, hacia uno de los más atroces campos de exterminio, observó que su hermano no tenía zapatos. Entonces le dijo muy enojada:

—¿Por qué eres tan estúpido? ¿No puedes cuidar tus cosas?

Después siguieron su camino en el tren y ya no volvieron a hablar. Al descender del vagón los separaron a todos por sexos. Desafortunadamente, aquello fue lo último que le dijo a su hermano, porque ella nunca más lo volvió a ver. Así que al salir de Auschwitz se hizo una promesa: nunca diría nada que no pudiera quedar como la última cosa que deseara decir.

Si tan solo recordáramos este mensaje más a menudo dejaríamos de pronunciar muchas de las cosas que decimos. Más aún, diríamos lo que no decimos. Hagamos el ejercicio de hablar con las personas como si lo que les dijéramos fuera lo último que nos gustaría que nos escuchasen decirles. Seguramente nuestros diálogos comenzarán a contener una cuota mayor de aprecio. El aprecio y la valoración a otros, la mayoría de las veces, son tan simples y al mismo tiempo tan complejos como esta enseñanza.

Un cierre que abre: apreciatividad con otros

Llegó el momento del juego de preguntas.
Como ya te he dicho, no hay respuestas correctas a estas preguntas, la que vale es la que te sirva a ti para capitalizar aún más los conocimientos de cada capítulo. Ahora repitamos el ritual que ya has venido haciendo en los capítulos anteriores:

- Detén tu marcha por un instante.
- Toma conciencia de tu respiración con dos inspiraciones y exhalaciones.
- Captura el momento presente haciendo un "vuelo de pájaro" atento sobre el lugar donde te encuentras.
- Ve por un instante a tu interior y registra cómo te sientes en este momento. No juzgues tus sentimientos y emociones, solo obsérvalos.

¡Ahora estás nuevamente listo para comenzar nuestro juego de preguntas!

- Piensa en música. ¿Qué canción te conecta con el aprecio a otros?

- ¿Por qué?

  _____

- ¿A cuáles de los maestros que has tenido en tu vida te recuerda este capítulo? Menciona uno de ellos.

  _____

- ¿Qué dos actitudes valoras más de él/ella?

  _____

- ¿En qué parte de una casa crees que habitaría más a gusto la apreciatividad con otros?

  _____

- ¿Por qué crees que ese sería un buen lugar?

  _____

- Menciona dos aprendizajes o aportes que te haya dejado este capítulo.

  _____

CAPÍTULO 8

APRECIATIVIDAD CON EL MUNDO

No importa dónde esté, ya sea en una pequeña habitación llena de pensamientos o en este universo interminable de estrellas y montañas, todo está en mi mente.

Jack Kerouac

Lo que embellece al desierto es que en alguna parte esconde un pozo de agua.

Antoine de Saint-Exupéry

Cuando tenía 37 años tuve por primera vez la posibilidad de viajar a Disney, en Orlando. Mis hijos tenían 10 y 8 años, y a su padre y a mí nos pareció que estaban en una linda edad para hacer este viaje. Pensar en verles las caritas de asombro y sorpresa que la experiencia les despertaría me generaba mucha ilusión y era uno de los motivos principales de emprender esta aventura. Yo nunca antes había ido a Disney y tenía mis propias expectativas. La principal: ver a Mickey, mi personaje favorito.

Me sentía feliz de poder cumplir mi sueño. Esto, sumado a ver las caras de asombro y sorpresa de mis hijos frente a las experiencias vividas hicieron de este viaje algo maravilloso.

Cualquiera que viera a nuestro regreso el álbum de fotos del viaje podía adivinar fácilmente cuál había sido mi gran ilusión. Fotos en la casa de Mickey, foto abrazada a Mickey, foto subiendo al avión con un muñeco de Mickey gigante, foto saliendo de la tienda de Mickey con una soñada mochila de neopreno con Mickey bordado al frente en una mano y dos hermosos portarretratos en madera con las orejas de Mickey talladas en ellos, en la otra. Claramente Mickey era el personaje que más se veía en las fotos, y en todas sus versiones posibles.

Mientras estaba allí y tomaba esas fotografías no pensaba en la posibilidad de volver allí alguna vez, y mucho menos al año siguiente. Pero la vida me dio una grata sorpresa. Apenas seis meses después de nuestro regreso de Orlando nos ganamos un viaje a Disney en una cena de fin de año. La vida volvía a darme la oportunidad de volver a ese fascinante lugar.

Regresamos al año siguiente y mis expectativas de ver a Mickey ya no tenían el peso de la primera vez. El viaje cobró una dimensión diferente y me dejó una gran enseñanza que aún hoy atesoro.

La noche en que fuimos a ver el desfile de carrozas en *Magic Kingdom*, me senté en el cordón de la vereda lista para volver a ver aquel asombroso y luminoso desfile que había visto hacía tan solo unos meses atrás. Esa noche ya no tenía mis expectativas puestas tan fijamente en Mickey y esto me abrió un nuevo horizonte de posibilidades. Mientras pasaba el desfile descubrí carrozas maravillosas que impactaban por sus bellos y coloridos diseños, personajes inusitados y trajes majestuosos desbordantes de esplendor. Era el mismo desfile que había visto apenas unos meses atrás, pero en este momento distinguí y aprecié cosas que me habían sido invisibles en aquella oportunidad. ¿A qué se debió mi ceguera? ¿Cómo podía ser que no hubiera registrado la conmovedora escena de Campanita bajando por una cuerda?

Allí, en ese preciso instante, aprendí la lección: las fuertes expectativas por ver a Mickey quitaron de mi campo perceptual cualquier otro suceso, aunque fuera igual o más maravilloso que el que estaba buscando. Frente a nosotros pasan miles de cosas y sucesos todo el tiempo, pero como David Bohm menciona en su libro *Sobre el diálogo,* "los sentidos nos proporcionan información, pero tenemos que ser sensibles a ella o, de lo contrario, ni siquiera la percibiremos".

No había podido registrar gigantescas carrozas llenas de luces y colores por tener mi mente un marco que claramente las excluyó. Esto no está ni mal ni bien. Tan solo es el modo en que nuestro cerebro funciona y que es altamente eficiente para nuestra supervivencia.

Automatismo y ceguera

Son estas dos funciones inherentes al ser humano y tienen muchos beneficios para nuestra vida, pero también son las responsables de bajos niveles de satisfacción con la vida de algunas personas y de la imposibilidad de percibir las oportunidades y la abundancia de muchas otras.

La capacidad de apreciar el mundo podemos observarla en variadas situaciones y escenarios. A veces es a través del asombro ante una experiencia, otras ante el sobrecogimiento que por ejemplo puede despertarnos un paisaje majestuoso. También cuando algo tan simple como una flor despierta nuestra sensibilidad a la belleza o cuando somos capaces de estar atentos al momento presente y capturamos los regalos de la vida. Estas experiencias son vividas por todas las personas con mayor o menor frecuencia a lo largo de su existencia, pero la mayoría de nosotros las vamos perdiendo a medida que nos hacemos adultos, producto, principalmente, de la influencia de la cultura y la educación. Este proceso que va anestesiando y bloqueando nuestras habilidades para distinguir lo valioso a nuestro alrededor se nos presenta tan transparente como las mismas cosas y sucesos que nos impide reconocer. Somos ciegos incluso al proceso que nos va provocando ceguera y automatismo.

La cultura tiende a reducir en las personas las capacidades que despiertan el aprecio llevándolas a veces a grados disfuncionales que dificultan su florecimiento y bienestar. Si sientes que las bondades de la vida y las cosas simples ya no te asombran; si tiendes a compararte con quienes tienen más y te sientes desdichado por ello; si sueles estar más conectado con la escasez que con la abundancia; si crees que no eres una persona de buena suerte y que las oportunidades siempre se les presentan a otros; si das por obvio lo que tienes y te sorprende su valor solo cuando ya no lo tienes, entonces es probable que a lo largo de tu vida se hayan ido diluyendo en ti y pasado a un segundo plano las actitudes y prácticas que propician la apreciatividad.

Pero no te preocupes, es algo que puede recuperarse.

La propuesta de este capítulo es analizar estos patrones de conducta y detectar nuestros pilotos automáticos; detenernos a observar su nivel y frecuencia. Al hacerlo, podremos intervenir en ellos para aumentar nuestros niveles de apreciatividad con el mundo. Es decir, podremos incrementar nuestra habilidad para percibir más y mejor el mundo a nuestro alrededor.

Oportunidades y abundancia

Hace poco leí un chiste donde Felipe, uno de los amigos de Mafalda, el fabuloso personaje creado por Quino, dice: "He decidido enfrentar la realidad. Así que apenas se ponga linda me avisan".

Me encanta esta cita porque ilustra el modo en que muchas veces nos movemos en la vida: estamos esperando que "la realidad" cambie para nosotros decidirnos a actuar. Nos replegamos a la espera de que las cosas se transformen y dejamos de usar el poder de nuestras propias acciones para crear el cambio que queremos ver. Felipe representa aquí la postura de "la espera" que pone en manos de otros y en el afuera un poder que él puede ejercer.

Sin embargo, las personas con un alto grado de apreciatividad con el mundo tienden a pensar de un modo distinto al de Felipe. Hay dos pensamientos muy observables en ellas:

- Piensan que por muy dolorosa o difícil que pueda presentarse la realidad, siempre conlleva en sí misma un lado valioso y se ocupan en descubrirlo.
- Piensan que sus acciones pueden hacer una diferencia. Saben que el mundo no es estático y que la realidad es co-construida por ellos. Confían en que pueden hacer cosas que en algún grado cambien positivamente la realidad, y no se sientan a esperar que por voluntad y obra de otros algún día "se ponga linda". Se ponen en marcha.

Estos pensamientos y actitudes frente al mundo y la realidad les abren dos grandes puertas:

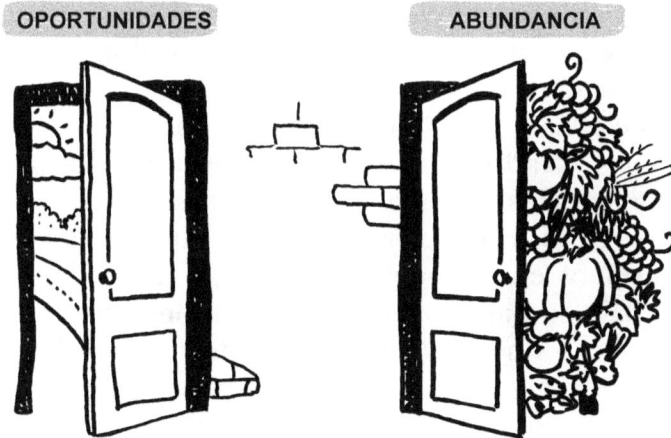

OPORTUNIDADES   ABUNDANCIA

Aquellos que atraviesan estas puertas abren ante ellos una nueva dimensión de infinitos futuros posibles.

Richard von Oech[1], especialista en creatividad, cuenta que hace siglos, cuando a los cartógrafos se les terminaba el mundo conocido dibujaban en la esquina del pergamino un dragón como un signo que indicaba que a partir de allí los exploradores estarían en territorio desconocido bajo su propio riesgo. Muchos navegantes y aventureros tomaron este símbolo de forma tan literal que jamás se aventuraron a nuevos mundos.

Esta metáfora representada en los mapas antiguos sigue vigente hoy en nuestra mente. Frente a lo desconocido solemos colocar dragones imaginarios que por temor nos repliegan y nos hacen seguir navegando por mares conocidos, por esos mares de los que cada vez se nos hace más difícil asombrarnos a fuerza de haberlos recorrido tanto.

Aventurarnos a lo nuevo, curiosear y vivir la vida como una gran aventura es uno de los principales requisitos para aumentar nuestra apreciatividad con el mundo. Cuantos menos dragones coloquemos en nuestra mente, mayores serán las posibilidades de adentrarnos en nuevas experiencias donde encontrar cosas, personas y vivencias inesperadas.

Los dragones, en realidad, no son tan malos, son los centinelas que nos avisan y cuidan de posibles peligros. Es inteligente escuchar y evaluar sus advertencias, pero no debemos dejar que ellos nos paralicen y nos impidan explorar mares navegables. La advertencia de que a partir de ellos ya no hay garantías para los navegantes es muy cierta, pero también en los mares conocidos hay naufragios y tempestades terribles.

Pensemos en un pequeño cangrejo que vive cómodamente bajo su caparazón. Llega un momento en que ha crecido tanto que este caparazón, que tan útil le ha sido hasta ese momento de su vida, comienza a asfixiarlo. Si se queda dentro de él morirá, de modo que para sobrevivir y

---

1. Mencionado en Soler, J. y Conangla M. M.: *Ecología emocional.* Editorial Amat, Barcelona, 2013.

continuar creciendo el cangrejo debe romper su pequeño caparazón de seguridad y esperar que le crezca uno nuevo. Esto lo deja vulnerable; así que mientras crece y cambia de tamaño, el cangrejo debe estar alerta a los predadores. Se está haciendo más fuerte y este pasaje de un estado a otro conlleva sus riesgos, pero es necesario hacerlo si quiere sobrevivir. Atrevernos a salir de nuestros caparazones protectores y adentrarnos a nuevos mares es ineludible también para nuestro crecimiento y transformación, aunque ello requiera quedarnos vulnerables a frustraciones y reveses.

Cuando decidimos transitar nuevos rumbos en busca de un caparazón más grande es muy probable que nos sintamos pequeños cangrejos desprotegidos. El crecimiento y la transformación son procesos que nos inquietan porque requieren, como el cangrejo, abandonar parte de quienes somos. Puede que tu apreciatividad con el mundo esté comprimida en un pequeño y obsoleto caparazón que has construido a lo largo de los años, pero si deseas desarrollarla hay dos cosas que será necesario que hagas: una es abandonar ciertas estructuras y corazas, y otra es abrirte a la vulnerabilidad, con la firme convicción de que lograrás con ello un nuevo caparazón que dará más espacio a tu bienestar y felicidad. ¿Sientes que tu caparazón te queda chico y está frenando tu crecimiento? ¿Estás dispuesto a abandonarlo y transitar el proceso de construir uno nuevo a la medida de la persona que quieres ser?

¡Bienvenido a la aventura!

La belleza

Poner en palabras qué es la belleza es algo que el hombre viene intentando hacer desde hace siglos mediante diferentes disciplinas. La disciplina filosófica de la estética es la que principalmente se ha ocupado de este concepto, aunque también la psicología y la sociología han abordado el tema e intentaron definir su significado y los límites de su alcance.

Una manera habitual de definir la belleza es como la característica de algo que, a través de los sentidos, nos despierta una sensación de placer, sobrecogimiento o asombro. Podríamos explicarla como aquello que agrada a los sentidos.

La vista y el oído son los sentidos más asociados a la percepción de la belleza. Formas, colores, movimientos, sonidos despiertan en las personas experiencias sensoriales placenteras que identificamos como resultado de estar frente a algo, un suceso o una cosa, que interpretamos como bello. La mayoría de las veces, producto de su equilibrio y armonía con la naturaleza. La sensación placentera que esta experiencia nos despierta nos conduce a la atracción y a una sensación de bienestar emocional.

Recuerdo una vez que volvía de trabajar en Ushuaia –la ciudad más austral del planeta– y decidí a mi regreso quedarme unos días junto a mi amiga Cristina Zumpano, en la ciudad de El Calafate, para conocer el Glaciar Perito Moreno. Este lugar es reconocido como uno de los paisajes más bellos de mi país, Argentina. El Calafate es una ciudad patagónica pintoresca, pero caminando por sus calles no encontré en ella atractivos que llamaran mi atención. Sin embargo, su gastronomía despertó mis sentidos. Recuerdo particularmente un plato de sabroso cordero patagónico y verduras asadas, y el cremoso helado de calafate. El calafate es el nombre de un fruto violáceo y agridulce que los tehuelches y los araucanos, pueblos originarios del sur de Argentina, aprovecharon de diferentes maneras, como medicina, alimento o tinte para sus telas. Tal es la presencia de este fruto en el lugar que la ciudad lleva su nombre.

El día de nuestra llegada compramos nuestros tickets para partir a la mañana siguiente hacia el Parque Nacional Los Glaciares, declarado por la UNESCO Patrimonio de la Humanidad en el año 1981.

Era una mañana soleada pero muy fría. Estábamos en pleno invierno y las nevadas de las semanas anteriores habían sido copiosas. El ómnibus que nos llevaba era acogedor y estaba lleno de turistas de diferentes partes del mundo. Nos esperaban aún varias horas de viaje por delante antes de llegar a divisar un glaciar. El camino era llano y despojado de vegetación. Desde la ventanilla del ómnibus la mirada se me perdía en el horizonte blanco. Hasta que en un momento el paisaje comenzó a cambiar y empezamos a ascender por la ladera de una montaña. Era un bonito paisaje, pero no llegaba a pasar de eso. Podía reconocer su belleza, pero corporalmente no despertaba en mí sensaciones muy relevantes. El camino generaba cierta inquietud a los viajeros, era escarpado, angosto, cubierto de hielo y nieve, y en varios momentos del trayecto bordeábamos profundos precipicios. Se notaba la adrenalina que flotaba en el ambiente. Teníamos nuestras narices pegadas a las ventanillas, ansiosos y ávidos de divisar algún glaciar y al mismo tiempo con cierto temor provocado por las particularidades del camino.

En un determinado momento, el chofer detuvo la marcha del ómnibus y nos señaló la subida que teníamos por delante. Se veía una montaña con un angosto camino que ascendía en espiral, y nos advirtió:

—Esto que ven allí adelante no es nada frente a lo que nos espera al final de la última curva. Estén preparados.

¡Guau! No sabíamos qué era, pero al parecer la carretera se presentaría muy retadora. Continuamos avanzando por el camino resbaladizo y subiendo cada vez más alto por la ladera de la montaña. Hasta que en un momento el chofer nos gritó:

—¡Prepárense! ¡Abran grandes sus ojos a la izquierda!

Pegué mi nariz contra la ventanilla e hice caso a sus indicaciones sin objeción alguna. Mis ojos estaban abiertos casi sin parpadear. De repente apareció frente a mí la imagen de un inmenso glaciar de kilómetros y kilómetros de superficie. Era de un color blanco azulado y parecía no tener fin. Estaba entre medio de dos altísimas montañas nevadas que se veían como centinelas que lo custodiaban. Las voces de todos los viajeros lo inundaron todo con exclamaciones que denotaban la profunda sorpresa y el sobrecogimiento que la situación y la magnificencia del paisaje les estaba provocando. No había palabras para definir lo que estaba ocurriendo en el interior de cada uno de nosotros. Nuestros corazones parecían haber dejado de latir en ese instante, el tiempo y el mundo se detuvieron. Las exclamaciones brotaban como un regurgitar de todo lo que habitaba en nuestro interior.

Parecíamos pedir a gritos "¡Ayúdame a mirar!", tal como lo describe Eduardo Galeano en su relato *El mar*,[2] en el que cuenta cuando un padre, Santiago Kovadloff, llevó a su hijo a conocer el mar: "Cuando el niño y su padre alcanzaron por fin aquellas cumbres de arena, después de mucho caminar, la mar estalló ante sus ojos. Y fue tanta la inmensidad de la mar, y tanto su fulgor, que el niño quedó mudo de hermosura. Y cuando por fin consiguió hablar, temblando, tartamudeando, pidió a su padre: —¡Ayúdame a mirar!".

Hay instantes en que nos parece imposible capturar tanta infinita belleza, y esa imagen del glaciar desde lo alto estaba siendo uno de ellos. En verdad, todos quedamos boquiabiertos intentando absorber esa hermosura y sin hallar las palabras que describieran ese instante en toda su magnitud.

Aún hoy, a muchos años de esta experiencia, me resulta imposible que las palabras puedan servirme de medio para transmitir las sensaciones de ese instante maravilloso. Es sabido que las palabras son solo una manera de aproximarnos a la descripción de la realidad. La palabra *mysterion*, procede de la raíz, *myein*, que significa "mantener la boca cerrada". Es-

---

2. Galeano, E.: *El libro de los abrazos*. Catálogos Editora, Buenos Aires, 1998.

tábamos ante un instante de misticismo, un momento en el que las palabras sobran y la experiencia genera una indudable vibración en nosotros que la vuelve parte de nuestra vida.

¿Cómo supe que el glaciar era hermoso? No fue una explicación racional lo que me llevó a esa conclusión. El fenómeno de la belleza me ocurrió. Es la experiencia la que me permitió comprender este fenómeno. Fue poesía y misterio.

Podemos intentar definir la belleza en términos racionales, pero para entender su verdadera esencia es necesario sentir la experiencia. Cuentan que la mujer del gran científico Albert Einstein escribía poesías, y un día le leyó a su marido una que había escrito sobre la Luna. Él la miró con sorpresa y le dijo: "Nunca había imaginado que estuvieras tan loca. Hablas de la Luna en términos de belleza, dices que te recuerda a tu amado… La luz que ves en la Luna no es suya, es un reflejo. Esa luz procede del Sol, no la emite ella. Los rayos de este inciden sobre la Luna y son reflejados, y esos rayos reflejados llegan a tus ojos; la Luna no es su origen. ¡Siempre había creído que eras una persona culta, pero veo que no tienes ni la menor idea de física!".[3]

Ella jamás volvió a leer alguno de sus poemas al científico, incapaz de descifrarlos desde la mirada de un poeta. Ambos, el científico y el poeta, tienen razón cuando hablan de la Luna, pero ella entendió que este tipo de diálogos entre ambos no les serían posibles.

Las palabras solo pueden ser un reflejo de la realidad y no podemos confundirlas con la realidad misma. Del mismo modo que la imagen que Narciso ve reflejada en el agua del lago no es él mismo, sino tan solo su reflejo, también las palabras son un acercamiento a la realidad, muy útiles para nuestra vida, pero incapaces de representar su totalidad. Están diciendo algo acerca de la realidad que no es la realidad misma.

_____

3. Osho: *Inocencia, saber y asombro*. Ediciones B, Buenos Aires, 2015.

Cuando la belleza es invisible a los ojos… y a los oídos

La belleza es una experiencia subjetiva que corresponde al observador. Lo que es bello o hermoso para una persona puede no serlo para otras. A pesar de esta subjetividad, existe lo que se conoce como canon de belleza, atributos que las sociedades consideran como atractivos, hermosos o deseables. Si bien esto indica dos líneas distintas de pensamiento respecto de la belleza, a mí me gusta mirarla de un modo integral donde ambas líneas de pensamiento se influyen una a otra. Entiendo la belleza como una experiencia individual y subjetiva influenciada por estándares y principios establecidos como "normales" en las diferentes culturas y entornos donde la persona se desenvuelve. Tal vez aquí también sea apropiado mencionar la propuesta del relativismo, donde las cosas y los sucesos son bellos o feos según el objetivo que persigan.

Platón sostenía que la belleza proviene de un mundo ajeno a los seres humanos, lo que los hace incapaces de percibirla completamente: "De la justicia, pues, y de la sensatez y de cuanto hay valioso en las almas no queda resplandor alguno en la imitación de aquí abajo, y solo con esfuerzo y a través de órganos poco claros, les es dado a unos pocos, apoyándose en las imágenes, intuir el género de lo representado."[4]

Algo que al parecer sospechaba Gene Weingarten, el director del periódico *The Washington Post*.

Era una fría mañana del 12 de enero del 2007 y el reloj marcaba las 7:51 AM en la ciudad de Washington. Un hombre se presentó en la estación de metro de L'Enfant Plaza y comenzó a tocar su violín. Pasaron tres minutos hasta que un señor de mediana edad llegó a advertir su presencia y alteró su paso. Un minuto más tarde recibió su primer donativo: una mujer le arrojó un dólar en el estuche de su violín,

---

4. Platón: *Fedro*. Alianza Editorial, Madrid, 2011.

pero no se detuvo y continuó su marcha. Unos minutos más tarde un hombre se apoyó contra la pared y se paró a escuchar, pero enseguida miró su reloj y retomó su camino. El desaliñado músico tocó durante 43 minutos y al terminar su presentación nadie pareció advertirlo. No recibió ningún aplauso ni reconocimiento. Contó el dinero recaudado en el estuche de su violín, había recibido 32 dólares.

En todo este tiempo habían pasado ante él centenares de personas y solo siete se detuvieron a escucharlo y otras veinte le dejaron dinero sin apenas detenerse a disfrutar de su música. Nadie lo sabía, pero ese violinista, que estaba tocando una de las obras más complejas que se ha compuesto jamás, era Joshua Bell, uno de los más brillantes músicos del mundo. Mucho menos imaginaban quienes pasaron delante de él que el violín que estaba tocando en un arrumbado rincón del subterráneo era un Stradivarius, valorado en 3,5 millones de dólares.

Joshua, de 39 años, estaba protagonizando un experimento. Gene Weingarten, director del periódico *The Washington Post*, le propuso que actuara de incógnito en el metro como si fuese un músico callejero de bajos recursos. Gene quería probar si las personas estamos preparadas para apreciar la belleza. ¿Somos capaces de distinguir la belleza en contextos y momentos inapropiados? Dos días antes de este experimento, Joshua había colmado el Boston Symphony Hall con entradas que promediaban los 100 dólares, pero esa mañana nadie lo había reconocido, salvo una mujer que había asistido a uno de sus conciertos. Lo que él había recaudado en casi una hora de actuación para las más de mil personas que habían pasado por el lugar no superaba el 40% del costo de una sola entrada. "Fue una sensación extraña, la gente me estaba… ignorando", comentó luego Bell.

Al parecer, Weingarten tenía razón y la mayoría de las personas no esperan que lo maravilloso suceda en contextos inapropiados.

Todos los días nos perdemos de disfrutar la belleza, de ver talentos o reconocer oportunidades de negocio solo por quedarnos en las formas. Creemos que lo maravilloso sucede únicamente en determinados ámbitos y entornos. Somos incapaces de valorar personas, cosas y sucesos cuando su aspecto o circunstancias están en el marco inadecuado según lo esperado por nuestras formas y modelos. Si tenemos la creencia de que los grandes negocios solo se cocinan en los partidos de golf de los CEOs de las grandes corporaciones difícilmente podamos detectar un gran negocio en una situación en el metro.

Sin embargo, este experimento no demuestra que las personas fueran incapaces de apreciar la música de Bell, porque para ello primero deberíamos estar seguros de que ellas realmente lo escucharon. Lo que sí pone en evidencia es que las personas no escuchan música cuando su mente está enfocada, por ejemplo, en llegar a su trabajo y que no perciben lo que está por fuera de lo esperado, a menos que sea muy chocante. Las personas oían sin escuchar. Sufrieron de sordera por falta de atención. Bell, además, no ejecutó piezas clásicas muy conocidas por los usuarios del metro, lo que hacía que el acontecimiento fuera aún mucho más inesperado. Lo ocurrido en el experimento del metro es similar al de "El gorila invisible", ampliamente analizado en el Capítulo 2 y al que aludiré más adelante en este mismo capítulo.

Así es como funciona nuestro cerebro. Se sabe que uno de sus objetivos es garantizar nuestra supervivencia y hacerlo con el menor gasto de energía posible. Pero también se conoce que esta función puede entorpecer el crecimiento de nuestros niveles de bienestar y felicidad. La buena noticia es que contamos con la capacidad de intervenir por medio de la mente en la modificación de los circuitos neuronales de nuestro cerebro, con la intención de alterar su actividad hacia maneras de funcionar más propicias para nuestro bienestar.

¿Resulta esto sencillo? No, porque si bien el cambio es

inevitable y propio de la naturaleza, las personas también deseamos la comodidad y distensión que encontramos en lo conocido y estable. Nuestro cerebro buscará la seguridad del momento presente y no se preocupará por el futuro y numerosos dragones serán sus centinelas. Nuestro gran desafío es encontrar el justo equilibrio para el funcionamiento óptimo y el florecimiento de nuestra vida.

Pero, para ser sinceros, ¿qué utilidad puede tener desafiar los automatismos y cegueras propios de nuestro cerebro? ¿Qué beneficios traería a nuestra vida *desanestesiar* nuestros sentidos frente al mundo? Mirando la experiencia del metro podemos decir que hacer este esfuerzo cognitivo nos hubiese permitido ver a un gran violinista de 100 dólares la entrada por la módica suma de ¡un dólar! Más allá de la broma, esta historia nos invita a reflexionar sobre cuántas cosas valiosas pasan a diario frente a nuestras narices sin que seamos capaces de verlas. No se trata solo de perdernos la belleza de los sonidos que un virtuoso músico es capaz de hacer brotar de su violín. Es más que eso, este experimento nos hace replantear nuestra manera de andar por el mundo.

Nos abre a algunas desafiantes preguntas: ¿qué cosas valiosas hay en el mundo que aún no puedo reconocer? ¿Cómo sería mi vida si pudiese distinguirlas más?

La apreciatividad con el mundo requiere:

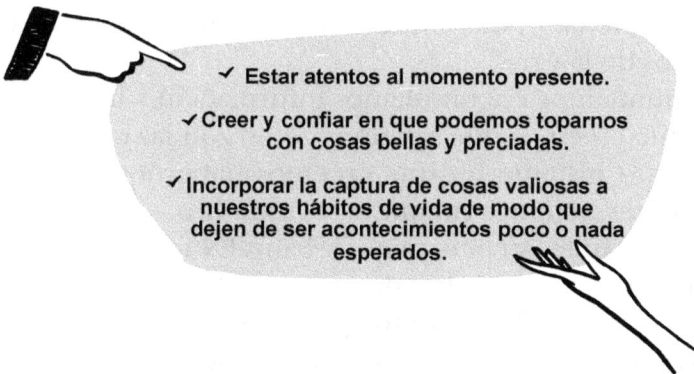

✓ **Estar atentos al momento presente.**

✓ **Creer y confiar en que podemos toparnos con cosas bellas y preciadas.**

✓ **Incorporar la captura de cosas valiosas a nuestros hábitos de vida de modo que dejen de ser acontecimientos poco o nada esperados.**

Vende tu inteligencia y compra asombro

Hace unos años estaba mirando por televisión la entrega de los premios Oscar. Esa noche el premio a los mejores efectos visuales le fue otorgado a la película *Avatar*. Su creador subió entusiasmado al escenario y cerró su discurso diciendo: "Recuerden que el mundo en que vivimos es tan fascinante como el que creamos para ustedes". Me pareció tan movilizador su mensaje que corrí a mi libreta de anotaciones y lo escribí, aunque olvidé anotar el nombre de esta persona.

A medida que nos hacemos adultos nos focalizamos más en adquirir saberes intelectuales y, en general, nos alejamos de las experiencias profundas de la vida. Dejamos de explorar nuestra existencia con ojos de principiantes, damos las cosas por sentadas y conocidas, y desistimos de vivir cada experiencia e instante como únicos e irrepetibles, abiertos a maravillarnos de ellos. El mundo en que vivimos va poco a poco dejando de parecernos tan fascinante como el de las películas y ya no nos asombran sus maravillas.

Deberíamos aferrarnos más al consejo de Buda: "Vende tu inteligencia y compra asombro: la inteligencia es mera opinión, el asombro es intuición".

El asombro –como ha dicho Osho– es la fuente de la sabiduría, de todo lo bello. El asombro es la fuente de la verdadera búsqueda. Él nos conduce a la aventura de conocer los misterios de la vida.

Acumulamos y acumulamos información y llega un punto en que creemos que sabemos cómo son las cosas. Allí, en ese mismo instante en que creemos habernos recibido de inteligentes, solemos catapultar el asombro.

El Principito –el personaje de Saint-Exupéry– grafica muy bien cómo vamos perdiendo la capacidad de asombrarnos. Cuenta que cuando era niño aprendió que las boas tragaban sus presas enteras y fue así que hizo su primer dibujo:

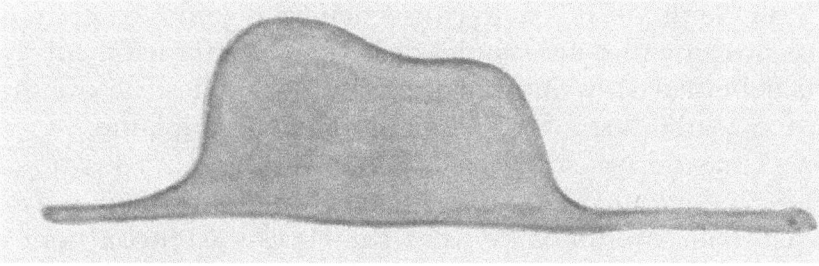

Se lo mostró a las personas grandes y les preguntó si su dibujo los asustaba, pero los adultos le contestaban que nadie podría asustarse de un sombrero. Lo que él había dibujado no era un sombrero, sino una boa que se había tragado un elefante. Las personas adultas no podían verlo; habían perdido esta capacidad, así que tuvo que realizar un segundo dibujo...

...en donde se viera el elefante para que las personas grandes pudiesen comprender, ya que ellos "siempre necesitan explicaciones". También fueron ellos quienes le aconsejaron que dejara de dibujar serpientes boa y se dedicara a cosas más interesantes como la geografía, el cálculo o la gramática. "Así fue como a la edad de seis años abandoné una magnífica carrera de pintor."[5]

La cultura suele empujarnos a que en nuestro pasaje a la vida adulta abandonemos todo aquello que se considera

---

5. Saint-Exupéry, A. de: *El Principito*. Emecé Editores, Buenos Aires, 1975.

"cosa de niños". Y, como consecuencia, dejamos de conmovernos ante las cosas simples de la vida. La educación correcta debería darnos nuevos conocimientos sin destruir nuestra capacidad de asombro[6] ni la mirada de principiante.

Unas de las características que distinguen a los niños son su ingenuidad y su inocencia. Cuando indagamos acerca de los sinónimos de estas características encontramos: infantil, incauto, infeliz, iluso, crédulo, insensato, inconsciente... Viendo esto, no es difícil deducir por qué nos vamos alejando de la ingenuidad. ¿A quién le gusta que le digan infantil, iluso, insensato, inconsciente...? Tiene mejor prensa, en nuestra cultura occidental, ser visto como astuto, experimentado, ingenioso, pícaro, pillo o agudo.

La ingenuidad y la inocencia están relacionadas con la credulidad, pero solemos tener una interpretación errónea respecto del significado de esta palabra. Creemos que el crédulo es un tonto, fácil de manejar y de convencer de cualquier cosa. Propenso a que otros lo engañen y lo estafen. Pero el verdadero significado de crédulo es el de una persona abierta a creer, a diferencia del incrédulo, que no cree en nada. El crédulo no se cree cualquier cosa, no es, como se malinterpreta, un tonto que no tiene criterio. Se trata de una persona abierta a recibir nuevas miradas, y capaz de discernir y elegir inteligentemente entre las distintas posibilidades y enfoques.

Ser crédulos es abrirnos a creer que en el mundo y en la vida están siempre entretejidas nuevas oportunidades y sabernos rodeados de la abundancia que también forma su trama. Es una actitud que nos invita a salir de lo corriente, lo ordinario, lo explicable, lo vulgar, lo cotidiano y hacer que el asombro forme parte importante de nuestra cotidianeidad.

---

6. En Osho, *op. cit.*

Samoga

La palabra asombro significa "al lado de la sombra". Asombrarse es, en cierta manera, iluminar. Cuando el asombro ocurre es como abrir una ventana en nuestra mente que deja pasar un halo de luz que alumbra la oscuridad que ella misma ha provocado. Al asombrarnos dejamos que el lado luminoso de las cosas, los hechos y las personas pasen a primer plano. Como en las estrofas de la conocida canción del cantante argentino Sergio Denis, que dicen: "Cada vez que sale el sol, despiertas tú, despierto yo, y la luz sale a buscar las cosas que escondió la oscuridad". Cuando tenemos una actitud apreciativa con el mundo salimos a buscar aquellas cosas escondidas por el automatismo, la negatividad y la vorágine de la vida.

En 1996 en la Universidad de Colombia surgió la iniciativa de desarrollar un museo y, años después, el 3 de enero de 2001, se inauguró uno en la sede de Manizales con el nombre de "Museo Interactivo de la Ciencia y el Juego" al que años después su director, el profesor ingeniero Gonzalo Duque, propuso cambiarle el nombre por el de "Museo Interactivo de la Ciencia y el Juego Samoga".

¿Por qué samoga? Porque esta palabra encerraba el espíritu que ellos querían transmitir con su marca. Su visión, misión y objetivos: un lugar para hacer accesible la ciencia y explicar lo que parecía magia. *Samoga*: "lugar de asombro". Etimológicamente presenta dos raíces: *samo* que significa "asombro" y *ga* que significa "lugar". Esta palabra aparece en la investigación realizada por el etnólogo Guillermo Rendón sobre la cultura umbra, una antigua comunidad que se localizó en el occidente de Caldas, Colombia, y cuya lengua es la única nativa de su región.

Aumentar nuestra apreciatividad con el mundo requiere más *samoga* en nuestra vida. Es decir, crear más lugares, prácticas y momentos para el asombro. El profesor Duque creó un museo donde los niños pueden asistir y presenciar la aparente magia de la ciencia. Nuestro gran desafío es crear espacios donde presenciar más a menudo la magia de la vida. ¿Cómo podemos crear a diario más espacios para el asombro? ¿Cómo impactaría esto a nuestra vida?

Una vez encontré un saludo navideño de Francisco Pérez González, obispo de Osma, Soria, en el que hablaba de un personaje que llamó mi atención, "El Embelesado":

> *Cuenta el padre Voillaume que en los nacimientos navideños provenzales hay siempre un curioso personaje llamado El Embelesado. Como está embelesado mirando el Misterio, no trae regalos. Tras de él, y por un camino estrecho, vienen muchos con sus presentes para el Niño. Ante las quejas de todos, porque no los deja pasar, lo defiende la Virgen: "No los escuches, Embelesado. Tú has venido a la tierra para admirarla. Has cumplido tu misión y tendrás tu recompensa. El mundo será maravilloso mientras haya personas como tú, capaces de admirar".*

Embelesarse, esa es la cuestión. Ser capaces de admirar la abundancia, la belleza y los milagros que ocurren a nuestro alrededor, y dejarnos invadir y extasiar por ellos sin permitir que nuestra tendencia biológica a acostumbrarnos a lo bueno, o nuestro sesgo a la negatividad, nuble su magia.

Apreciatividad con el mundo es admirarlo y embelesarnos con lo que contiene, es declararse ignorante e incapaz de conocerlo con teorías o vacías inteligencias, y dedicarse a mirarlo en todo su contenido sin dar nada por sentado, abiertos a beber de su magia. Encontrar un caracol en la playa, sentir el calor de un suéter de lana suave cuando tenemos frío, tener un amigo a quien llamar, disponer de comida para la cena, poder salir a dar un paseo bajo el sol tibio, respirar aire fresco, sentir la caricia de un ser querido, aprender algo nuevo son algunas de las maravillas cotidianas que se esconden en él y que la mayoría de nosotros solo notamos cuando ya no están.

Vi una vez en un programa de televisión a Josep Roca, el reconocido *sommelier* del afamado restaurante de Girona

El Celler de Can Roca. Al servirle su comida y el vino él, a diferencia de los otros invitados, se detuvo a sentir los aromas, a observar el plato y sus colores y cuando tomó su primer trago y su primer bocado permaneció unos segundos saboreándolos. ¡Me pareció genial! Esto es algo que pocos de nosotros hacemos. No tenemos ni idea de cómo huele o luce un plato a menos que se vea mal o huela pésimo, o que tengamos demasiada hambre y su olor nos atraiga. La comida y un vaso de vino están presentes a diario en la mayoría de nuestras mesas y en varios momentos del día, como también lo están muchas otras cosas de la vida; sin embargo, su presencia no parece generarnos nada significativo, a menos que decidamos mirarlas con otro cristal.

Recientemente una experiencia me dejó en claro la apreciatividad con el mundo. Mi padre, con 75 años, tuvo un problema de salud. Desde los cincuenta y tantos sufrió reiterados infartos y un accidente cerebrovascular. Por suerte ha podido siempre "contar el cuento", como se dice en mi país. Hace poco su salud volvió a darnos un susto. Las arterias de sus piernas se obstruyeron y comenzó a sentir fuertes dolores. Sus antecedentes cardíacos hacían de esta situación algo muy complicado porque una operación no era viable. El médico dijo que intentaríamos con medicación para que la sangre fuese circulando al menos por otras arterias menores.

—Tenemos que rogar que esta solución surta efecto —nos dijo.

—¿Qué ocurre si no pasa? —le pregunté.

Me miró, arrugó un poco los labios y dijo:

—Solo quedará amputar.

En ese momento un frío helado corrió por mis venas e intenté no mostrarlo delante de mi papá. Más tarde, salí de la clínica inmersa en un profundo dolor y rabia, y al mismo tiempo sumida en un sentimiento de compasión por él.

Mientras caminaba, sin mucho rumbo, mis pensamientos me llevaron a tomar conciencia de mis propias piernas y me di cuenta que había andado por la vida 53 años con ellas sin reconocer su verdadero valor, y cuando digo verdadero, hablo de "verdadero".

Ver tan de cerca la posibilidad de que un ser amado perdiese sus piernas me puso frente al verdadero valor de las mías. Experimenté un aprecio y agradecimiento sentidos. No se trataba solo de tener la información, había sentido una profunda valoración y eso me resultó transformador. En este preciso momento tú puedes pensar en el valor de tus piernas, pero si no logras tener una *apreciatividad sentida*, es decir, si no logras *sentir* esta experiencia en tu cuerpo, se tratará de algo racional a lo que le faltará una de las condiciones de la apreciatividad: despertarnos una conexión emocional.

Fue la primera vez que sentí verdaderamente el valor de mis piernas. Muchas veces había hecho ejercicios que invitaban a tomar conciencia de las diferentes partes de mi cuerpo y a detenerme en ellas para registrarlas y agradecer que estuvieran allí, pero nunca antes había podido sentir esa profunda conexión emocional de aquel día. Me pregunté por qué había sido necesario llegar al límite de la posible pérdida para que esto ocurriera. ¿Acaso no podía aprender a apreciar sentidamente lo que tenía antes de que la vida me alerte de su finitud? Creo que este es uno de los grandes retos que nos presenta la vida: aumentar nuestra apreciatividad sentida en la cotidianeidad de nuestra existencia. El reto está en apreciar lo que tenemos sin necesidad de medir su valor por la pena y angustia que nos ocasiona la sola idea de su posible pérdida. Osho dice que "La persona de conocimiento vive con un signo de interrogación, y la persona de fascinación, de asombro, vive con un signo de exclamación".[7] De eso se trata también la apreciatividad

---

7. *Ibidem.*

con el mundo, de crear en nuestras vidas más signos de exclamación –¡!–. En especial con las cosas simples de la vida.

El entrenamiento en apreciatividad con el mundo propone una vida atenta, una vida cuyo valor no solo se nos revele ante las desgracias y pérdidas. No se trata de hablar de apreciatividad, sino de experimentarla. Tal como ha ocurrido con otras temáticas que despiertan el interés de las personas, como por ejemplo la compasión, la aceptación o la atención plena, la apreciatividad muchas veces se transforma en algo más hablado que practicado.

Mindfulness + apreciatividad

Podemos definir el *mindfulness* como la capacidad humana básica de estar en el presente, y su práctica consiste en el recordatorio de volver constantemente al aquí y ahora. Esto nos permite reconocer lo que está sucediendo y aceptar el fluir de la experiencia tal cual está ocurriendo. Vivir y sentir la experiencia del presente es su propuesta, sin querer eliminar lo que no nos gusta, ni tratar de retener lo que nos agrada. En palabras de Jon Kabat-Zinn, biólogo molecular del Centro Médico de la Universidad de Massachusetts y creador en 1979 del modelo MBSR (*Mindfulness Based Stress Reduction*), *mindfulness* es: "Atención plena, totalizadora, no reactiva, momento a momento".[8] Y según el monje budista vietnamita Thich Nhat Hanh, principal promotor de esta práctica en occidente que se vio obligado a salir de su país durante la guerra de Vietnam, se trata de "La energía de estar consciente y despierto en el presente. Es la práctica continua de tocar la vida profundamente en cada momento".[9]

---

8. Kabat-Zinn, J.: *Mindfulness para principiantes*. Editorial Kairós, Barcelona, 2013.
9. Thich Nhat Hanh: *El milagro de mindfulness*. Ediciones Oniro, Barcelona, 2007.

La técnica de *mindfulness* es una gran aliada porque nos propone salir del modo *hacer*, que es el que principalmente nos lleva a estar rumiando en el pasado o en el futuro, para entrar en el modo *estar* y *ser* que nos conecta con el aquí y ahora.

Mi primer acercamiento a la práctica fue desde el modelo MBSR, de Jon Kabat-Zinn, que consta de ocho semanas de entrenamiento. Tiempo después, me acerqué a la perspectiva más oriental cuando participé del retiro de Thich Nhat Hanh en Madrid.

Vivir la esencia del *mindfulness* de la mano del maestro Thich Nhat Hanh –humilde, calmo y a la vez activo, con su sonrisa convocante– dejó en mí una experiencia profunda que conservo íntimamente. Era una nueva manera de vivir el estado de *mindfulness* que cambió para siempre mis experiencias de conciencia plena.

En aquel retiro noté una diferencia reveladora para mí. Observé que en las prácticas de *mindfulness* de oriente existe una mayor tendencia a focalizarse en la alegría, el disfrute y la paz interior. El sufrimiento no se niega, pero no es el protagonista. En occidente, en cambio, creo que la práctica de *mindfulness* entró por la puerta de resolución de problemas. La mayoría de los programas de entrenamiento que invitan a su práctica tienen como "gancho" el alivio de tensiones, estrés, angustia y dolor, algo que las personas deseamos eliminar de nuestras vidas, con lo cual no es de extrañar que accedamos a participar de los entrenamientos ante la promesa de resolver aquello que nos aqueja.

Pero como esto no es un curso de *mindfulness*, quedémonos con la esencia: estar presentes en el aquí y ahora. ¡Estar despiertos!

Esta cualidad es una gran aliada para las prácticas de aprecio porque nuestra mente suele estar atrapada en el pasado o en el futuro, y esto afecta nuestra capacidad de distinguir, rescatar y conectar con lo que el momento presente y el mundo tienen de preciado. ¿Tienes el hábito de detener la vorágine diaria para conectarte con lo mejor del momento que estás viviendo? ¿Generalmente la vida te atrapa? ¿O eres tú quien busca de forma intencional capturar y hacer acopio de sus mejores regalos?

El estado de *mindfulness* aumenta las capacidades apreciativas, ya que una mayor conciencia del momento presente amplifica las posibilidades, para los buenos buscadores de tesoros, de encontrar oportunidades, recursos, talentos, belleza y abundancia.

En palabras de Rick Hanson, una autoridad en neuroplasticidad autodirigida, "la conciencia plena, de por sí, solo hace de testigo, pero puede ir acompañada de una intención activa dirigida a desviar la mente, aunque solo sea un ápice, en un sentido u otro. Trabajar con la mente no está reñido con la conciencia plena; de hecho, tienes que trabajar con la mente para desarrollar la fortaleza interior que exige el hecho de ser plenamente consciente".[10]

El objetivo del *mindfulness* es estar atentos al momento presente, no hurgar para encontrar lo mejor que hay en él. Esto solo ocurre si la cualidad del *mindfulness* va acompañada de una intención activa dirigida a desviar la mente, por poco que sea, hacia lo que es valioso. Esta suma, *mindfulness + apreciatividad,* nos invita a salir de la común actitud pasiva de esperar a que "la realidad se nos presente linda", a encaminarnos hacia una actitud activa que nos estimule a iluminar la cualidad positiva. Aquello valioso que ya se encuentra entretejido en la realidad presente y solo será capturado por los activos y fervientes buscadores.

La práctica regular de *mindfulness* propicia una mente abierta y atenta al momento presente con mayor regularidad, lo que facilita que, en las personas capaces de desviarse este ápice del que habla Hanson, hacia la búsqueda de lo

---

10. Hanson, R.: *Cultiva la felicidad.* Editorial Sirio, Málaga, 2015.

que tiene valor, se amplíen sus posibilidades de encontrarlo. Para apreciar y agradecer, primero tenemos que ser capaces de captar. Se trata entonces de sumar.

En junio de 2016 participé del *3rd International Meeting on Mindfulness* celebrado en Zaragoza, España. En él, comencé mi ponencia sobre *mindfulness* + apreciatividad en la mesa de empresas, como ya les conté que me gusta hacerlo, pidiendo a los participantes que levantaran la mano quienes antes de llegar al lugar habían oído hablar de *mindfulness*, y obviamente toda la audiencia levantó la mano. Lógico, puesto que estábamos en un congreso sobre el tema. Acto seguido, les pedí que levantasen la mano quienes habían escuchado hablar sobre apreciatividad antes de acudir a la conferencia; solo una persona levantó la mano.

Me di cuenta de que muchas de las personas que practican y estudian *mindfulness* no habían pensado en la posibilidad de combinarla con la apreciatividad y, aunque la base de la conciencia plena está en aceptar el momento presente sin juzgar, ni positiva ni negativamente, el sumarle el enfoque apreciativo nos abre una nueva posibilidad que también ayuda, y mucho, a nuestra calidad de vida.

Practicar *mindfulness*, es decir, estar en el presente de modo activo, ayuda a reducir el estrés, mejorar el rendimiento escolar, aumentar la compasión y a dormir mejor, entre muchos de sus beneficios. Y según un estudio de la revista *Psycological Science* la atención plena también aumenta nuestra capacidad de perspectiva y puede ayudarnos a distinguir "puntos ciegos". Como parte del desarrollo de habilidades apreciativas propongo utilizar técnicas de *mindfulness* con la intención de aumentar nuestra perspectiva y conciencia del mundo a nuestro alrededor; y también de nuestro interior, para poder distinguir y seleccionar aquellos puntos ciegos que tienen valor. Uno de los desafíos de la apreciatividad es adquirir pericia y sensibilidad para distinguir lo preciado, y las prácticas de atención plena son buenas compañeras de viaje para alcanzar este objetivo.

La diosa fortuna

Oprah Winfrey, la famosa estrella de la televisión norteamericana, dijo alguna vez en uno de sus programas: "La suerte es una cuestión de prepararse para un encuentro con las oportunidades". En verdad, cuando entrenamos nuestras capacidades apreciativas con el mundo estamos ejercitándonos para ser ávidos cazadores de oportunidades. Comúnmente, cuando esto ocurre, cuando alguien se topa con una oportunidad, solemos atribuírselo a la buena fortuna. ¿Es la suerte la responsable de encontrar oportunidades? ¿O hay algo particular en los comportamientos y actitudes de las personas con suerte?

El doctor Richard Wiseman es un psicólogo inglés que realizó el primer estudio científico de la suerte quien, tras ocho años de investigación, ha llegado a la conclusión de que nadie nace con suerte, pero muchas personas saben cómo atraer y aprovechar al máximo la buena fortuna. Estas personas utilizan, sin ser conscientes de ello, cuatro principios básicos para atraerla:

Las personas con suerte:

- Encuentran constantes oportunidades a lo largo de su vida.
- Toman excelentes decisiones sin saberlo.
- Tienen una gran facilidad para hacer realidad sus sueños y objetivos.
- Tienen la capacidad de convertir su mala fortuna en buena.

No me detendré a analizar cada uno de ellos, pero sí lo haré en aquellos que tienen estrecha relación con las habilidades apreciativas.

Según los estudios de Wiseman, los niveles de puntuación en los tests de inteligencia de las personas que pertenecían al grupo de las que se consideraban "con suerte" eran prácticamente iguales que los del grupo de quienes se consideraron "sin suerte". Al parecer, tener suerte o carecer de ella no tiene nada que ver con la inteligencia.

Es la forma de pensar y comportarnos lo que hace la diferencia. Nuestra actitud incide en lo que ocurre. Y aunque a veces creamos que la suerte es una fuerza externa sobre la que no tenemos poder, en realidad somos nosotros quienes, en gran parte, la fabricamos a diario. En palabras del propio Wiseman: "Mi trabajo reveló que estas casualidades providenciales son el resultado de la actitud psicológica de este tipo de personas. La forma en que piensan y se comportan las hace ser más propensas a crear oportunidades, a verlas o a forzarlas".[11] Uno de sus entrevistados reveló, por ejemplo, que aprendió a sacar mucho partido de sus conversaciones y con ello mejoró enormemente su suerte. En el capítulo de escucha apreciativa he hablado acerca de cómo la capacidad de escuchar es una gran aliada para encontrar y descubrir en los diálogos las cualidades positivas y recursos entretejidos en ellos. La escucha apreciativa nos hace más receptivos y abiertos a toda oportunidad que pueda surgir.

Las personas con suerte tienen lo que se llama "magnetismo social". Una capacidad natural de atraer a los otros, a que se sientan deseosos y motivados a acercarse a ellos para charlar y compartir sus sueños e ideas. Las personas con buenos niveles de apreciatividad son atractivas y nos da gusto compartir nuestro tiempo y sueños con ellas. Nos sentimos inspirados por su entusiasmo, su optimismo, y nos maravilla su capacidad de encontrar siempre un cristal saludable desde el cual observar la realidad. Son una invitación a conversar y a un espacio donde las personas se sienten a gusto contando

---

11. Wiseman, R.: *El factor suerte.* Grupo Editorial Planeta, Buenos Aires, 2003.

sus proyectos y anhelos, lo que aumenta de manera significativa las oportunidades de las personas apreciativas.

Existen muchas más posibilidades que a las personas
con altos niveles de apreciatividad les ofrezcan negocios,
las inviten a fiestas o las sumen a nuevos proyectos.

Las prácticas apreciativas nos hacen personas más abier-
tas y receptivas a nuevas experiencias y novedades, otro de
los comportamientos que también distinguen a las personas con suerte.

Cuando estamos abiertos y receptivos nos resulta fácil
crear lazos sociales seguros y duraderos con otros. No tenemos problemas en hacer nuevos amigos y mantener el
contacto con ellos. Es difícil encontrar oportunidades si
siempre interactuamos con la misma gente, en los mismos
círculos sociales y haciendo las mismas actividades. Hay un
punto donde las oportunidades comienzan a reducirse, y
entonces es una estrategia efectiva salir a buscar nuevos espacios, personas y horizontes. La apreciatividad nos invita
a adentrarnos en lo desconocido y traspasar nuestros espacios de comodidad y seguridad con la firme convicción de
que el mundo es abundante y está lleno de oportunidades a
la espera de ser descubiertas por quienes se atreven a aden-
trarse en él.

Ver las oportunidades que surgen de forma espontánea
día tras día es algo que las personas apreciativas realizan sin
darse cuenta. No es que estén agazapadas, al acecho, esperando el momento oportuno para dar su zarpazo apenas
aparezcan, sino que son capaces de distinguirlas cuando se
entrecruzan con ellas mientras transcurren naturalmente
su vida.

Como hemos visto, las prácticas apreciativas tienen una
estrecha relación con los comportamientos y actitudes que
distinguen a las personas con buena suerte. Una particular
forma de pensar y de comportarse que las hace ser más propensas a crear oportunidades, a verlas o a forzarlas.

Los resultados de los estudios del doctor Wiseman también mostraron que las expectativas de ganar la lotería de las personas con suerte eran más del doble que las de la gente sin suerte. Y puede sonar muy loco, pero acabo de comprobar en este instante las pocas posibilidades que tengo de ganar la lotería.

En el mismo momento en que estaba escribiendo este párrafo ingresó a mi casilla de correo un mail de Loterías Oficiales Mundiales y su asunto era Premios millonarios. ¡Más oportunidades! ¿Pueden creerlo? En ese mismo instante ¡increíble! automáticamente, casi sin terminar de leerlo y sin abrirlo, lo borré de mi cuenta. Cuando me percaté de lo que había hecho y en la sincronicidad de este acontecimiento, me puse a reír a carcajadas. Mis expectativas de ganar la lotería definitivamente son nulas. Creo muy poco en esa posibilidad y, por lo tanto, nunca compro un billete.

La confianza en el futuro

Hay una diferencia importante entre las personas que se reconocen con suerte y las personas que se autoperciben sin suerte: su confianza en el futuro. Mientras que las personas con suerte tienen una mirada optimista de lo que el futuro traerá, las sin suerte tienen una mirada pesimista respecto de él y de lo que este les deparará. Cuando se les pregunta por cosas positivas que pueden sucederles en el futuro y las posibilidades de que ellas ocurran, las personas con suerte muestran un mayor grado de confianza en que esas cosas les puedan suceder.

La mirada apreciativa facilita la proyección de futuros positivos; he aquí otro de los puntos de encuentro entre la apreciatividad y la suerte. El enfoque apreciativo no propone utopías imposibles de alcanzar sino la proyección de objetivos desafiantes y posibles. ¿Es posible cambiarnos a una nueva casa? ¿Es posible aprender a cocinar sushi? ¿Es posible escribir un libro? ¿Es posible hacer nuestro viaje soñado? ¿Es posible aprender a cantar? Por muy difícil que muchas veces puedan parecernos, estos sueños son posibles para la mayoría de nosotros. Alcanzarlos depende más de nuestros comportamientos y actitudes que del azar, y la primera condición para que entren en el campo de las posibilidades es que seamos capaces de imaginar futuros positivos para ellos. Es la proyección positiva del futuro la que nos pondrá en movimiento y despertará en nosotros comportamientos que crearán posibilidades antes no existentes. La capacidad de las personas apreciativas de proyectar futuros positivos a partir de los recursos del presente es una habilidad que comparten con las personas de buena suerte. No saben con certeza qué va a ocurrir en el futuro, pero tienen la firme convicción de que no todo será malo y que con sus acciones pueden impactar la realidad modificando el curso de los acontecimientos y haciendo de este modo que surjan nuevas posibilidades de que ocurran cosas buenas.

Nuestras proyecciones positivas facilitan la concreción de nuestros anhelos y sueños mientras que las proyecciones teñidas de duda y desesperanza difícilmente nos lleven a ellos. Algunas personas son como el coyote de la Warner, a quien la mala suerte parece perseguir. Otros, en cambio, son como el correcaminos que, a pesar de los obstáculos, siempre se las arregla para alcanzar su objetivo y que la suerte lo acompañe.

Otra de las actitudes de las personas con suerte es su capacidad de darle la vuelta a su mala fortuna. Explican los acontecimientos de su vida desde un estilo optimista. Tienen la capacidad de reencuadrar los acontecimientos en busca de algo que les permita volver positiva su mala fortuna. A veces lo hacen rescatando lo aprendido; otras, agradeciendo que no pasó algo peor o también buscando resaltar un punto, "una perlita positiva", que pasaría inadvertida para otros. Tienen una mirada benevolente frente a la mala fortuna. Sobrevuelan los hechos y observan tanto lo bueno como lo malo de lo acontecido, y eligen intencionalmente poner en primer plano lo bueno.

Habiéndonos detenido a observar los comportamientos y actitudes de las personas con suerte y analizado su estrecha relación con las capacidades que la práctica de la apreciatividad desarrolla en las personas, podemos aventurarnos a decir, sin ningún género de dudas, que la apreciatividad trae suerte.

El mundo está lleno de incubadoras

Si te digo que millones de niños en el mundo mueren después del parto por falta de recursos tecnológicos, probablemente este dato no te resulte una sorpresa. Decir que esto ocurre principalmente en los países más pobres tampoco llamaría tu atención.

Aproximadamente unos cuatro millones de bebés mueren en esos países producto de la falta de tecnología disponible durante el postparto. Las incubadoras hace años que salvan millones de vidas, y muchas fundaciones y ONG del mundo han hecho enormes esfuerzos por ayudar a los países con menos recursos a contar con los elementos tecnológicos que pueden reducir la mortalidad infantil.

Parece obvio pensar que si conseguimos el dinero y enviamos a estos países un buen número de incubadoras este problema encontraría su solución.

Esto es así… pero solo por un tiempo.

Muchos de los países que han recibido ayuda e incubadoras para sus servicios sanitarios al poco tiempo regresan a sus niveles de mortalidad infantil anterior. Cuando los responsables de las ONG donantes de la tecnología regresaron al lugar después de un tiempo, observaron que la solución prestada había dejado de ser efectiva: las máquinas se rompían o sus partes, como los filtros de aire, necesitaban ser reemplazadas periódicamente y ese gasto no podía ser asumido.

Los expertos constataron que las incubadoras estaban averiadas y muchas de ellas arrumbadas en algún rincón. Cuando se rompían, no contaban en el lugar con los medios para repararlas de manera fácil y rápida. No había ni repuestos ni técnicos para instalarlos. Por eso, se volvía de inmediato a la situación anterior y subía nuevamente el índice de mortalidad postparto.

Cuando Jonathan Rosen, director del Programa de Implementación de Tecnología del CIMIT –Center for Integration of Medicine and Innovative Technology– y amante de los viajes, conoció la situación tuvo una gran idea: la Neo Nurture. Tan buena fue su creación que la revista *Time* la consideró como una de las 50 mejores ideas del año 2010.

El invento de Jonathan Rosen fue posible gracias a su capacidad de mirar con ojos apreciativos el mundo a su alrededor. Observó el entorno donde esas personas vivían y descubrió que la solución ya se encontraba entretejida en él y que lo que se necesitaba para solucionar el problema no había que traerlo de lejanos lugares ni inventar complejas tecnologías. El mundo en que vivían contenía una oportunidad y él pudo verla.

Rosen observó de manera curiosa el entorno de los pueblos que visitaba y se preguntó: ¿Qué había en abundancia allí? Entonces descubrió que algunos productos podían encontrarse en casi todos los lugares donde iba: Coca Cola, tabaco y autos. Observó, además, que en los países del tercer mundo había un auto con mayor presencia y en condiciones de funcionamiento: el Toyota 4runner. Por eso podían encontrarse fácilmente repuestos para reparar este modelo y mecánicos capacitados para solucionar las averías. Haber distinguido esta oportunidad lo llevó a diseñar una incubadora hecha con piezas de auto, específicamente del Toyota 4runner.

¿Cómo lo hizo? ¿Cómo supo cuáles eran las piezas útiles? Pues descartando las inútiles. Se quedó con los faros que podían ser la fuente de calor para la incubadora, el ventilador del aire acondicionado que serviría para mover el aire dentro de la cámara y el pestillo de abrir la ventanilla del auto que podía servir para abrir la cubierta de la incubadora.

Rosen pudo ver una incubadora donde otros veían solo un automóvil y vio técnicos de instrumental médico donde otros solo veían mecánicos de autos. Él tuvo la capacidad de capturar del mundo que lo rodeaba recursos valiosos para el proyecto de las incubadoras. Pudo además imaginar con estos recursos diferentes una original incubadora, y esta imagen en su mente fue el atractor que lo condujo a fabricarla y lo hizo además a un costo significativamente menor que el de las incubadoras fabricadas hasta ese momento: de 25.000 dólares pasó a un valor aproximado de 1.000 dólares. El costo no era su objetivo, pero me gusta mencionarlo porque muestra cómo el enfoque apreciativo impacta en la felicidad y calidad de vida de las personas y, además, ¡es rentable!

El invento de Rosen salva millones de vidas de bebés prematuros cada año y pocas personas en el mundo conocen esta fascinante historia. Desarrollar la apreciatividad con el mundo no es un lujo trivial, sino una capacidad humana que puede hacer una diferencia positiva para la humanidad.

Carpe diem. ¡Hagan sus vidas extraordinarias!

Este es el mensaje que les da a sus alumnos el profesor de literatura John Keating, encarnado por el gran actor Robin Williams en la fantástica película *La sociedad de los poetas muertos*. Este profesor de la tradicional academia Welton estaba comprometido con el crecimiento integral de sus alumnos más que con solo llenar sus mentes de datos e información. *Carpe diem* tiene su origen en la locución latina acuñada por el poeta romano Horacio y que literalmente significa "toma el día", lo que metafóricamente significa aprovecha el momento.

La frase de Horacio dice "*Carpe diem, quam minimum credula postero*" ("Aprovecha el día, no confíes en el mañana"). Es importante observar que el profesor Keating solo toma la primera parte de esta frase. Separarla no es un detalle menor. Históricamente, esta frase de Horacio ha sido relacionada con equivalentes al castellano del tipo "No dejes para mañana lo que puedas hacer hoy" o "Vive cada momento de tu vida como si fuese el último". Cada uno de ellos, de algún modo conecta a las personas con la finitud de la vida y con lo incierto del futuro. Si podemos dejar de lado la segunda parte de la frase *carpe diem* y solo quedarnos con ella, limpia sin condicionarla, se abre la posibilidad de "Aprovechar el momento" no por temor a perderlo o a que no tengamos otra oportunidad de vivirlo. Se abre la oportunidad de apreciar y reconocer el momento por lo que es en sí mismo, un regalo que contiene mucho valor.

Apreciatividad con el mundo no es andar por la vida apreciando *por si acaso*, conectados con la escasez que puede deparar el futuro. Si bien la gente apreciativa usa las experiencias de pérdida y adversidad para recordarse a sí mismos los aspectos positivos que tiene su vida, algo muy distinto es que nuestro aprecio se despierte solo con el cuco de la posible pérdida. El motivo de valorar el mundo y sus circunstancias no ha de estar guiado por la posibilidad de la escasez.

Todos nosotros hemos recibido mensajes del tipo "te quejas de la comida y hay millones de personas que mueren de hambre", o "te quejas del trabajo, que nunca te falte"; "otros no tienen ni un par de zapatos"... Estos mensajes parecen tener como objetivo hacer reaccionar a las personas frente al valor de lo que tienen, pero no suelen surtir efecto ya que la mayoría de las veces poseen un tinte amenazante. Suelen ser más un reclamo a la falta de agradecimiento por lo que hacemos o damos a alguien que un genuino interés en desarrollar el aprecio en el otro.

Frente a las pérdidas o la escasez, el aprecio aparece como una estrategia que las personas utilizamos para hacer más llevaderas las penas. Valorar lo que aún tenemos (el huracán se llevó mi casa pero aún tengo a mi familia y la solidaridad de mis vecinos), lo que hemos podido disfrutar (hoy mi amigo ya no está pero hemos tenido la dicha de disfrutar juntos 10 años maravillosos) o agradecer por lo que no fue (con el choque se averió el auto y su arreglo será costoso pero por suerte no he sufrido lesiones) es el recurso al que a menudo recurrimos para disminuir el dolor de los reveses de la vida y encontrar fuerzas para avanzar hacia el futuro. Si la mirada apreciativa de situaciones adversas es auténtica y no se la usa con la intención de nublar la realidad, se transforma en una valiosa táctica de bienestar y supervivencia. En la adversidad las cosas valiosas de la vida tienden a cobrar protagonismo y se levanta el velo que las mantenía ocultas.

El refrán dice: "Rico no es el que más tiene sino el que menos necesita". A mí me gusta decir: "Rico no es el que más tiene sino el que más aprecia".

Para seguir con el cine podemos redondear la idea con un mensaje dado por el chamán a Liz Gilbert, protagonizada por la talentosa Julia Roberts en la película *Comer, rezar, amar*. Cuando ella va a visitarlo a Bali en busca de una guía para encontrar su paz interior, él le dice, entre otras cosas: "Para hallar el equilibrio que buscas debes tener los pies tan firmemente plantados en la tierra que parezca que tienes cuatro piernas en lugar de dos. De este modo podrás estar en el mundo. Pero debes dejar de mirar el mundo con la mente. Tienes que mirarlo con el corazón". Apreciatividad con el mundo es abrirnos a mirar a nuestro alrededor con el corazón y sentir una conexión emocional con lo que brilla de él. Es una actitud consciente de conexión con el mundo y sus cualidades positivas. Es, en definitiva, *Carpe diem*, aprovechar el momento, no esperes que la finitud sea quien te lo recuerde.

Serendipity, una mente preparada

Este término lo introdujo en una carta, en 1754, el escritor y arquitecto inglés Horace Walpole, y hace referencia a una fábula persa en la que las tres princesas de la isla de Serendipia contaban con poderes sobrenaturales de observación.

El término *serendipity* aún no tiene una traducción exacta en castellano. Las personas que tienen esta capacidad son súper descubridores –*superencounterers*, como lo define Sanda Erdelez,[12] la investigadora croata especialista en ciencias de la información–, personas que constantemente se topan con ideas, oportunidades, novedades, belleza, etc.

Erdelez está convencida de que dicha habilidad puede cultivarse. Realizó un estudio para ver qué personas tenían éxito y cuáles no en crear su propio "mundo serendipítico". Para ello distribuyó a las personas en tres grupos: los "no descubridores" (personas que no observan ni se sorprenden, ya que solo se remiten a su actividad o rutina), los "descubridores ocasionales" y los "súper descubridores". Una de las diferencias encontradas entre unos y otros es su grado de *mente preparada*;[13] es decir, personas con actitudes, cualidades y prácticas que predisponen a los descubrimientos.

---

12. Erdelez, S. (1999), Information Encountering: It's More Than Just Bumping into Information. *Bul. Am. Soc. Info. Sci. Tech.*, 25: 26-29. doi:10.1002/bult.118.
13. Lawley, J. y Tompkins, P.: Maximising Serendipity: "The Art of Recognising and Fostering Unexpected Potential – A Systemic Approach to Change". Consultado en http://www.academia.edu/1836363/ o en http://www.cleanlanguage.co.uk/articles/articles/224/

Lo que Erdelez propone es lo que muchos otros investigadores, como por ejemplo Richard Wiseman y Nassim N. Taleb, han probado en sus años de estudio. Es decir, que podemos incidir en la suerte si trabajamos y desarrollamos ciertas actitudes y prácticas que favorecen el descubrimiento y aprovechamiento de cosas y eventos que nos presenta la vida. La apreciatividad con el mundo es una de esas capacidades, y cuanto más la entrenamos, mayores serán las posibilidades de encontrar y aprovechar las oportunidades.

La curiosidad y la actitud observadora son algo que las personas solemos ir perdiendo con los años pero que nos sería muy útil cultivar a lo largo de la vida, aunque solo sea para tener buena suerte. Gay Talese –periodista y escritor estadounidense– publicó el libro *New York, A Serendipiter's Journey*, donde relacionó a Manhattan con la isla de Serendipia y dijo que, lamentablemente para muchas personas, Nueva York era "la ciudad de las cosas que se pasan por alto".[14] La mayoría de las personas vamos perdiendo la curiosidad y nuestra capacidad de observar el mundo a nuestro alrededor. ¿Cuántas veces caminas por tu barrio o ciudad y te sorprendes por tus hallazgos?

Cuando converso con mis vecinos sobre la ciudad o sobre el edificio en el que vivo me doy cuenta de lo poco que utilizamos nuestra curiosidad y nuestra capacidad de observación para toparnos con lo positivo. Mucho más fácilmente hallamos un gran bache, una acera rota o el pasto sin cortar que el cambio de color de las hojas de otoño en la plaza, semáforos que marchan, los barrenderos que mantienen limpias las calles cada mañana. Nuestra ciudad está llena de cosas que pasamos por alto, principalmente porque nos hemos acostumbrado a verlas.

---

14. Talese, G.: *New York, A Serendipiter's Journey*. Harpers & Brothers, Nueva York, 1961.

Alexander Fleming, al regresar de un mes de vacaciones, vio que los cultivos de su investigación estaban contaminados y los tiró. Por suerte vino a visitarlo un amigo y tomó una de las placas que había desechado para mostrarle en qué estaba trabajando, y fue allí cuando descubrió lo inesperado. Alrededor del hongo contaminante se había creado un halo de transparencia, lo que indicaba destrucción celular. En esta segunda instancia de observación es cuando Fleming le da valor a su hallazgo y decide identificarlo, capturarlo para poder estudiarlo. Esta detección de lo inesperado y su posterior atribución de valor positivo es en parte el origen de la sustancia que ha salvado millones de vidas en el mundo: la penicilina.

La **serendipia** consiste en un hallazgo casual ocurrido cuando no se está buscando nada en particular o cuando se está buscando otra cosa.

El hallazgo aparentemente casual de algo positivo es producto de cosas que suceden antes de que ocurra. Antes del hallazgo hemos ido edificando una necesidad. Así como Alexander Fleming fue edificando a lo largo de sus años de investigación la necesidad que le permitió distinguir la destrucción celular, nosotros podemos, si ejercitamos por mucho tiempo de manera sostenida y específica prácticas apreciativas, incorporar nuevos hábitos y actitudes que vayan construyendo una mente preparada para hallar lo valioso.

Cuando iniciamos de forma consciente y deliberada prácticas de apreciatividad con el mundo, lo que hacemos es encontrar aquello que estamos buscando. Es decir, intencionalmente, vamos en busca de lo que tiene valor, esa cualidad positiva que nos rodea, y por lo general la encontramos. Con el correr del tiempo y las horas de práctica comienzan a aparecer ante nosotros, casi mágicamente, un mayor número de hallazgos de los que solíamos tener en la vida, los que se conocen como momentos de "¡ahá!", momentos en los que, sin buscarlos específicamente o con nuestra mente ocupada en otra cosa, somos capaces de capturar oportunidades, gestos amables, bondades de la vida o belleza. Son momentos que nos despiertan gratas sensaciones y nos conectan con sentimientos de felicidad.

Con las prácticas apreciativas vamos construyendo en nuestra mente la "necesidad" de la cualidad positiva. Eso nos inclina, aunque no nos encontremos en un momento de búsqueda activa de lo valioso, a toparnos con ello. Puede que el momento no tenga nada que ver con una busca activa de la cualidad positiva, como le pasó a Fleming en su charla con un amigo sin ninguna intención premeditada. Así, de repente, comienzan a aparecer ante nosotros las bondades de la vida cuando vamos edificando en nuestra mente esta necesidad. La necesidad de estar conectados a lo que es valioso y significativo para nosotros, y con lo que nos sentimos emocionalmente plenos.

El cóndor pasa

Hace unos años fui invitada como ponente en el VI Simposio Internacional de Recursos Humanos TECSUP, en Arequipa, Perú –"la ciudad blanca", como la llaman los lugareños por haber tenido antiguamente sus casas pintadas de ese color–. La institución estaba en un lugar privilegiado, rodeado de verde y desde donde se podía observar al volcán Misti como un bello centinela nevado. Dos días antes de mi ponencia di un taller para los directores de las escuelas privadas de Arequipa, cuyo objetivo era acercarles el enfoque apreciativo para incorporarlo a la cultura de sus instituciones.

Dos días después presenté mi conferencia en el simposio y al bajar del escenario me estaba esperando una monja. Ella era una de las directoras que había participado en el taller para instituciones educativas y me contó que había traído a parte de su equipo para que pudieran escuchar sobre apreciatividad. Luego se sacó su chalina blanca de pura alpaca y me rodeó el cuello con ella, tomó mis manos y me dijo:

—Que te proteja y te acompañe para que sigas diseminando estos saberes por el mundo, que tanto bien nos hacen.

Tengo guardada esta chalina en un armario y cada tanto la tomo y huelo el perfume de aquella mujer que un día se quitó lo único que llevaba consigo además de sus hábitos, tan solo para mostrarme su aprecio y valoración por mi trabajo. Quienes me conocen saben cuánto me gustan las chalinas y las pashminas, realmente tengo algunas muy bonitas y con trabajos muy elaborados, pero cuando me las pongo ninguna iguala la conexión emocional que siento por mi chalina de alpaca blanca.

Este viaje también me dejó otro regalo. Pude distinguir dos aspectos importantes de la apreciatividad con el mundo.

Mi prima Isabel viajó a Arequipa el último día del simposio para emprender juntas un viaje al Machu Picchu. Otro gran regalo de este viaje, conocer lugares increíbles y compartir con mi única y querida prima una aventura que guardaremos en nuestro corazón para siempre.

Me habían recomendado conocer el Valle de Colca y su gran cañón. Así que allá fuimos en una excursión por dos días en una furgoneta azul. Viajábamos en ella el chofer, la guía y un matrimonio peruano que se había ido a vivir a Australia hacía muchos años. Habían venido con sus hijos adolescentes a conocer a su familia y a mostrarles con orgullo la tierra donde ellos habían nacido.

El atractivo principal del tour era ir hasta el mirador, ubicado en un lugar estratégico del gran cañón a 1.200 metros sobre el río, y vivir allí la experiencia de avistar cóndores de cerca, el ave no marina de mayor envergadura del planeta. Pasamos nuestra primera noche en el increíble complejo Colca Lodge, disfrutando de una noche estrellada mientras nos sumergíamos en sus cálidas aguas termales. A las seis de la mañana había que partir porque al parecer los cóndores madrugan. Salimos en un viaje de casi dos horas hasta el mirador con muchas expectativas de poder avistar y fotografiar el mágico vuelo del cóndor andino. La guía repitió varias veces una recomendación: "Estén atentos porque el cóndor pasa".

Llegamos a las ocho de la mañana y alisté mi cámara en un buen lugar. No había cóndores a la vista. Así que comencé a tomar fotos del hermoso paisaje pero manteniéndome atenta a la recomendación de la guía. Pasaron más de dos horas y ninguna ave apareció. Esto ocurría muchas veces por la falta de aire cálido. Nos fuimos del lugar algo cabizbajos por no haber logrado avistar cóndores. Y mientras regresábamos, el chofer se detiene bruscamente a un costado del camino y nos grita "¡Cóndores a la vista, preparen sus cámaras!". Yo tenía mi máquina apagada, la encendí rápidamente y comencé a calibrar la luz y la velocidad para poder tomar mi mejor foto. En ese momento el cóndor pasó y con él se fue la oportunidad de verlo por estar ocupada en otra cosa. Estaba claro, la guía sabía de cóndores. El cóndor pasa.

Luego de unos minutos tuvimos la suerte de que los cóndores volvieran a aparecer y allí, con mi cámara bien a punto, pude tomar mis fotos. Felices con nuestras tomas nos subimos nuevamente a la furgoneta con la satisfacción del logro cumplido. Los dos adolescentes que estaban en el tour con sus padres eran estudiantes de diseño y tenían unas cámaras muy profesionales. Mientras íbamos de regreso compartimos las escenas capturadas. Mis fotos eran insignificantes al lado de las capturadas por los adolescentes australianos. Los cóndores en mis fotos se veían pequeños y poco definidos mientras que en las suyas podían verse hasta los pequeños detalles de las plumas de las alas. ¿Qué fue lo que ocurrió? Yo estaba en el mismo lugar y en el mismo momento... ¿Cómo podían mis fotos ser tan diferentes de las suyas? Me quedé rumiando esta inquietud mientras iba mirando por la ventanilla. Allí me di cuenta de que la apreciatividad con el mundo tiene dos componentes importantes que determinan su mayor o menor impacto en la vida de las personas:

ATENCIÓN + RECURSOS

Una es la habilidad de estar atentos; si estamos distraídos acomodando la cámara, *El cóndor pasa*, como decía mi guía en alusión el título de la conocida canción del folclore peruano. La mayoría de las cosas valiosas del mundo se nos pasan por alto por falta de atención, como el gorila del experimento que conté. Afinando nuestras capacidades de atención por medio de prácticas como *mindfulness* o ejercicios cognitivos específicos podemos adquirir mayor pericia para captar la cualidad positiva del mundo a nuestro alrededor.

El segundo componente es también muy importante, ya que tiene que ver con lo que somos capaces de construir con las cosas valiosas que capturamos. Captar es el primer y gran paso y por sí solo ya provoca grandes beneficios a nuestra vida, pero si además de nuestra habilidad de capturar lo valioso tenemos muy desarrollados otros talentos y fortalezas, esta captura puede dar resultados mucho más sorprendentes.

Analicemos el ejemplo del cóndor. Todos los que estuvimos en el lugar por el solo hecho de estar atentos pudimos capturar con nuestras cámaras el momento en que los cóndores pasaron. Sin embargo, los resultados fueron muy diferentes. Aquellos que tenían más talentos y habilidades para la fotografía y más recursos tecnológicos fueron quienes obtuvieron las mejores imágenes. Trasladémonos a un escenario de negocios. Quienes ven las oportunidades del mercado tienen una ventaja competitiva, pero si esta ventaja también es avizorada por un competidor con más recursos humanos o tecnológicos, esa oportunidad será mayor para él si sabe cómo conectarla con el futuro del negocio. El desarrollo de capacidades apreciativas no ha de reemplazar el desarrollo de otras capacidades y recursos. Al contrario, la apreciatividad con el mundo necesita y se enriquece con las capacidades, talentos y fortalezas que la llevan a ir más allá de un simple hallazgo.

La apreciatividad con el mundo está en su máximo potencial cuando somos capaces de capturar lo valioso del mundo a nuestro alrededor y ponemos al servicio de este descubrimiento los recursos y las idoneidades de que disponemos para construir con ello algo aún más grandioso.

Gratitud

Hay numerosas investigaciones que muestran la importancia de la gratitud en la vida de las personas por el impacto que su práctica tiene en nuestros niveles de felicidad y bienestar. Se ha comprobado que quienes son capaces de expresar agradecimiento son comparativamente más felices, tienen más emociones positivas y son más optimistas.

Hablar de gratitud en este libro es casi obligado, en especial porque la mayoría de los estudiosos sobre gratitud incluyen el aprecio. En palabras de Robert Emmons, un investigador sobre el tema, la gratitud es "un sentimiento de asombro, agradecimiento y apreciación por la vida".[15] Si buscamos en su etimología, encontramos que "gratitud" procede del vocablo *gratitudo* que es la suma de dos partes, la palabra *gratus* (agradable y agradecido), y por otro, el sufijo *tudo* (cualidad). El sentimiento de gratitud está relacionado con el agradecimiento, con el acto de agradecer.

---

15. En Lyubomirsky, S.: *La ciencia de la felicidad*. Ediciones Urano, Barcelona, 2008.

Cuando las personas nos sentimos bendecidas por algo, sentimos una inclinación por agradecerlo. Si se trata de una persona que ha hecho algo por nosotros intentamos retribuirlo, a veces con algo material, como por ejemplo un presente, y otras veces haciéndoles saber con palabras nuestro agradecimiento. Cuando lo que nos hace sentir agradecidos es contar con buena salud, vivir la experiencia de ser padres o el haber podido superar alguna adversidad, el agradecimiento lo hacemos a la vida, "le agradezco a la vida todo lo que me da", o los creyentes a Dios, expresando su agradecimiento por medio del rezo o la oración.

Para que se despierte en nosotros el acto de la gratitud, es decir, sentir el impulso de agradecer, primero hemos de distinguir aquello que tiene valor. No hay agradecimiento sin la distinción de lo que es valioso, y esto es exactamente lo que hace la apreciatividad: desarrolla la capacidad de ver y rescatar la cualidad positiva. Algunos autores incluyen el aprecio en la gratitud, como en el caso de Emmons, pero desde mi punto de vista la apreciatividad y la gratitud, si bien tienen puntos en común, no son lo mismo. El objetivo de este libro y de los programas de entrenamiento de habilidades apreciativas, como el modelo ACOM, está puesto en entrenar y desarrollar la apreciatividad; es decir, la capacidad de distinguir y capturar lo que es valioso para deliberadamente ponerlo en primer plano. Ver el talento en otros, distinguir la belleza de un lugar, captar un recurso, hallar una oportunidad, indagar y preguntar en busca de lo que tiene valor son habilidades de las personas apreciativas, pero no siempre son las que se aplican en las guías de trabajo para el desarrollo de la gratitud.

Si observamos el tipo de ejercicios utilizados para desarrollar la gratitud vemos que primariamente están focalizados en aumentar los hallazgos de lo positivo. Anotar las mejores cosas que nos ocurren durante el día es un ejemplo de ello. Otros proponen además ejercitar el reconocimiento explícito de ese valor, como en el caso de la "visita de agradecimiento", cuyos efectos positivos han sido muy estudiados por Martin Seligman y su equipo. Consiste en proponer a las personas que escriban una carta de agradecimiento hacia alguien que ha hecho algo por ellos que consideran valioso, y luego arreglan una visita con el destinatario de la misiva para leérsela personalmente. Aquí tenemos por un lado el acto de detenerse a observar la cualidad positiva, lo preciado, para luego mostrar nuestro agradecimiento de manera directa a quien ha sido artífice de ello. Distingo, aprecio y agradezco.

Del mismo modo que no nos es posible valorar lo que nuestros sentidos no pueden captar y está fuera de nuestro campo perceptual, tampoco es posible agradecer lo que está más allá de nuestra lista de cosas valiosas. Es decir, que cuanto menor presencia tengan en nosotros los enemigos de la apreciatividad, como la vorágine en que vivimos, la exigencia, el automatismo o la ansiedad, y mayor preponderancia tengan sus facilitadores, como la mente de principiante, la capacidad de asombro o el lenguaje afirmativo entre otros, más amplia será nuestra lista de cosas valiosas y, en consecuencia, nuestra gratitud y los momentos en que nos sentiremos hondamente agradecidos por lo que tenemos y gozamos.

Los programas para el desarrollo de la gratitud en general buscan aumentar el reconocimiento de lo preciado, pero no trabajan específicamente en el entrenamiento de las habilidades que permiten estos hallazgos. Además, buscan sumar prácticas de agradecimiento explícito por medio de la palabra y actos de reconocimiento. Decir gracias, llevar un presente, mencionar públicamente lo que otros han hecho por nosotros. En cambio, un programa sobre apreciatividad como el de ACOM se focaliza en el entrenamiento de aquellas capacidades que hacen que las personas distingan las bondades de la vida y puedan proyectar y construir con ellas mejores futuros. Baluartes que están presentes en nosotros pero habitualmente son poco reconocidos y cultivados. No obstante, más allá de los diferentes enfoques para su desarrollo, la apreciatividad y la gratitud van de la mano, y cuando realizamos un entrenamiento en habilidades apreciativas nuestros niveles de gratitud aumentan, y viceversa.

Digamos que la apreciatividad y la gratitud son una pareja poderosa, y juntas son más que la suma de sus partes.

Un cierre que abre: apreciatividad con el mundo

Llegó el momento del juego de preguntas.

Como ya te he dicho, no hay respuestas correctas a estas preguntas, la que vale es la que te sirva a ti para capitalizar aún más los conocimientos de cada capítulo. Ahora repitamos el ritual que ya has venido haciendo en los capítulos anteriores:

- Detén tu marcha por un instante.
- Toma conciencia de tu respiración con dos inspiraciones y exhalaciones.
- Captura el momento presente haciendo un "vuelo de pájaro" atento sobre el lugar donde te encuentras.
- Ve por un instante a tu interior y registra cómo te sientes en este momento. No juzgues tus sentimientos y emociones, solo obsérvalos.

¡Ahora estás nuevamente listo para comenzar nuestro juego de preguntas!

- Si la apreciatividad con el mundo fuese una deliciosa comida, ¿cuál sería?

_____

- ¿Por qué?

_____

- ¿Qué ingredientes tendría?

  _____

  _____

- ¿Qué historia de tu infancia te recuerda la apreciatividad con el mundo?

  _____

- Qué talentos y fortalezas tuyos fueron los que más brillaron en esa historia?

  _____

  _____

- Si el aumento significativo de los niveles de apreciatividad con el mundo fuera la noticia más importante del periódico de tu ciudad, ¿cuál sería su titular? ¿Cómo se vería tu ciudad si esto ocurriera?

  _____

- Menciona dos aprendizajes o aportes que te haya dejado este capítulo.

  _____

FIN

Así que, como repito en mis talleres,
no crean en nada de lo que les he dicho;
¡vayan y experimenten por sí mismos!

BIBLIOGRAFÍA

Adler, M. G. y Fagley, N. S.: "Appreciation: Individual Differences in Finding Value and Meaning as a Unique Predictor of Subjective Well-Being", *Journal of Personality* 73, 79-114.

Ajahn, B.: *La vaca que lloraba*. Editorial Kairós, Barcelona, 2015.

Álvarez de Mon Pan de Soraluce, S.: *Desde la adversidad*. Pearson Educación, Madrid, 2003.

Alvear Moró, D.: *Mindfulness en positivo*. Editorial Milenio, Lérida, 2015.

André, C.: *El arte de la felicidad*. Editorial Kairós, Barcelona, 2015.

—— : *El placer de vivir*. Editorial Kairós, Barcelona, 2004.

—— : *Prácticas de autoestima*. Editorial Kairós, Barcelona, 2013.

—— : *Y no te olvides de ser feliz*. Editorial Kairós, Barcelona, 2014.

Ariely, D.: *Las ventajas del deseo*. Editorial Planeta, Barcelona, 2011.

Bachrach, E.: *En cambio*. Sudamericana, Buenos Aires, 2014.

Baliño, E. y Pacheco, C.: *No + Pálidas*. Ediciones Granica, Buenos Aires, 2011.

Bandura, A.: *Autoeficacia*. Desclée De Brouwer, Bilbao, 2009.

Barret, F. J. y Fry, R. E.: *Indagación apreciativa*. Draft, Montevideo, 2009.

Beck, A. T.: *Con el amor no basta*. Editorial Paidós, Barcelona, 2008.

Ben-Shahar, T.: *Practicar la felicidad*. Plataforma Editorial, Barcelona, 2011.

—— : *Ganar felicidad*. Editorial del Nuevo Extremo, Buenos Aires, 2008.

Bertalanffy von, L.: T*eoría general de los sistemas. Fundamentos, desarrollo, aplicaciones*. Fondo de Cultura Económica, México, 1976.

Blackmore, S.: *La máquina de los memes*. Ediciones Paidós Ibérica, Barcelona, 2000.

Blake, W.: *El matrimonio del cielo y el infierno*, Editorial Cátedra, Madrid, 2007.

Bohm, D.: *Sobre el diálogo*. Editorial Kairós, Barcelona, 2001.

Bowen, W.: *Un mundo sin quejas*. Random House Mondadori, Montevideo, 2007.

Branden, N.: *El arte de vivir conscientemente*. Paidós, Buenos Aires, 2013.
—— : *Los siete pilares de la autoestima*. Espasa Libros, Madrid, 2011.
Brizendine, L.: *El cerebro masculino*. Editorial del Nuevo Extremo, Barcelona, 2010.
—— : *El cerebro femenino*. Editorial del Nuevo Extremo, Barcelona, 2010.
Bucay, J.: *El elefante encadenado*. Editorial RBA Libros, Barcelona, 2008.
Burkeman, O.: *El antídoto*. Ediciones Urano, Barcelona, 2013.
Byrne, R.: *El Secreto*. Ediciones Urano, Barcelona, 2007.
Cameron, J.: *El camino del artista en acción*. Editorial Troquel, Buenos Aires, 2002.
—— : *El camino del artista*. Editorial Troquel, Buenos Aires, 2004.
Cameron, K. S.; Dutton, J. E. y Quinn, R. E.: "Foundations of a New Discipline". En *Foundations of Positive Organizational Scholarship*. K. S. Cameron, J. E. Dutton y R. E. Quinn (ed.) pp.3-13. Berrett Koehler, San Francisco, 2003.
Castellanos, L.: *La ciencia del lenguaje positivo*. Paidós, Barcelona, 2016.
Chabris, C. y Simons, D.: *El gorila invisible*. Siglo Veintiuno Editores Argentina SA, Buenos Aires, 2011.
Comte-Sponville, A.: *La felicidad desesperadamente*. Editorial Paidós, Buenos Aires, 2004.
Cooperrider, D. L y Whitney, D.: *Appreciative Inquiry. A Positive Revolution in Change*. Berrett-Koehler Publishers, San Francisco, 2010.
—— , Sorensen P. F., Jr., Yaeger Th. F. y Diana Whitney D. (eds.): *Appreciative Inquiry: An Emerging Direction for Organization Development*. Champaign IL: Stipes Publishing L.L.C., 2001. Copyright 2001 by Stipes Publishing
Cornette de Saint Cyr, X.: *Cuaderno de ejercicios para descubrir tus talentos ocultos*. Terapias Verdes, Barcelona, 2010.
Cousins, N.: *Anatomía de una enfermedad*. Editorial Kairós, Barcelona, 1993.
Covey, S. M. R.: *El factor confianza*. Paidós, Barcelona, 2007.
Csikszentmihalyi, M.: *Aprender a fluir*. Editorial Kairós, Barcelona, 1998.
—— : *Fluir (Flow)*. Editorial Kairós, Barcelona, 1999.
Cyrulnik, B.: *Sálvate, la vida te espera*. Random House Mondadori, Buenos Aires, 2014.
Damasio, A.: *En busca de Spinoza*. Crítica, Barcelona, 2005.
Danner, D. D.; Snowdon, D. A. y Friesen, W. V.: "Positive emotions in Early Life and Longevity: Findings From the Nun Study", *Journal of Personality and Social Psychology*, 80(5), 804-813.
Dawkins, R.: *El gen egoísta*. Salvat Editores, Barcelona, 1985.
De Bono, E.: *La revolución positiva*. Paidós Ibérica, Barcelona, 1997.

DiSalvo, D.: *Qué hace feliz a tu cerebro*. Edaf, Barcelona, 2013.

Echeverría, R.: *Ontología del lenguaje*. Granica - JC Sáez Editor, Buenos Aires, 2001.

——— : *Actos del lenguaje. Volumen I: La escucha*. Ediciones Granica, Buenos Aires, 2008.

Erdelez, S. (1999), Information Encountering: It's More Than Just Bumping into Information. *Bul. Am. Soc. Info. Sci. Tech.*, 25: 26-29. doi:10.1002/bult.118.

Fagley, N. S.: "Appreciation Uniquely Predicts Life Satisfaction Above Demographics, the Big 5 Personality Factors, and Gratitude", *Personality and Individual Differences*, 53 (1), 59-63.

Fernández-Abascal, E. G.: *Emociones positivas*. Ediciones Pirámide, Madrid, 2009.

Fischman, D.: *La alta rentabilidad de la felicidad*. Aguilar Chilena de Ediciones, Santiago de Chile, 2012.

Frankl, V. E.: *El hombre en busca del sentido último*. Paidós, Buenos Aires, 2004.

——— : *El hombre en busca del sentido*. Herder Editorial, Barcelona, 2004.

Fredrickson, B. L.: *Vida positiva*. Editorial Norma, Bogotá, 2009.

Frey, A. y Totton, A.: *Yo, aquí ahora*. Paidós, Buenos Aires, 2015.

Galeano, E.: *El libro de los abrazos*. Catálogos Editora, Buenos Aires, 1998.

Gallwey, T.: *El juego interior del estrés*. Editorial Sirio, Barcelona, 2013.

——— : *El juego interior del tenis*. Editorial Sirio, Barcelona, 2006.

Gardner, H.: *Inteligencias múltiples. La teoría en la práctica*. Editorial Paidós Ibérica, Barcelona, 2011.

Gawain, S.: *Visualización creativa*. Selector, México DF, 2011.

Gilbert, D. T.; Pinel, E. C.; Wilson, T. D.; Blumberg, S. J. y Wheatley, T. P. "Immune Neglect: A Source of Durability Bias in Affective Forecasting", *Journal of Personality and Social Psychology*, 75(3), 617-638.

Goleman, D.: *El espíritu creativo*. Ediciones B, Buenos Aires, 2000.

Gottman, J.: *Siete reglas de oro para vivir en pareja*. Random House Mondadori, Barcelona, 2014.

Henderson Grotberg, E.: *La resiliencia en el mundo de hoy. Cómo superar las adversidades*. Gedisa, Barcelona, 2006.

——— : "Guía de promoción de la resiliencia en los niños para fortalecer el espíritu humano". Fundación Bernard Van Leer, La Haya, 1996.

Haidt, J.: *La hipótesis de la felicidad*. Editorial Gedisa, Barcelona, 2006.

Hamel, G.: *Liderando la revolución*. Grupo Editorial Norma, Bogotá, 2000.

Hanson, R.: *Cultiva la felicidad*. Editorial Sirio, Málaga, 2015.

Irvine, W. B.: *Por qué duelen los insultos*. Editorial Océano, Barcelona, 2015.

Kabat-Zinn, J.: *Mindfulness para principiantes*, Editorial Kairós, Barcelona, 2013.

——— : *Mindfulness en la vida cotidiana. Cómo descubrir las claves de la atención plena*. Editorial Paidós Ibérica, Barcelona, 2009.

Kahneman, D.: *Pensar rápido, pensar despacio*. Random House Mondadori, Buenos Aires, 2012.

Lambert, N. M.: "The Role of Appreciation in Relationships. A Journal Study" (2008). Electronic Theses, Teatrises and Dissertations. Paper 3306.

Längle, Alfried: *Las cuatro condiciones fundamentales para una existencia plena*. Ed. Suess-Gasse 10. A-1150 Viena, 1998.

Lawley, J. y Tompkins, P.: Maximising Serendipity: "The Art of Recognising and Fostering Unexpected Potential – A Systemic Approach to Change". Consultado en http://www.academia.edu/1836363/ o en http://www.cleanlanguage.co.uk/articles/articles/224/

Lenoir, F.: *Alegría*. Plataforma Editorial, Barcelona, 2016.

Levy, N.: *Los diálogos interiores*. Random House Mondadori, Buenos Aires, 2015.

Lladó, E.: *Tocar con palabras*. Editorial Kolima, Madrid, 2016.

Lyubomirsky, S.: *La ciencia de la felicidad*. Ediciones Urano, Barcelona, 2008.

——— : *Los mitos de la felicidad*. Ediciones Urano, Barcelona, 2014.

Marquard, O.: *Felicidad en la infelicidad*. Katz Editores, Buenos Aires, 2006.

Martínez Aldunate, D. l.; Ivanovic, F.; Ramírez, Z. y Unanue Manríquez, W.: *La felicidad*. Ediciones SONEPSYN, Santiago de Chile, 2013.

Maxwell, J. C.: *El talento nunca es suficiente*. Grupo Nelson, Nashville, 2007.

Mayenco, L.: *Algo que celebrar*. Ediciones Urano, Barcelona, 2013.

Mischel, W.: *El test de la golosina*. Random House Mondadori, Buenos Aires, 2015.

Marquard, O.: *Felicidad en la infelicidad*. Katz Editores, Buenos Aires, 2006.

Morris, D.: *La naturaleza de la felicidad*. Editorial Planeta, Barcelona, 2006.

Nachmanovitch, S.: *Free Play*. Paidós, Buenos Aires, 2004.

Neff, K.: *Sé amable contigo mismo*. Paidós, Barcelona, 2016.

Osho: *Inocencia, saber y asombro*. Ediciones B, Buenos Aires, 2015.

Parra, S.: *Cultiva tu memesfera*. Ediciones Arcopress, Córdoba, 2015.

Platón: *Fedro*. Alianza Editorial, Madrid, 2011.

Prochaska, J. y DiClemente, C.: "Transtheorical Therapy: Toward a More Integrative Model of Change". *Psychotherapy: Theory, Research and Practice*, 19, 276-288.

Punset, E.: *El viaje a la felicidad*. Grupo Editorial Planeta, Buenos Aires, 2012.

———— : *El libro de las pequeñas revoluciones*. Editorial Planeta, Barcelona, 2016.

———— : *El viaje al optimismo*. Grupo Editorial Planeta, Buenos Aires, 2013.

———— : *Hablemos de felicidad*. Ediciones Urano, Barcelona, 2012.

Ramos, N.; Recondo, O. y Enríquez, H.: *Practica la inteligencia emocional plena*. Editorial Kairós, Barcelona, 2012.

Rosenthal, R. y Jacobson, L.: *Pigmalión en el aula*. Marova, Madrid, 1980.

Sabato, E.: *La Resistencia*. Editorial Planeta, Buenos Aires, 2000.

Saint-Exupéry, A. de: *El Principito*. Emecé Editores, Buenos Aires, 1975.

Satir, V.: *En contacto íntimo*. Editorial Pax México, México D.F., 2002.

Seligman, M.: *Aprende optimismo*. Random House Mondadori, Barcelona, 2011.

———— : *Florecer*. Editorial Océano, México D.F., 2014.

———— : *La auténtica felicidad*. Ediciones B, Barcelona, 2007.

Shaw, G. B.: *Pigmalión*. Ediciones Cátedra, Madrid, 2016.

Shenke, D.: *El genio que todos llevamos dentro*. Editorial Planeta, Barcelona, 2011.

Snowdon, D.: *678 monjas y un científico*. Editorial Planeta, Barcelona, 2002.

Soler, J. y Conangla M. M.: *Ecología emocional*. Editorial Amat, Barcelona, 2013.

Srivastva, S. y Cooperrider, D: "Positive Image, Positive Action: The Affirmative Basis of Organizing", *Appreciative Management and Leadership*, Rev. Euclid, OH, Lakeshore Communications: 91-125.

Taleb, N. N.: *¿Existe la suerte?* Editorial Paidós, Buenos Aires, 2015.

Talese, G.: *New York, A Serendipiter´s Journey*. Harpers & Brothers, Nueva York, 1961.

Tannen, D.: *¡Lo digo por tu bien!* Editorial Paidós, Barcelona, 2002.

Tartaglione, J.: *El cerebro que late*. Planeta, Buenos Aires, 2015.

Thatchenkery, T. y Metzker, C.: *Appreciative Intelligence*. Berrett-Koehler Publishers, San Francisco, 2006.

———— y Sugiyama, K.: *Making the Invisible Visible: Understanding Leadership Contributions of Asian Minorities in the Workplace*. Palgrave Macmillan, Nueva York, 2001.

Thich Nhat Hanh: *El milagro de* mindfulness. Ediciones Oniro, Barcelona, 2007.

—— : *Felicidad*. Editorial Kairós, Barcelona, 2013.

——: *Hacia la paz interior*. Random House Mondadori, Barcelona, 2010.

——: *La paz está en tu interior*. Editorial Oniro, Barcelona, 2012.

—— y Cheung L.: *Saborear*. Ediciones Oniro, Madrid, 2011.

Torralba, F.: *El arte de saber escuchar*. Editorial Milenio, Lérida, 2007.

Vaughan, S.: *La psicología del optimismo*. Paidós Ibérica, Barcelona, 2004.

Vásquez Rodríguez, F.: "Más allá del ver está el mirar". *Signo y Pensamiento*, n° 20, primer semestre de 1992.

Vázquez, C. y Hervás, G.: *La ciencia del bienestar*. Alianza Editorial, Barcelona, 2014.

—— : *Optimismo inteligente*. Alianza Editorial, Madrid, 1999.

Vázquez, S.: *La felicidad en el trabajo y en la vida*. Actualia Editorial, La Coruña, 2012.

Wagensberg, J.: *A más cómo, menos por qué*. Aforismo n° 682. Tusquets Editores, Barcelona, 2006.

Weber, M.: *Economía y sociedad. Esbozo de sociología comprensiva*, trad. J. Medina Echavarría, ed. J. Winckelmann. FCE, México, 1964.

Webster, R.: *Visualización creativa*. Editorial Grupal, Buenos Aires, 2010.

Wiseman, R.: *El factor suerte*. Grupo Editorial Planeta, Buenos Aires, 2003.

Zander, B. y Stone Zander, R.: *El arte de lo posible*. Ediciones Paidós Ibérica, Barcelona, 2001.

www.ingramcontent.com/pod-product-compliance
Lightning Source LLC
Chambersburg PA
CBHW071406090426
42737CB00011B/1367